清淡美論辨析

再版前言

這套「中國美學範疇叢書」初版於二〇〇一年，時隔十五年再版，作為編委與作者，依然感到書不盡言，言不盡意。

中國美學範疇，顧名思義，是對中國數千年源遠流長的美學與文藝史理論的概括。範疇這個術語本是從西方哲學引進的。西方所謂範疇是指人類主體對事物普遍本質的認識與把握。它與概念不同，概念一般反映某個具體事物的類屬性，而範疇則是對事物總體本質的認識與把握。中國美學的範疇與西方美學相比，富有體驗性與感知性，善於在審美感興中直擊對象，這種範疇把握，融情感與認識、哲理與意興於一體，正如嚴羽《滄浪詩話》所説「唐人尚意興而理在其中」。中國美學範疇，實際上是中國古代美學與哲學智慧的彰顯，也是藝術精神的呈現。諸如感興、意象、神思、格調、情志、知音等美學範疇，既是對中國美學與文藝活動的總結與概括，也是人們從事藝術批評時的器具。對中國美學範疇的認識與研究，不僅是一種學術研究與認識，而且還是一種體驗與濡染的精神活動。中國美學範疇的生成與闡述，與個體生命的活動息息相關，這種美學範疇在社會形態日漸工具化的今天，其精神價值與藝術價值越發顯得重要。中國當代美學範疇與精神的構建，毫無疑問應當從中國傳統美學範疇中汲取滋養。

這套叢書緣起於一九八七年，當時正是國內人文思潮湧動的時

候，那時我還是在中國人民大學哲學系美學教研室任教的一名年輕副教授。吾師蔡鍾翔教授與中國人民大學中文系的同事成復旺、黃保真教授一起編寫出版了《中國文學理論史》，接著又發起與組織編寫了「中國美學範疇叢書」，歷時十三年，於二〇〇一年由百花洲文藝出版社出版了第一輯，有《美在自然》《文質彬彬》《和：審美理想之維》《興：藝術生命的激活》《原創在氣》《因動成勢》《風骨的意味》《意境探微》《意象範疇的流變》《雄渾與沉鬱》等十本。我承擔了其中的《和：審美理想之維》《興：藝術生命的激活》兩本。

在編寫這套叢書時，蔡老師作為主編，撰寫了總序，確定了基本的編寫思想，對於什麼是中國美學範疇及其特點，作出了闡釋，將其歸納為：一、多義性與模糊性；二、傳承性與變易性；三、通貫性與互滲性；四、直覺性與整體性；五、靈活性與隨意性。這五點是中國美學範疇的特點。強調中國美學範疇的認識與體驗、情感與理性、個體與總體的有機融合。另外，蔡師也強調「中國美學範疇叢書」的編寫與出版，是隨著中國美學的研究深入而催生的。在上個世紀八十年代初的美學熱中，對於中國美學史的興趣成為當時亮麗的風景線，我在當時也開始寫作《六朝美學》一書。而隨著中國美學史研究的深入，人們越來越對中國美學範疇產生了濃厚的興趣，在當時，意象、意境、境界、神思、比興、妙悟等範疇成為人們的談資，時見於論文與著作中，也是文藝學與美學中的熱門話題。正是有鑒於此，彙集這方面的專家與學者，編寫一套專門研究中國美學範疇的高水平叢書的策劃，便應運而生。正如蔡師在全書總序中所說：「『叢書』選題主要是

元範疇和核心範疇，也包括少量重要的衍生範疇，在這些範疇之內涵蓋若干相關的次要範疇。這是對中國傳統美學範疇的一次全面深入的調查，工程是浩大的、艱難的，但確是意義深遠的，它將為中國美學和中國文論的史的研究和體系研究打下堅實的基礎。」

這套書從策劃到編寫，再到出版，歷經十多年，作為撰寫者與助手的我，見證了蔡師的嘔心瀝血，不辭辛勞。比如揚州大學古風教授撰寫的《意境探微》一書，傾注了蔡老師審稿時的大量心血。儘管古教授當時已經在《中國社會科學》《文藝研究》《文學評論》等刊物發表了相關論文，在這方面成果不少，但是蔡老師本著精益求精的方針，反覆與他通信商談書稿的修改，經過多次打磨與修改之後，最後形成了目前出版的書稿。記得那時我和蔡老師都住在人民大學校內，每次我去他家拜訪時，總是見到他在昏黃的檯燈下伏案看稿與改稿，聊天時也是談書稿的事。有時他對作者書稿的質量與修改很是著急與焦慮，我也只好安慰他幾句。

本叢書體現這樣的學術立場與宗旨。這就是：一、追求「究天人之際，通古今之變，成一家之言」的學術旨趣。每本書都以範疇的歷史演變與範疇的結構解析為基本框架，同時，立足於探討中國美學範疇的當代價值與當代轉化。作者在遵循基本體例的同時，又有著鮮明的個性與觀點，彰顯「和而不同」的學術自由精神。二、本著「萬物並育而不相害，道並行而不相悖」的兼容并包之襟懷，融會中西，將中國美學範疇與西方美學與文化相比較，盡量在比較中進行闡釋，避免全盤西化或者唯古是好的偏執態度。

　　值得一提的是，叢書的第一輯出版後，在二〇〇二年五月二十五日，叢書編委會與江西百花洲文藝出版社在中國人民大學中文系舉行了第一輯的出版座談會，當時在京的一些著名學者侯敏澤、葉朗、童慶炳、張少康、陳傳才，以及詹福瑞、韓經太、左東嶺、朱良志、張晶、張方等學者參加了座談會並作了發言，我也有幸與會。學者們充分肯定了這套叢書的出版對於推動中國美學的研究，有著積極的意義，認為這套書具有很高的學術水準。與會者讚揚這套書體現了古今融會、歷史的演變與範疇的解析相貫通的學術特色，同時也提出了中肯的意見。正是在這些鼓勵之下，叢書的編委會與作者經過五年的繼續努力，於二〇〇六年底出版了叢書第二輯的十本，即《美的考索》《志情理：藝術的基元》《正變・通變・新變》《心物感應與情景交融》《神思：藝術的精靈》《大音希聲——妙悟的審美考察》《虛實掩映之間》《清淡美論辨析》《雅論與雅俗之辨》《藝味說》等。第二輯與第一輯相比，內容更加豐富，涉及中國美學與藝術的一些深層範疇，寫法愈加靈動，與藝術創作的結合也更加明顯。顯然，中國美學範疇研究的水平隨著叢書的推進也得到相應的提升。

　　從二〇〇六年叢書第二輯出版至今天，一晃又過去了十年。令人哀傷的是，蔡老師因病於二〇〇九年去世了。原先設想的出版三十本的計劃也終止了。在這十年中，中國美學範疇的研究有了很大的進展，比如將中國美學範疇與中國文化、中國哲學相連繫的論著問世不少，將中西美學範疇進行比較研究的成果也頗為可觀。但是這套叢書的學術價值歷經時間的考驗，不但沒有過時，相反更顯示出它的內在

價值與水平。時值當下對中國傳統文化與國學的研究與討論的熱潮，這套叢書的實事求是的治學態度，認真負責的撰寫精神，以及浸潤其中的追求人文與學術統一、古今融會、中西交融的學術立場，不追逐浮躁，潛心問學的心志，在當前越發彰顯其意義與價值。在當前研究中國美學的書系中，這套叢書的地位與價值是不可替代的，在今天再版，實在是大有必要。在這十年中，發生了許多變故，叢書的顧問王元化、王運熙先生，副主編陳良運先生，編委黃保真先生，作者郁沅先生等，以及當初關心與幫助過這套叢書的著名學者侯敏澤、童慶炳先生，還有責任編輯朱光甫先生，已經離世，令人傷懷。對於他們的辛勞與幫助，我們將永遠銘記在心。今天，這套叢書的再版，也蘊含著紀念這些先生的意義在內。

　　本次再版，百花洲文藝出版社本著弘揚優秀傳統文化的宗旨，經過與作者協商，在重新校訂與修訂的基礎之上，將原來的叢書出版，個別書目因各種原因，未納入再版系列。相信此次再版，將在原來的基礎之上，提升叢書的水平與質量。至於書中的不足，也有待讀者的批評與指正。

袁濟喜

二〇一六年十二月三十一日

總序

範疇，是對事物、現象的本質連繫的概括。範疇在認識過程中的作用，正如列寧所指出的，它「是區分過程中的梯級，即認識世界的過程中的梯級，是幫助我們認識和掌握自然現象之網的網上紐結」（《哲學筆記》）。人類的理論思維，如果不憑藉概念、範疇，是無法展開也無從表達的。美學範疇，同哲學範疇一樣，是理論思維的結晶和支點。一部美學史，在一定意義上也可以說是一部美學範疇發展史，新範疇的出現，舊範疇的衰歇，範疇含義的傳承、更新、嬗變，以及範疇體系的形成和演化，構成了美學史的基本內容。

中國傳統美學範疇，由於文化背景的特殊性，呈現出與西方美學範疇迥然不同的面貌，因而在世界美學史上具有獨特的價值。中國現代美學的建設，非常需要吸納融匯古代美學範疇中凝聚的審美認識的精粹。自二十世紀八十年代後期以來的十餘年中，美學範疇日益受到我國學界的重視，古代美學和古代文論的研究重心，在史的研究的基礎上，有逐漸向範疇研究和體系研究轉移的趨勢，這意味著學科研究的深化和推進，預計在二十一世紀這種趨勢還會進一步加強。到目前為止，研究美學、文藝學範疇的論文已大量湧現，專著也有多部問世，但嚴格地說，系統研究尚處在起步階段，發展的前景和開拓的空間是十分廣闊的。中國傳統美學範疇的特點是很突出的，根據現有的

研究成果，大致可以歸結為以下幾點：

　　一、多義性和模糊性。範疇中的大多數，古人從來沒有下過明確的定義或界說，因此，這些範疇就具有多種義項，其內涵和外延都是模糊的。如「境」這個範疇，就有好幾種含義。標榜「神韻」說的王士禎，卻缺乏對「神韻」一詞的任何明晰的解說。不僅對同一範疇不同的論者有不同的理解，同一個論者在不同的場合其用意也不盡相同。一個影響很大、出現頻率很高的範疇，使用者和接受者也只是仗著神而明之的體悟。

　　二、傳承性和變易性。範疇中的大多數，不限於一家一派，而是從創建以後便一代一代地傳承下去，成為歷代通行的範疇，但於其傳承的同時，範疇的內涵卻發生著歷史性的變化，後人不斷在舊的外殼中注入新義，大凡傳承愈久，變易就愈多，範疇的內涵也就變得十分複雜。如「興」這個範疇，始自孔子，本是屬於功能論的範疇，而後來又補充進「感興」「興會」「興寄」「興托」等含義，則主要成為創作論的範疇了。

　　三、通貫性和互滲性。古代美學中有相當數量的範疇是帶有通貫性的，即貫通於審美活動的各個環節。如「氣」這個範疇，既屬本體論，又屬創作論；既屬作品論，也屬作家論，又屬批評、鑑賞論。至於各個範疇之間的互滲，如「趣」和「味」的互滲，「清」和「淡」的互滲，包括對立的互轉，如「巧」和「拙」的互轉，「生」和「熟」的互轉，就更加普遍。因而範疇之間千絲萬縷、交叉糾纏的關係，形成一個複雜的網絡。

　　四、直覺性和整體性。許多範疇是直覺思維的產物，其美學內涵究竟是什麼，只可意會，不可言傳。典型的例子如「味」這個範疇，什麼樣的作品是有滋味的，如何賞鑒作品才是品「味」，怎樣才是「辨於味」，「味外味」又何所指等等，都是不可能用言語來指實，只能是一種心領神會的直覺解悟。既然是直覺的，即不經過知性分析的，就必然是整體的把握。如風格論中的許多範疇，何謂「雄渾」，何謂「沖淡」，何謂「沉著痛快」，何謂「優游不迫」，都不可條分縷析。直覺性與模糊性無疑是有不可分割的連繫的。

　　五、靈活性和隨意性。漢語中存在大量的單音詞，其組合功能極強，一個單音詞和另一個單音詞組合便構成一個新的複音詞。中國古代美學利用組詞的靈活性，創建了許多新的範疇，如「韻」和「氣」組合構成「氣韻」，「韻」和「神」組成「神韻」，「韻」和「味」組成「韻味」，等等。而這種靈活性可以說達到了隨意的程度，一個主幹範疇能繁育滋生出一個龐大的範疇群或範疇系列，舉其極端的例子而言，如「氣」，不僅構成了「氣韻」「氣象」「氣勢」「氣格」「氣味」「氣脈」「氣骨」，還演化成「元氣」「神氣」「逸氣」「奇氣」「清氣」「靜氣」「老氣」「客氣」「屏氣」「傖氣」「山林氣」「官場氣」等等，當然這些衍生的名稱未必都算得上範疇，但確有一部分上升到了範疇的地位。

　　上述這些傳統美學範疇的特點，也就是研究中的難點，要給予傳統美學範疇以現代詮釋，而不是以古釋古，難度是很大的。根本的問題在於古今思維方式的差異。我們現代的思維方式，基本上是採納了西方的思維方式，因此在詮釋中很難找到對應的現代語彙，要將傳統

美學範疇裝進現代邏輯的理論框架，便會感到方枘圓鑿，扞格難通。中國的傳統思維，經歷了不同於西方的發展道路，即沒有同原始思維決裂，相反地卻保留了原始思維的若干因素。我們不能同意西方某些人類學家的論斷，認為中國的傳統思維還停留在原始思維的水平。中國古人的理論思維在先秦時代已達到很高的水平，所保留的原始思維的痕跡，有些是合理的，保持了宇宙萬物的整體性和完整性，不以形式邏輯來切割肢解，是符合辯證法的原理的，在傳統美學範疇中也表現出這種長處。因此，研究中國美學範疇，必須結合古人的思維方式，連繫整個中國傳統文化的大背景來考察，庶幾能作出比較準確、接近原意的詮釋。範疇研究的深入自然會接觸到體系問題。中國古代美學家、文論家構築完整的理論體系者極少，但從範疇的整體來看是否構成了一個統一的體系呢？範疇的層次性是較為明顯的，如有些研究者區分為元範疇、核心範疇（或主幹範疇）、衍生範疇（或從屬範疇）等三個或更多的層次。但範疇之有無邏輯體系，研究者尚持有截然不同的觀點。我們傾向於首肯「潛體系」的說法，即範疇之間存在有機的連繫，範疇總體雖然沒有顯在的體系，卻可以探索出潛在的體系。但要將這種「潛體系」轉化為「顯體系」並非易事，因為這是兩種思維方式的轉換，轉換實際上是重建。有些研究者梳理整合出了一套範疇體系，只能是一家之言，是一種先行的試驗。由於對個別範疇還未研究深透，重建整個中國美學理論體系的條件就沒有完全成熟。於是我們萌發了一個構想，就是編輯一套「中國美學範疇叢書」，每一種（或一對）範疇列一專題，寫成一本專著，對其美學內涵作詳盡的現代

詮釋，並盡量收全在其自身發展的不同歷史階段上的代表性用法和代表性闡述，力爭通過歷史的評析揭示各範疇內涵邏輯展開的過程。「叢書」選題主要是元範疇和核心範疇，也包括少量重要的衍生範疇，在這些範疇之內涵蓋若干相關的次要範疇。這是對中國傳統美學範疇的一次全面深入的調查，工程是浩大的、艱難的，但確是意義深遠的，它將為中國美學和中國文論的史的研究和體系研究打下堅實的基礎。

這一工程從一九八七年開始策劃，歷時十三年，得到許多中青年學者的熱烈響應。更有幸的是，在世紀交替之年，獲得江西省新聞出版局和百花洲文藝出版社領導的大力支持，在他們的努力下，「叢書」被列入「十五」國家重點圖書出版規劃，「叢書」共計三十本，預定在四年內分三輯出齊。為此組織了力量較強的編委會，投入了充足的人力、物力、財力，力爭使「叢書」成為精品圖書。我們萬分感佩江西出版部門充分估計「叢書」學術價值的識見和積極為文化建設做貢獻的熱忱。最終的成果也許難以盡愜人意，但我們相信「叢書」的出版，必將在中國美學範疇研究的長途跋涉中留下一串深深的足印。

蔡鍾翔

陳良運

二〇〇一年三月

提　內
要　容

　　對於中國古代文藝美學觀念的歷史發展和古代文化思想體系的歷史建構來說，辨「清」「濁」與析「濃」「淡」，本來就不是彼此分異的兩種現象，而它們相互交織的思想理論脈絡，實際上是以「清」美文化精神為主導從而歷史地確認「清淡」之美為理想境界的。正是鑒於這樣的基本認識，本書著重清理並剖析「清」美文化精神之歷史展開中的典型現象，在深入探尋上古「清」美文化之發生機制的基礎上，進而對中古以來諸如「清峻風骨」「清談玄學」「淡思濃采」等觀念作出辨析，並由此而延伸到對宋人「平淡」美論及宋元以降詩畫美學偏執於「逸品」之突出現象的透視。本書選取關鍵性的美學思想問題為透視點，特別注意中國古典美學範疇與相關思想理論領域的會通現象，希望讀者能參照本書所專門提示的「能入能出」的思維方式來觀照此間有關問題。

目次

第一章

「清」美文化原論

　　「清」美文化問題，實際上是一個整合文化批評與文學理論於一體的文化詩學問題。在人們的共識中，對「清」之美的識鑒與闡釋，必然涉及思想文化史和文學藝術史上辨「清」「濁」而識「濃」「淡」的相關課題，以及因此而歷史形成的崇尚「清淡」之美的價值選擇，必然涉及詩國的清淡詩派和畫界的文人逸品相交織而成的東方詩情畫意，以及其深層裏以老、莊、禪之精神持養為旨歸的傳統人格範式，當然，也必然涉及由「清議」轉而為「清談」的歷史文化之謎，以及緣此而形成的精神超越傳統與隱逸生活傳統的歷史結合，等等。總之，這是一個極富張力的學術空間，面對足以稱之為「清」美文化的研究物件，已有的研究還是很不夠的。而尤其重要的是：如果說在我們民族的文藝審美史和文化精神史上確有著悠久的「清」美文藝傳統和「清」流文化傳統，那麼，這一傳統的發生和起源問題，無疑是首先值得我們去關注的。

第一節　「水原」思維與「水鏡」原型
　　　　——從「太一生水」與「關尹貴清」說起

　　中國確實存在一種可以稱之為「清」流文化的文化傳統。「清」流文化，其內涵十分豐富，包括民間的「清官」情結，包括士大夫的「清士」風節，干預政治者有傳統「清議」之風，崇尚思辨者有中古「清談」之習，如此等等。所有這一切，人們並不陌生。但是，其歷史源頭與發生機制呢？這樣一種「清」流文化又是怎樣與人們的審美意識活動和文學藝術創作及批評發生關係的？人們的認識和瞭解就顯得不夠了。而有關這些問題，新近為人們所關注的郭店楚簡文本，為我們提供了深入思考的新線索。

　　已有學者指出，郭店楚簡《老子》「太一生水」章的宇宙生成論，既與古希臘泰勒斯的「水為萬物之原」相通，又可印證於稷下學派《管子》〈水地〉所謂「水者何也？萬物之本原也，諸生之宗室也，美惡賢不肖愚俊之所產也」。換言之，它是典型的「水原」說。[1]另有學者指出：「荊門郭店楚簡《老子》可能系關尹一派傳承之本，其中包含了關尹的遺說。」[2]綜合兩家之說，那由「關尹的遺說」所透露出來的「水原」說的文化影響，格外引人注目。

　　《莊子》〈天下〉介紹各家學說，關於道家，有所謂：「關尹、老聃聞其風而悅之。」有所謂：「關尹、老聃乎！古之博大真人哉！」莊子離關尹、老聃應該不遠，而按慣例，總不至於顛倒次序而把後學置於先輩之前，也正因為如此，我們至少可以把關尹、老聃看作並列的兩

1　龐樸：《「太一生水」說》，《郭店簡與儒學研究》，遼寧教育出版社2000年版。

2　李學勤：《荊門郭店楚簡所見關尹遺說》，《郭店楚簡研究》，遼寧教育出版社2000年版。

家。不僅如此，首先被提到者，按理是最有影響者，至少在莊子心目中，關尹學說的影響是絕不在老聃之下的，這，或許正是莊子所處時代的情形。《莊子》〈天下〉引關尹之説云：

在己無居，形物自著，其動若水，其靜若鏡，其應若響，芴乎若亡，寂乎若清。

關尹的這一番論述，頗有以「水」象來表徵「道」體的特點，倘若再連繫到《呂氏春秋》〈不二〉論各家宗旨之際「關尹貴清」的概括，我們完全可以這樣認為，道家關尹學派具有鮮明的「水原」思維特徵，而其表徵於核心範疇者正是一個「清」字。討論「清」流文化而不首先關注「關尹貴清」，是無論如何也講不通的。而關注關尹學派，在這裏就是關注其「水原」思維。

其「水原」思維的哲學命題，已如當今學界所公認，是為「太一生水」之説，而此説之特殊意義，不僅在「水」與「反輔」這兩個概念的關係之中，而且在「太一藏於水」這關鍵性的表述之中。眾所周知，時當中國的「元典」時代，思想界關於宇宙生成的解釋，有如《易傳》〈繫辭上〉所云：

易有太極，是生兩儀，兩儀生四象，四象生八卦。

亦如《禮記》〈禮運〉所云：

是故夫禮，必本於太一，分而為天地，轉而為陰陽，變而為四時，列而為鬼神。

　　總之，在理念性本體「太極」的決定論基礎上，整個宇宙生成的運動方式是對立項之間的交合而增生，也就是「太一生水」說中的「相輔」系列。這就是說，只要抽去「水」這個環節，其宇宙論的基本框架便大體契合於《易傳》為代表的體系了。換言之，「水」這一環節的加入，其意義就非同小可：要麼是在流行的解釋體系之外另立體系，要麼就是有意識地改造了既定的理論系統。既然如此，即使把郭店簡《老子》看作是包含著關尹遺說的「老學」傳釋，至少也要指出這種傳釋的創造性價值：它是自覺地將「水原」思維引入到當時已經成熟的宇宙論模式之中，並因此而體現出「貴清」的思想文化傾向。

　　「太一生水」說具體展開為正敘的「生」、「成」序列（如：「太一生水，水反輔太一，是以成天。」）和反敘的「所生」序列（如：「天地者，太一之所生也。」），而正反敘述之間，顯然不盡契合。當然，這可以看作是其理論表述上的不嚴密，從而證明本傳釋系統的未免稚嫩。不過，這也正可以看作是其將「水原」思維引入既定宇宙模式的痕跡。同是引入新思維元素，但正敘時有跡而反敘時無痕，給人們留下了不小的思維空間。其中的一個思維線索是：和「太一」這一理念本體相對，「水」分明是一個物質本體，而郭店簡文本中又明明在講「太一藏於水」，也就是理念藏於物質，於是，一種相容精神第一性和物質第一性的宇宙觀遂初步呈現在我們面前。「太一」既「生水」而又「藏於水」，理念本原不僅不能離開物質本原的「反輔」而獨立創造世界，它本身也不能不具有物質本原的存在形式。既然如此，「貴清」之價值選擇，就具有哲理思辨和物像感知的雙重性質了。《莊子》〈天下〉所引關尹之說，如「其靜若鏡」「寂乎若清」，分明以感覺形象來形容精神體悟，而其幽深微妙處又在於，和「其動若水」的直接比擬不同，「鏡」與「清」只是間接地與「水」相關，而寂然寧靜者方得大清明境

界的深層意義，不僅具有哲學與審美相統一的人文意味，而且負載著至今未見發掘的歷史文化資訊。

「其靜若鏡」，這裏首先負載著先民的「水鏡」意識。《尚書》〈周書〉〈酒誥〉云：「古人有言曰：『人，無於水鑒當於民鑒。』」《尚書》已稱「古人有言」，可見「水鑒」意識之古老。《墨子》〈非攻〉云：「君子不鏡於水而鏡於人。鏡於水，見面之容；鏡於人，則知吉與凶。」不言而喻，「鏡於人」遠比「鏡於水」處於理性化的文明層次上，但是，「鏡於人」的理性觀念並不能完全替代「鏡於水」的原生文化功能。儘管錢鍾書《管錐編》中有全面的「鏡子研究」[3]，我還是想請人們撇開中外文學故事或宗教傳說中的情節，而真正去想像一下人類第一次在水中看到自己形象時的情形！所謂人的自覺，首先不應該是在感覺上自己發現自己嗎？於是，與人的自覺相關的哲學意識和審美意識，當其以最直覺從而也最直接的方式體現出來時，恰恰是所謂「水鏡」意識。「水鏡」意識，也就是「其靜若鏡」、「寂乎若清」的「水原」思維的結晶。人們緣此而對清澈平靜的水有了一種特殊的感情和認識，並會以此為聚焦點來展開一系列的聯想和思考。於是，才有了老子的「滌除玄鑒」。

《老子》〈十章〉有曰：「滌除玄鑒，能無疵乎？」說起來，這和禪宗神秀「心如明鏡台」的偈說實在沒有什麼差別。佛家的「心鏡」說同樣有來自「水鏡」意識的痕跡，如《楞嚴經》云：「有佛出世，名為水天，教諸菩薩，修習水觀，入三摩地。」由此推斷，和中土道家之「水鏡」說乃源於「水原」思維一樣，西來佛家的「水觀」意識當然也

3　參看〔德〕莫芝宜佳《〈管錐編〉與杜甫新解》中有關鏡子的章節，馬樹德譯，河北教育出版社1998年版。

來源於「水原」思維，推而廣之，世界範圍內「水鏡」意識的存在都是不言而喻的了。於是，問題的癥結就在於，中國（東方）式的「水鏡」意識的特殊性究竟何在？

作為思維方法之自覺的「水觀」，其感性的生活基礎正是「水鏡」之經驗，而在進一步將經驗提升為觀念的過程中，同時就形成了對清靜境界和滌除功夫的崇尚。《莊子》〈天道〉云：

聖人之心，靜乎天地之鑒，萬物之鏡也。

〈應帝王〉又云：

至人之用心若鏡。

後來《淮南子》〈修務篇〉承此而曰：「執玄鑒於心，照物明白。」總之，「用心若鏡」觀的形成過程，既是「水鏡」經驗的哲學化過程，也是「其靜若鏡」之「水原」意象的人格化過程，一種基於「水原」說而「貴清」的「水鏡」文化意識就這樣生成了，而這正就是「滌除玄鑒」的文化底蘊所在。不言而喻，「滌除玄鑒」的主體修養是與「照物明白」的客觀目的相統一的，而兩者賴以同構的基礎正是「靜」而「清」的境界。如果說「滌除玄鑒」必然導致對清靜虛無之主觀精神狀態的追求，那麼，「照物明白」則必然導致反映客觀真實的思想追求和藝術追求，從而，就不僅有了強調神思澄明的藝術創作論，最典型者如劉勰《文心雕龍》〈神思〉，也不僅有了偏愛清靜境界的詩情畫意，最典型者如詩國王、孟、韋、柳與畫界「宋元三昧」，而且有了虛心體物、寫實傳真的藝術傳統。

　　在涉及中國的審美創作傳統時，人們長期被表現論和寫意說所支配，以為在中國傳統的文學藝術思想中，再現論和寫實性始終不曾居於主流地位。現在看來，這一結論需要作出適當調整了。實際上，原生的中華民族之藝術精神中，既有造境清靜的主觀化表現主義，甚至出現偏愛清冷幽荒意境的審美傾向，但同時也有審美的客觀反映論指導下的事物描寫和景色刻畫，以至於導致了無景不成詩的現象和山水花鳥畫的繁榮。不僅如此，更因為這裏的主觀表現和客觀反映是在所謂「用心若鏡」而「照物明白」式的「水鏡」意識下彼此交通的，所以，其相容表現與再現的藝術精神，才具有「水月鏡花」的特殊魅力。筆者以為，「水月鏡花」之美作為對審美理想的形象比喻，其關鍵在於使心靈淨化的宗教式追求，同真實反映審美物件的藝術心理完全重合起來，從而形成一種詩意的宗教和宗教的詩意境界。宋代蘇軾所謂「詩法不相妨」（《送參寥師》），清代王士禎評王維詩所謂「字字入禪」（《帶經堂詩話》），歸根結底都是在標舉這種特殊的境界。

　　詩意的宗教境界或曰宗教的詩意境界，作為中國傳統文化的精粹之一，具有徜徉於兩極之間的文化品格，如果要用單極的標準來分析，必然會有小腳女人穿高跟鞋似的彆扭感。合理而又可行的辦法，應該是在西方話語所認定的表現和再現之外，確認第三種適應中國（東方）文化特色的分析和解釋系統—會通兩極的「玄鑒」系統。《老子》首章明確講到「有」與「無」：「此兩者同出而異名，同謂之玄。玄之又玄，眾妙之門。」所謂「玄鑒」之「玄」，是不應該離開老子此間首要之義而去作其他解會的，也就是說，問題的癥結就在於「兩者同出」而「同謂之玄」：亦主亦客，亦虛亦實，亦真亦幻。與此相關，《莊子》〈應帝王〉云：

　　至人之用心若鏡，不將不迎，應而不藏，故能勝物而不傷。

　　請注意：在「應而不藏」之前，先有一個「不將不迎」—不送不迎，既不是主動積極地去反映，也不是消極被動地去拒絕，這最終是一種完全超越於所謂主觀、客觀或主動、被動的文化姿態！所謂「用心若鏡」，因此而絕非持鏡照物，而是「以水喻性」而「其靜若鏡」「寂乎其清」，是所謂心靜如水，清可鑒物，一切的一切，最終是落實在這個「清」字上的。也因此，「玄鑒」系統實際上就是「清鑒」系統，而「清鑒」系統的經驗原型正是「水鏡」意象。

　　在中國古代的器物中，鏡子因此而含有特殊的文化意義。下面是西漢鏡的銘文：

　　（外圈）潔清白而事君，惋（怨）汙驩之明弇……
　　（內圈）內清質以昭明，光輝象夫日月……[4]

　　人們寄予鏡子這一器物的精神內容，不正是「清」美文化意識嗎？《文心雕龍》〈神思〉云：

　　是以陶鈞文思，貴在虛靜，疏淪五藏，澡雪精神。積學以儲寶，酌理以富才，研閱以窮照，馴致以懌辭；然後使元解之宰，尋聲律而定墨；獨照之匠，窺意象而運斤：此蓋馭文之首術，謀篇之大端。

　　其中的「窮照」及「獨照」兩語，就很耐人尋味。嘗有學者指出，

4　轉引自李學勤：《走出疑古時代》，遼寧大學出版社1997年版，第293頁。

這裏的「窮照」、「獨照」，乃本於佛家之語，如劉勰《石象碑》就有「道性自凝，神理獨照」之説，而其《滅惑論》又有「彼皆照悟神理，而鑒燭人世」之言，如此等等。[5]現在看來，它又安見得不本于老、莊之「滌除玄鑒」和「用心若鏡」呢？或者，也完全可以看作是老、莊與佛家的會通，如東晉僧肇的《不真空論》就以「靜照」為佛家「玄鑒之妙趣」。其實，説到底，誠如劉勰所謂「道性自凝，神理獨照」，臨水自鑒的直覺經驗在經過一番修性養神、明道悟真之學的加工以後，已成為特定的理論思維的「原型」，而且是可以聚多維意義空間於一體的「原型」。

原始意象即原型——無論是神怪，是人，還是一個過程—都總是在歷史進程中反覆出現的一個形象，在創造性幻想得到自由表現的地方，也會見到這種形象。因此，它基本上是神話的形象。我們再仔細審視，就會發現這類意象賦予我們祖先的無數典型經驗以形式。因此我們可以説，它們是許許多多同類經驗在心理上留下的痕跡。[6]

毫無疑問，中國（東方）的「水鏡」意象正是「賦予我們祖先的無數典型經驗以形式」的「原型」，它確實每每在「創造性幻想得到自由表現的地方」出現，特別是在哲學認識和詩歌想像相連通的思維走廊裏出現，並因此而賦予這種詩意的哲學境界和玄遠的詩意情調以「清」美的獨特魅力。在這裏，需要特別指出的是，中國傳統的藝術哲學，因此就有了一種集創作論、鑒賞論、風格論於一體的「清」美闌

5　參看馬宏山：《文心雕龍散論·〈文心雕龍〉「神思」辨》，新疆人民出版社1982年版。

6　卡爾·榮格：《論分析心理學與詩的關係》，見亞當斯編《自柏拉圖以來的批評論》，第817頁。

釋系統，而其相關思維之聚焦點，正在於清水明鏡的文化意象「原型」。

第二節　素豔式美感心理與清冷型人格範式
——從「面白」及「素以為絢兮」説起

「清」美文化自然包含著以素為本的價值觀念和崇尚清淡的審美心理，這是人們早就認識到了的。至於説「清」美文化包含著對女性素白而美豔的欣賞，並因此而形成了心儀清冷型人格境界的文化心理，則需要作出必要的説明。

日本學者今道友信的《東方的美學》在討論日本民族的審美傳統時，曾指出：

> 特別是在古老的《古事記》中可以碰見「清明」這個詞。這正是古代日本人的理想之物。

該文還專辟一節「理想及其象徵——關於白」來討論有關問題，如可以理解作愉快、心境明朗的日文原詞實際上卻是「面白」，等等。結論是顯而易見的：「白在日本古代象徵著清明之心的潔白，同時還是顏面的白色光輝所代表的生命的象徵。」[7]他山之石，可以攻玉，更何況日本文化與中國文化之間有著千絲萬縷的連繫！《古事記》作為日本最早的歷史和文學著作，成於八世紀日本元明天皇和銅五年（西元712年），其正當中國的盛唐時期，於是，便不能排除此「面白」——

7　〔日〕今道友信：《東方的美學》，蔣寅等譯，三聯書店1991年版，第178-181頁。

「清明」美學意識受中國審美文化影響的可能。比如，李白《寄遠十二首》之十二：

愛君芙蓉嬋娟之豔色，若可餐兮難再得。
憐君冰玉清迥之明心，情不極兮意已深。

連繫到「人面桃花」的詩歌意象，顯見得冰玉清明之美已經內化為對精神世界的讚美了。其實，這裏所謂「內化」早就已經實現了，屈原《橘頌》唱道：

青黃雜糅，文章爛兮。精色內白，類任道兮。

顯而易見，「道」之所在，是謂「精色」，「內白」之美，已然與終極追求相一致了。就像屈原〈離騷〉又有「伏清白以死直兮」的心跡袒露一樣，純潔清亮如冰玉的「白」，實際上已經成為人格理想的直覺表徵。但是，所謂「內白」者又豈能沒有其相應的外在形態？如李白的《越女詞五首》就曾盡情地讚賞過「玉面」、「素足」的越女之美，而如此欣賞於「越女天下白」者，難道就沒有成為一種審美文化的傳統嗎？在中國傳統文化的話語體系中，一方面就像「雲想衣裳花想容」的李白詩句所表述的那樣，中華民族有以花擬容的文化意識和「花想容」式的詩意比擬；而另一方面則如「玉面」、「素足」的描寫所透露，有著對潔白如玉的女性體貌美的欣賞心理，於是才有了「玉顏」這樣的熟語，以至於民間勸人讀書時都會說「書中自有顏如玉」了。不僅如此，在這「花」和「玉」兩者之間，質地清白的「玉」以其表像和內質的統一而更具文化闡釋之價值，於是，遂有了「玉女」與「冰心」

這相互對應的審美文化詞語，它們與日本審美文化詞語中的「面白」「清明」顯然有著共生乃至同源的關係。

於是需要尋根式的追問：諸如「玉女」這樣的審美文化概念，其生成的文化土壤是什麼？

《莊子》〈逍遙遊〉曰：

> 藐姑射之山，有神人居焉，肌膚若冰雪，綽約若處子。

該篇又言：

> 堯治天下之民，平海內之政，往見四子藐姑射之山，汾水之陽。

可見這神人所居的仙山是在北方，但其所形容的神人卻是那樣地相似於「玉面」「素足」的越女，由此可見，對「玉女」之美的欣賞有著遠非地域文化所能涵蓋的歷史文化背景。聞一多《離騷解詁》在指出「古傳神仙必體貌閑麗，婉好如婦人」之際，又引〈遠遊〉「玉色以䩺顏兮」、〈七諫〉〈自悲〉「厭白玉以為面」等為例。[8]可見神人如「玉女」的意識應是中國古代仙話文化的內容了。仙話文化的影響，受道教信仰的推動，可謂深入人心，比如通過後來的文人游仙意識和民間神仙信仰，仙人冰雪之姿，與美女冰玉之容，幾成同義語，典型者如魏晉名士視體貌美白者為「神仙中人」，如市井文學甚至視妓女為「神仙」，等等。不過，若因此而斷定是仙話文化塑造了素艷美白的審美心理，則未免簡單化了。《呂氏春秋》〈貴直〉云：「（晉惠公）淫色暴慢，身

8 　聞一多：《離騷解詁》，上海古籍出版社1985年版，第3-4頁。

好玉女。」這說明生活文化本身就是美白尚好的土壤。不僅如此,《呂氏春秋》載曰:

> 禹年三十未娶,行塗山,恐時暮失嗣。辭曰:吾之娶必有應也。乃有白狐九尾而造于禹。禹曰:白者,吾服也。九尾者,其證也。於是塗山人歌曰:綏綏白狐,九尾龐龐。成於家室,我都攸昌。

《吳越春秋》也有大體一致的記述。[9]其在上古,凡稱「春秋」者必具史書性質,但這裏的歷史記述卻顯然又具有神話性質,從而可以看作是所謂「神話的古史化」——巫官文化與史官文化的疊合。試看這裏的「白狐」形象,以及「白者,吾服也」的文化闡釋,其所體現的不僅是當時對白色服飾的崇尚,也不僅意味著《說文解字》「婦,服也,從女持帚灑掃也」的意蘊,試看《禮記》〈玉藻〉:

> 君衣狐白裘,錦衣以裼之。⋯⋯士不衣狐白。

陳皓注曰:「狐之白者少,故推君得衣之,士賤不得衣也。」這裏分明有著君主專用稀罕貴重之物的意思,而這就提示我們,美的時尚,既可以是普遍存在的反映,也可以是對稀缺存在的渴求;換言之,中華民族從上古時代開始就出現的對女性美白之姿的欣賞,應該說屬於後者,因為我們是眾所周知的黃色人種。同時我們又注意到,《禮記》專講天子諸侯服冕笏佩諸制及行禮之容節的篇章,居然就叫〈玉藻〉,且楚辭也以「玉色」來形容美白之顏,這於是又提示我們,

---

9　引自逯欽立輯校:《先秦漢魏晉南北朝詩》上冊,中華書局1982年版,第4頁。

有一種可以稱之為「玉」文化的歷史存在發揮了一定的作用。比如《詩經》中所透露出的「展衣宜白」的禮樂服飾觀和「有女如玉」的女性美欣賞心理，便與「玉」有著明顯的關係。《詩經》〈鄘風〉〈君子偕老〉曰：「瑳兮瑳兮，其之展也。」鄭玄、朱熹皆以「展衣」之禮相解，其中用以形容者恰如《詩經》〈衛風〉〈竹竿〉「巧笑之瑳」，而「瑳」是「玉色鮮白」的意思，至於《詩經》〈召南〉〈野有死麕〉的「白茅純束，有女如玉」就更不用說了，總之無不由女性冰肌雪膚之美而比擬為鮮白美玉。[10]由此看來，從仙人到凡人，從體貌到服飾，「有女如玉」的性感美內容，「肌膚若冰雪」的仙人形象，以及「展衣宜白」的禮樂制度內容，儼然已構成了一個崇尚素白清亮之美的文化闡釋系統，而「有女如玉」的「玉」文化，應該是解開這一系統之秘密的鑰匙。《禮記》〈聘義〉載：

　　子貢問於孔子曰：「敢問君子貴玉而賤珉者，何也？為玉之寡而珉之多與！」孔子曰：「非為珉之多故賤之也，玉之寡故貴之也。夫昔者君子比德于玉焉。……《詩》云：『言念君子，溫其如玉。』故君子貴之也。」

　　子貢與孔子之問答，恰好道出了「玉」文化意識的發生機制，首先以其為稀見之物而為人們所貴重，然後被用來比擬同樣是為貴重之物的道德品行。此外，我們還可關注《管子》〈水地〉一篇，其中講到：

10　李炳海《部族文化與先秦文學》第八章第二節「淡雅淑女」對此有較為詳盡的論述，可參看。高等教育出版社1995年版。

准也者，五量之宗也；素也者，五色之質也；淡也者，五味之中也。是以水者，萬物之准也，諸生之淡也，違非得失之質也。是以無不滿，無不居也。集於天地，而藏於萬物。產於金石，集於諸生。故曰水神集於草木，根得其度，華得其數，實得其量。鳥獸得之，形體肥大，羽毛豐茂，文理明著。萬物莫不盡其幾。反其常者，水之內度適也。夫玉之所貴者，九德出焉，……是以人主貴之，藏以為寶，剖以為符瑞，九德出焉。

首先，沿著「水原」思維的路線，確認了「准」、「素」、「淡」這樣一族範疇，也就是以水的平靜清澈為經驗基礎而建構起崇尚「素」、「淡」之美的文化觀念。接著，分內外兩種向度來展開，或表現為鳥獸草木之生機盎然，或表現為美玉之鮮潔潤澤，可比「九德」。《管子》〈侈靡〉又曰：

珠者，陰之陽也，故勝火；玉者，陰之陰也，故勝水。

透過「比德」說與「陰陽」說的話語模式，人們將不難發現，「水原」思維與「素」、「淡」理念乃是「玉」文化闡釋話語的基本語境，在水性清明的背景前，道德性與「素淡」美統一於「玉」這一物像。如果再將《管子》所論與《禮記》所載孔子之言連繫起來，其特殊意義無非在於：「君子比德于玉」的傳統因此而與以「素淡」為本的傳統相整合了。也因為如此，比德而自律的道德文化規範也就與返璞歸真的文化追求相統一了。由於道德理性在這裏是與「素淡」美講求相一致的，所以，反映在審美文化上這也就意味著以「素淡」美尺准相約束。於是才會如有的學者所指出：「綜觀《詩經》婚戀作品對女性的色

彩描寫，貫穿了崇尚素淡的傾向，反映出先民較強的自我約束機制。」[11]

至此，才有可能真正理解孔門師生那有關「素以為絢兮」的《詩》學闡釋的話語方式。

《論語》〈八佾〉中孔子與子夏那一段人所熟知的對話，實質上正是「素白」審美心理與禮樂制度自覺的微妙結合。上承《詩經》〈衛風〉〈碩人〉之「巧笑倩兮，美目盼兮」而來的「素以為絢兮」一句，不管是否為逸句，都應是詩人所發的感歎讚美之詞，而後面的「繪事後素」和「禮後乎」，都是由這裏引申出來的。關於「繪事後素」，歷來解釋分為兩種走向：一種從鄭玄之注來：

凡繪事先布眾色，然後以素分佈其間，以成其文。

另一種則由朱熹注引《考工記》「繪畫之事，後素功」處生發，即如朱熹所言：

謂先以粉底為質，而後施五采。猶人有美質，然後可加文飾。

這兩種解釋，立意相通，但走向相反。《禮記》〈禮器〉云：

君子曰：「甘受和，白受采，忠信之人，可以學禮。」

又云：

11　李炳海：《部族文化與先秦文學》，高等教育出版社1995年版，第391頁。

三代之禮一也，民共由之。或素或青，夏造殷因。

朱注：「殷尚白，夏尚黑。」既然三代之禮相因，則尚白尚黑都屬於文飾性質，它和「白受采」意義上的尚白意識完全不同。換言之，這裏首先要區分「以素為本」和「以白為采」兩種意識。在白為五彩之一的意識層面上，「素以為絢兮」並沒有特殊的文化意義，如同詩人既寫「人面桃花」又寫「玉面」、「素足」。而一旦到了「以素為本」的層面，就恰如《管子》〈水地〉所謂「素也者，五色之質也」，「素淡」之美就成為理想所在了。但問題並沒有就此了結，同樣的「以素為本」，又被分作以素白為基礎或以素白相約束兩種情況，而如此這般的區分實質上反映了相應的兩種哲學思維方式，或者在承認自然情感的基礎上主張以理約情而返璞歸真，或者在確認本性純潔的基礎上主張緣性生情而自然合理，前者傾向於客觀心性論，後者傾向於主觀心性論。從對孔門「素以為絢兮」的解釋來看，漢儒傾向於前者，而宋儒傾向於後者。兩種解釋，兩種思路，完全可以互補，並且只有互補才能使問題得到圓滿的解釋。不過，我們現在卻需要探尋這兩種互補的思維方式是否就是原生的狀態。我們發現，在孔子師生那裏，既言「後素」，則與《考工記》「繪畫之事，後素功」之「後素功」者完全契合，而《考工記》所謂「後素功」，應與鄭玄所說相發明，從而證明孔子「繪事後素」之意非「白受采」之意，說明孔子實際上是一位客觀心性論者，就如同他主張先富民而後教化一樣，在這裏他表現出以素約采的思想觀念。不僅如此，他之所以讚賞子夏，又是因為子夏能從「後素」引申到「禮後」，換言之，問題的癥結分明就在「素淡」之美與禮樂文明的同構。

由此可見，並不是只有道家文化才提倡樸素清淡之美！而在儒、

道之間，因此就表現出一種特殊的分異：道家以「樸素」「淡然」為美之極致的理念，外向而同冰肌雪膚的神人形象相契合，內向而與心齋忘我的精神持守相一致。那麼儒家呢？其禮尚樸素的觀念，是否同「有女如玉」的生活心理相契合？這就很值得研究。《論語》〈子罕〉：

子曰：「吾未見好德如好色者也。」

孔子時代如此，荀子時代依然如此，《荀子》〈非相〉：

今世俗之亂君，鄉曲之儇子，莫不美麗姚冶，奇衣婦飾，血氣態度擬於女子；婦人莫不願得以為夫，處女莫不願得以為士，棄其親家而欲奔之者，比肩並起。

其中，荀子那句「血氣態度擬於女子」的話十分關鍵，既然當時普遍存在著以女性美為美的社會心理，那麼，「肌膚若冰雪，綽約若處子」的女色特徵就會自然成為美感經驗中的興奮點，而正因為有這樣的興奮點，所以，理性的反思和改造的思路也就會從這裏開始。具體言之，復興禮樂的思想觀念遂與女性美的時尚奇妙地結合起來，借「好色」之心以興「好德」之性，不才是真正有效的道德教化嗎？子夏論《詩》，所選者竟是〈碩人〉之章，竟是「美目」、「巧笑」之形象，難道純屬偶然？總之，上文所謂「素淡」型道德理性的自律意識本身，未嘗不積澱著「有女如玉」的生活心理內容，就連莊子那冰肌雪膚的神人形象，也未嘗不折射著「血氣態度擬於女子」的時代風尚！說透了，這是女之美、玉之貴、德之美、道之極的歷史文化整合。

整合需要動力。其在當時，這動力顯然來自對「好色」風尚的理

性批判。《左傳》〈昭公二十八年〉云：「甚美必有甚惡。」又云：「女何以為哉？夫有尤物，足以移人，苟非德義，則必有禍。」《左傳》〈襄公二十七年〉云：「服美不稱，必以惡終。」這和韓非子所講「古之所聽清徵者皆有德義之君」（《韓非子》〈十過〉）完全同義，經過道德審美觀念的改造，美與醜的轉化，於是就受制於善與惡的道德判斷了。正是在這樣的道德文化機制中，女性美白之容的審美尚好，便被德行清白的人格理想所覆蓋、所相容。這樣一種明顯帶有儒家修德文化色彩的改造過程，與道家養生論意義上的改造竟然殊途同歸，兩者最終都是以素白、純樸、清淡為德行和生命之本。而恰恰是儒、道同歸的這一趨勢，推動了先秦時代思想文化領域的返璞歸真思潮，使得中國之「元典」精神的原生性歷史整合固有一種以素樸為本的基本特徵。

整合之所得，事關中國士大夫人格的「清冷」型塑造，這是因為，「有女如玉」而「素以為絢兮」的生活美感心理，在經過儒、道互補的加工以後，或者賦予素豔陰柔的格調以純潔清白的人格價值，使本來女性化的性格氣質得以被辨清濁而守清白的精神修養所提升，從而具有超越於「剛柔」、「輕重」、「陰陽」的特殊文化底蘊，或者被仙風道骨所改造，從而使透著柔美風韻的想像富於清越飄逸而超凡脫俗的文化品格，或者使儒家的「以素約采」同道家的「滌除玄鑒」彼此融合，從而造境於清純空明的人格境界。在人們所熟悉的思想文化傳統和文學藝術傳統中，因此就有了以素豔意象為表徵的價值選擇和藝術追求，而這種意象的內化意態則正是神清骨冷式的人格範式。冰肌雪膚般的素豔意象與冰心玉壺式的人格象徵，同時賦予相關的精神追求以美的直覺性和理念性，在文人精神史上發揮著不可忽視的作用。比如魏晉名士之間的識鑒賞譽，宗白華先生在指出其「都是一派光亮意象」的同時，又指出：

莊子的理想人格「藐姑射仙人，綽約若處子，肌膚若冰雪」，不是這晉人的美的意象的源泉麼？[12]

試看其所引「濯濯如春月柳」、「清風朗月」、「玉山」、「玉樹」、「清露晨流，新桐初引」、「天月明淨」、「日月清朗」、「松下風」等等，不都是「素以為絢兮」式的「光亮意象」麼？不都體現著一種清明鮮亮而又純潔高遠的美姿美韻麼？深入體會這「一派光亮」式的人物美的精神內涵，我們將發現，原生的女性美觀念以及男子擬容於斯而導致的意態清柔化傾向，固然歷史性地塑造著素豔美的雅意文化心理，使之與民間的濃豔美相對立而展現出雅意的風韻，但更為重要的是，素豔美的精神內化所塑造的「清冷」型人格範式，通過後世文人對所謂「晉宋間人」之精神風度的複興，深深影響著士大夫的人格自塑，影響著文學藝術創作的審美風尚。

第三節　「清」與「直」的悲劇性結合
——從「直哉惟清」與「伏清白以死直」說起

在中國文學藝術的創作傳統中，為文始終是與做人相連繫的，而在怎樣做人的精神傳統中，屈原是第一個以藝術主體形式被塑造出來的。的確，在談論「清」美人格時，人們又有什麼理由不首先關注他呢？作為士大夫理想人格的「清節」範式，一開始便體現在屈原身上，並借助其偉大個性的人格魅力而投射其精神於千百年來的文學藝術事業。但是，屈原〈離騷〉卻道：「伏清白以死直兮，固前聖之所厚。」

12　宗白華：《美學與意境》，人民出版社1987年版，第187頁。

這種被賦予出於汙泥而不染之精神純潔性的「清白」式人格自覺，原是與「死直」的意志緊緊連在一起的，誰說「清士」的傳統形象不是一位從容赴死者的形象呢？

儘管從第一個用藝術方式憑弔屈原的賈誼開始，對屈原的選擇就表示過種種不解，但問題在於，設若屈原不去「死直」，他的人格魅力還會那麼長久嗎？不僅如此，楚辭〈卜居〉云：

寧廉潔正直以自清乎？將突梯滑稽、如脂如韋以潔楹乎？

在清濁選擇之際，精神主體經歷著難言的苦痛，這種苦痛，使它與中國文學的一大母題相互關聯，誠如陶淵明〈感士不遇賦〉所云：

懷正志道之士，或潛玉于當年；潔己清操之人，或沒世以徒勤。故夷皓有「安歸」之歎，三閭發「已矣」之哀。

顯而易見，通過使「潔己清操」「廉潔正直」者的命運上升到「士不遇」的歷史主題，個體人格的魅力轉化為集體人格的魅力，並且同時鮮明地帶上了對社會歷史進行道德政治批判的抗爭色彩。「清」美文化，現在將屈原與伯夷、叔齊塑造為同一類型理想人格時，其價值內容是很值得關注的。

一般在談到屈原的思想觀念和美學理想時，都認為是以儒家思想為主的。那麼，屈原將「清白」與「直」相連繫的人格自覺，其原生的儒家文化動因又是什麼呢？

《論語》〈公冶長〉載孔子答子張所問，如令尹子文「三仕」「三已」而「無慍色」者，孔子謂之「忠」；而像陳文子那樣再三棄所至之邦而

去，以其不合理想者，孔子則謂之「清」。無論「忠」還是「清」，孔子認為都不及「仁」，足見與「忠」相對的「清」美人格不屬於孔儒人格之最高理想。不過，這同時也就意味著「忠」與「清」之並列互補方可作為理想的人格價值判斷。試想，若人人都如陳文子因執政者之污濁而不肯介入，為自守清白而寧肯回避現實，那污濁的現實又靠誰去改造呢？所以，我們要理解孔子，「清」不是盡善盡美的人格境界——至少孔子是這樣看的，需要「忠」去補充它。但這樣一來，主體就難免要陷入兩難了。也許正因為如此吧，孔子只是分別評說，並沒有最終的結論。評價上的兩分，不僅證明了選擇時的兩難，而且還將導致選擇上的多元化，由孔子而到孟子那裏，有道是：

> 伯夷，聖之清者也；伊尹，聖之任者也；柳下惠，聖之和者也；孔子，聖之時者也。（《孟子》〈離婁上〉）

伯夷、伊尹、柳下惠、孔子都是聖人，地位自然相等，但其價值內容卻各自不同，而正是在此多元的價值選擇中，如伯夷之「清」者的人格類型才被確認為士人理想追求之一。從孔子認為「清」美人格不及於「仁」，到孟子認為其「清」足可及「聖」，孔、孟儒學自身的發展值得注意。在這裏，筆者想強調説明，圍繞著屈原、伯夷式人格典型的評價，戰國秦漢時人如孟子、司馬遷等的評價心理更值得關注。

朱熹曾言：「孟子有些英氣。」[13]仔細想來，屈原與伯夷，何嘗沒有些「英氣」！甚至就連莊子不也是「有些英氣」之人嗎？當然，人們一般所注意到的，是莊子「有些仙氣」，在「清」美文化的追求上，

13　朱熹：《孟子章句集注・孟子序説》，《四書五經》上冊，中國書店1985年版。

儒、道彼此之間因此而區分開來，如屈原〈離騷〉有「伏清白以死直
兮」，而〈七諫〉就有「服清白以逍遙」。〈七諫〉的作者東方朔，所處
時代已經不允許士人有「英氣」，這當然是原因之一，而《莊子》「逍
遙」精神的引導則是原因之二。由戰國而兩漢的文化歷程，某種意義
上就是楚漢文化鏈的歷史連接，其間有著特定的思維鏈條，「服清白以
逍遙兮，偏與乎玄英異色」，「形體白而質素兮，中皎潔而淑清」，「聞
赤松之清塵兮，願承風乎遺則」，「保神明之清澄兮，精氣入而污穢
除」，凡此種種，莫不有「仙氣」充盈其間，體現著「清」美文化沿道
家—道教一脈發展的初始態勢。孟子意中的伯夷之「清」，儘管在行跡
上與出世隱遁者頗相仿佛，從而說明，「清」美人格追求，恰恰是儒家
與道家乃至於與釋家相融通的思想走廊，但是，伯夷之「清」，卻非清
虛淡泊、寂寞自守，亦非企仙慕道、神想太清，而是執拗地堅守某種
道德政治的信念，連孔子也說他「不降其志，不辱其身」（《論語·微
子》），也正是在這裏，後來屈原的精神世界確有承傳伯夷之處。而屈
原所具有的那種與世抗爭的精神，莊子同樣具有。陳鼓應便指出：

> 「莊周家貧」（〈外物〉）、「處窮閭厄巷」（〈列禦寇〉）及其抗擊
> 權貴的言論事蹟，屢見於莊書。[14]

也就是說莊子也「有些英氣」。無論是孟子還是莊子，其「英氣」
所在，我認為恰如屈原「伏清白以死直兮，固前聖之所厚」的誓言，
意味著「清」與「直」之間的價值同構，這一「直」字，才真正是「聖
之清者」的精神支柱。「清」之所以美，其在「直」乎！

14　陳鼓應：《莊子今注今譯·修訂版前言》，中華書局1983年版。

　　只是，古人意識中的「直」，又豈是簡單之物！針對伯夷他們的選擇，孔子就表示過「我則異於是，無可無不可」的意志，孟子因此而以孔子為「聖之時者」。在這裏，「直」與「時」的區別是耐人尋味的。《論語》〈子路〉云：

　　葉公語孔子曰：「吾黨有直躬者，其父攘羊，而子證之。」孔子曰：「吾黨之直者異於是：父為子隱，子為父隱。——直在其中矣。」

　　又是一個「異於是」！就像源遠流長的中國史學傳統中既有實錄直書原則又有尊賢隱諱原則一樣，在孔子這裏，公理，是需要與倫理相結合的。而伯夷乃至屈原的「不降其志」，儘管也是在維護著公理和倫理的結合體，但卻是那麼不合時宜。看來，在伯夷、屈原之人格楷模的背後，隱藏著「直」與「時」的歷史矛盾。關於伯夷，司馬遷《史記》〈伯夷列傳〉云：

　　……及餓且死，作歌。其辭曰：「登彼西山兮，采其薇矣。以暴易暴兮，不知其非矣。神農、虞、夏忽焉沒兮，我安適歸矣？於嗟徂兮，命之衰矣。」

　　關於屈原，其〈屈原賈生列傳〉云：

　　及見賈生弔之，又怪屈原以彼其材，游諸侯，何國不容？而自令若是。

　　其實，此前在〈漁父〉中就已經有勸其隨世混同的意向。於是，

伯夷與屈原，作為「清士」的古典範型，實際上從一開始就是伴隨著疑問而又被景仰的。賈誼〈吊屈原賦〉即曰：

曆九州而相其君兮，何必懷此都也！

這一感歎的實質有兩層意義：其一，是悲慨屈原不能順應時尚；其二，則是悲慨自己未遇當時之世。顯而易見，這裏藏著一個深刻的悖論，對如此「清」美人格的讚美和景仰，往往是同「士不遇」的悲劇主題相交織的。也因此，千百年來，所有因此而生發出來的思想認識或文學感歎，都不出司馬遷「悲其志」（《史記》〈屈原賈生列傳〉）三個字！

「悲其志」式的評價，固然說明了其人人生選擇的悲劇性，但同時也說明其人自願為之獻身的理想追求的崇高。我們因此而注意到，《尚書》〈堯典〉就說：「夙夜惟寅，直哉惟清。」其具體語境是：

帝曰：「咨四嶽，有能典朕三禮？」僉曰：「伯夷。」帝曰：「俞，咨伯。汝作秩宗，夙夜惟寅，直哉惟清。」

首先，此處事關祭祀禮樂之大事；其次，下文緊接著就是舜帝命夔典樂一節，而其中就有「詩言志」等可作中國文學藝術開山綱領的論述，並且明確提出了「直而溫，寬而栗，剛而無虐，簡而無傲」這樣的德行教化標準。所謂「直而溫」，分明與孔子「好直不好學，其蔽也絞」（《論語》〈陽貨〉）的論述相通，從而說明，正直坦率的自然性情，是需要經過教育和學習之再塑造的。顯而易見，這個意義上的「直」，並非理想之所追求。而「直哉惟清」之「直」就不同了，上古

時代，由於貴族之教育學習是和溝通神人、經緯社會的祭祀文化融為一體的，所以，恰如蔡沈之注：

> 夙，早；寅，敬畏也。直者，心無私曲之謂，人能敬以直內，不使少有私曲，則其心潔清，而無物欲之汙，可以交於神明矣。

如果說此間之所闡明者，乃是一種與祭祀文化心理相關的道德自覺意識，那麼，其敬畏神明的祭祀意識在轉化為道德自覺以後，必然會形成一種「敬以直內」的自律意識。人，必須有所敬畏才能自我約束！敬畏心所導致的是一種「不敢」意識，就如同老子屢言「不敢為天下先」一樣，在這裏，關鍵在於「不敢為私」，也就是在神聖而神秘的祭祀文化氛圍中用敬畏之心來洗滌自己的性情，使之由自然的直率上升到公理的正直。值此之際，與祭祀一體化的禮樂制度也就同時成為「敬以直內」的敬畏對象，從而，公理正直的自覺中必然包含著倫理的自覺。和以往人們大多從倫理文化角度評價儒家思想者有別，這裏我們要強調，公理與倫理的結合，尤其是公理對倫理的內在制約，正是儒家學說的合理內核。伯夷及屈原所追求的「清」美「直」道，其實質也就在於此。

《論語》〈憲問〉云：

> 或曰：「以德報怨，何如？」子曰：「何以報德？以直報怨，以德報德。」

很清楚，「直」，是一個超越於「德」與「怨」的價值範疇。從孔子潛臺詞之否定「以怨報怨」，到司馬遷《史記》〈伯夷列傳〉明言「以

暴易暴」之非，其中分明含有對超越恩怨之公理的籲求。這正像人們
至今仍在期盼的「清官」之所謂「清」，並不單純指為官廉潔，而更是
期望他能主持公道、堅守公理一樣，與「直」相同構的「清」，因此而
格外富於理想色彩。所謂「清世」，因此主要是指公道之世，和「盛世」
一詞不同，「清世」一詞帶有鮮明的道德政治評價的色彩，而且富於批
判精神。同樣道理，司馬遷說：

> 「歲寒，然後知松柏之後凋。」舉世混濁，清士乃見。

所謂「清士」，因此而並不意味著就是避世清高之士，恰恰相反，
對「清士」的讚美，就是對濁世的詛咒。也因此，標舉「清士」，不僅
是在樹立個體典範，而且是在確立社會規範。

然而，伯夷與屈原的命運，以及後來者因此而孕育出來的闡釋意
向，又在告訴我們，當「清白」是與「死直」連繫在一起時，「清」美
人格本身所含有的悲劇性，就在訴說著歷史本身的悲劇色彩——一部中
國歷史，從「清」美文化史的角度看，不正就是一部「清白」者「死直」
的歷史嗎？無論在文學史上，還是在文化史上，有一種超越於入世與
出世、兼濟與獨善的獨立人格，反覆地被文人所歌吟，而所有這樣的
藝術表現無不透著悲涼之氣。

第四節　德音「清和」與詩界「清風」
——「清」美文化原生的文化詩學精神

在先秦的文化話語中，「清」與「濁」，既是彼此對立而由人們去
作價值判斷上的正反兩極闡釋的範疇，如〈漁父〉之「舉世皆濁我獨

清」，又是無涉於價值判斷而只關乎音聲自然的技術概念，而那體現古老樂官文化之理想規範的，實際上是「清和」這一範疇。

古人在對聲音自然作基本分析而使用「清」「濁」這一對概念時，體現了一種辯證的二分法原理，如《左傳》〈昭公二十年〉云：

聲亦如味，一氣，二體，三類，四物，五聲，六律，七音，八風，九歌，以相成也；清濁、小大，短長、疾徐，哀樂、剛柔，遲速、高下，出入、周疏，以相濟也。

完全相同的這一席話，又見於《晏子春秋》，而一目了然的是，其辯證二分法的理論基礎最終又在於相對而互補的價值觀念。同時，人們又會發現，相關論述中有「聲亦如味」這樣的表述，而這就意味著，其據以分析聲音之道的前提性認識，乃是滋味之道。

滋味之道，是周人文化之特色所在。《禮記》〈郊特牲〉說「周人尚臭」[15]，而同書又有「殷人尚聲」之說，「尚聲」者在前，「尚臭」者在後，而論者卻道「聲亦如味」，足見這裏擁有話語權利者乃是周人。周人「尚臭」的觀念，是與「尚德」的觀念相一致的，不僅如此，《禮記》〈玉藻〉云：

動則左史書之，言則右史書之，御瞽幾聲之上下。

《周禮》〈大行人〉云：

15　參看陳元鋒：《樂官文化與文學》第三章第二節，山東教育出版社1999年版。

九歲，屬瞽史，論書名，聽聲音。

《國語》〈周語下〉云：

吾非瞽史，焉知天道？

隨著周人政權替代了殷人政權，包括樂官文化和史官文化在內的禮樂制度遂告建立，而「瞽史」一詞又告訴我們，當時的史官，是分為「書史」和「瞽史」兩類的。[16] 由於古代所謂「史官」並非現代意義上的歷史學家，他實際上兼有政治文化方面的多種職能，所以，與「書史」並存而各有分工的「瞽史」，其「聽聲音」之際，便有明禮樂而行教化的內在目的。於是，人們發現，就像後來晏嬰以「和如羹」[17] 之理來闡發「和」之大道一樣，「瞽史」之於「聲音」，也是以「和」之美為最高標準的。《國語》〈周語下〉云：

耳之察和也，在清濁之間；其察清濁也，不過一人之所勝。是故先王之制鐘也，大不出鈞，重不過石。……鐘聲不可以知和，制度不可以出節，無益于樂，而鮮民財，將焉用之！

《國語》〈楚語上〉云：

臣聞國君服寵以為美，安民以為樂，聽德以為聰，志遠以為明。

16　參看陳元鋒《樂官文化與文學》第三章第二節中的有關引述和論述。

17　參看《左傳》〈昭公二十年〉所記。因此段文字多見引述，故從略。

不聞其以土木之崇高、彤鏤為美，而以金石匏竹之昌大、囂庶為樂；
不聞以觀大、視侈、淫色為明，而以察清濁為聰。

在這裏，我們完全可以用理性美對感性美的改造來解釋其中的思
維邏輯，其中，「聽德」是為理性美之內涵，而「察清濁」只是感性層
次上的內容。

但是，這裏的感性與理性之分，並不只有一種價值判斷上的高低
區別。《國語》〈周語下〉云：

夫耳目，心之樞機也，故必聽和而視正。聽和則聰，視正則
明。……夫耳內和聲，而口出美言，以為憲令，而布諸民，正之以度
量，民以心力，從之不倦，成事不貳，樂之至也。口內味而耳內聲，
聲味生氣。氣在口為言，在目為明。……

請注意「聲味生氣」，如果説這裏的「氣」與上文「心之樞機」的
「心」相對而出，從而屬於比「耳目」更內在的存在，那麼，在「心」
可以理解為思維本體的情況下，「氣」便可以理解為生命本體。《管子》
〈樞言〉云：

有氣則生，無氣則死，生者以其氣。

既然如此，在「聲味生氣」而「生者以其氣」的整合性闡釋中，
聲音與滋味之道就都關係到生命本體，從而使感性的「聽」具備生命
本原的意義。換言之，兼顧到政治和生命之理想狀態的「和」理念，
同時也是一種感性的生命存在狀態，這種理念與感覺相重合的「和」

的境界，從一開始就塑造著中華民族的文化性格和藝術性格，使其從一開始就不到「察清濁」之外去追求「和」美理想，而是貫注「和」美追求於「察清濁」之中。於是，就像修身養性而齊家治國乃是一體化的整體行為一樣，「察清濁」就是「聽和」，「聽和」就是「聽德」，「聽德」就是「養神」，「養神」就是「修性」，「和」之一理，如「月映萬川」，遍在各處，最終，感性與理性彼此相「生」，猶如「聲味生氣」之「生」。一旦如此，則所謂低級與高級的差別，在這裏就失去了意義。換言之，感性美與理性美的關係，實際上不能不是一種相「生」的關係。

至此，筆者想指出，在對這種相「生」關係的闡釋上，郭店簡《老子》「太一生水」章所謂「反輔」與「相輔」一對概念值得注意。針對本文課題，如「清」、「濁」之間者，就是「相輔」，而「和」與「清濁」之間，就有一個「察清濁」之「反輔」的問題了。再連繫上文所引《左傳》之載述，所謂「清濁」、「小大」之「相濟」，便與「相輔」相通，而「反輔」的意義，實際上只能到「聲味生氣」的論述中去尋找了。如果這樣的認識能被大家所接受，那麼，筆者想進一步指出，恰恰是在「和」美理念「生」出「聽和」而「察清濁」之樂教行為規範，而「察清濁」之際又必有「清濁」之別「反輔」於「和」美理念的情況下，像「清和」這樣的概念就形成了。

作為思想文化概念的「和」，具有親和的倫理色彩與「中和」的美感性質，這早已是文化常識了。那麼「清和」呢？《韓非子》〈十過〉云：

平公曰：「寡人所好者音也，子其使遂之。」師涓鼓究之。平公問師曠曰：「此所謂何聲也？」師曠曰：「此所謂清商也。」公曰：「清商

固最悲乎？」師曠曰：「不如清徵。」……平公提觴而起為師曠壽，反坐而問曰：「音莫悲乎清徵乎？」師曠曰：「不如清角。」……

無疑，韓非是從否定音樂欣賞的角度立論的，在他看來，音樂的感染力越強，其所造成的後果就越可怕，因此他才樹立了這樣一位因癡迷音樂而亡國窮身的反面典型。然而，韓非卻從反面提示我們，當時人們對音樂美的追求，如同這裏「清商」、「清徵」、「清角」的層層遞進，其總體上表現出「清聲悲感」的特徵。同時，韓非文中提到：「古之所聽清徵者皆有德義之君也，今吾君德薄，不足以聽。」這是典型的道德音樂思想，連法家韓非都難免以此為立論之基礎，可見其深入人心。將以上兩方面內容整合為一，則「清和」之美就是音樂之極致與德義之極致的相容。不僅如此，〈樂記〉有云：

……小大相成，終始相生，倡和清濁，迭相為經。故樂行而倫清，耳目聰明，血氣和平，移風易俗，天下皆寧。

所謂「樂行而倫清」，在《荀子》〈樂論〉中作「樂行而志清，禮修而行成，耳目聰明，血氣和平」，而《荀子》〈解蔽〉又有云：

虛壹而靜，謂之大清明。
故人心比如盤水，正錯而勿動，則湛濁在下而清明在上，則足以見鬚眉而察理矣。

人們不難發現，與所謂「反情以和其志」的核心命題相一致，無論〈樂記〉還是《荀子》〈樂論〉，在強調情志—倫理之「清」的時候，

實質上是把「清聲悲感」的音樂美感納入到心性淨化的意義空間裏了，此正荀子所謂「察理」：使音樂美感所導致的瞬間精神超越自然融入道德修持的自我淨化。總之，我們又一次發現了「水鏡」原型——「人心比如盤水」，並且因此而賦予「清和」之「清」以「虛壹而靜」的特定音樂文化底蘊。

劉向《關尹子序》曰：「寂士清人，能重愛黃老，清靜不可闕。」沿著這樣的闡釋路線，「貴清」者流就是黃老學派一系無疑了。但上文所論卻又分明告訴我們，如荀子者不也同樣「貴清」嗎？「清和」美之境界，於是成為儒、道合一的必要契機。不過，又誠如荀子所言「樂行而志清」，在這裏，「行」與「志」的對應，不能不涉及「行」與「言」的對應，從而，一種原生於樂官文化的詩學觀念就呈現其原生形態於我們面前了。

《子思子》曰：

昔吾有先王之正，其言明且清。

《禮記》〈緇衣〉有云：

子曰：「王言如絲，其出如綸。王言如綸，其出如綍。故大人不倡遊言。可言也，不可行，君子弗言也。可行也，不可言，君子弗行也。則民言不危行，而行不危言矣。」⋯⋯子曰：「君子道人以言，而禁人以行，故言必慮其所終，而行必稽其所敝，則民謹於言而慎於行。」

其間寓意並不難解，就第一層意思推闡，遊言如遊絲，而遊絲非

比織物之有經緯組織，從而，「不倡遊言」就意味著以言語組織的謹嚴有序來體現思想意志的完整體系，而由於言語組織實際上就是對行為意義的規範，所以，最終意味著思想與言行統一於特定的理想規範。也正因為如此，才有必要強調「可言」與「可行」的高度一致，尤其是當問題涉及「君子」與「民」之關係時，此處實已注意到統治者的欺騙必然導致被統治者的反抗這一政治問題，而如此一來，「不倡遊言」就等於「不作戲言」，於是，莊重，認真，謹慎，都在其中，自然也就有了「謹於言而慎於行」的第二層推闡。所謂「道人以言」而「禁人以行」，講的正是以身作則的問題，在這個意義上，「其言明且清」的「言」，也指行為語言，而「其言明且清」的「清」，當然就包含著對道德行為規範的崇尚了。總之，「其言明且清」，作為一種顯然具有美學評價意義的道德政治闡述，其文化詩學的底蘊是複層的，除了顯在層次上對經緯組織與鄭重謹慎之美的崇尚之外，那隱在層次的內容實際上具有打破人們對「言」之迷戀的文化意義，它實質上已經在提醒人們去關注「言」背後的「行」的世界，尤其提醒人們去關注「言」「行」之間的微妙關係。如果說這一切都被「明且清」所涵蓋的話，「清」美之內涵，從一開始就顯得並非水清而無魚了。

「先王」「其言」乃是「先王之正」的體現，而「民言不危行，而行不危言」的闡述已然告訴我們，此同樣可以用「明且清」來描述的「先王之正」，作為「法先王」者的理想所在，是很有一些值得探討的內容的。首先，《廣雅》云：「危，正也。」而《論語》〈憲問〉云：

子曰：「邦有道，危言危行；邦無道，危行言孫。」

比較「危言危行」與「謹言慎行」，兩者分明是有矛盾的；即便是

在「危行言孫」與「謹言慎行」之間作比較，兩者也還是有區別的。但其異中又有同，那就是對「言」的特殊關注。依據子思所云，「先王之正，其言明且清」，從而，「危言」便是「清」之「言」，因為先王之世乃是「清世」，《呂氏春秋》就有「蓋聞古之清世」的話語，「清世」自然是「邦有道」的時代，「邦有道，危言危行」，所以「危言」就是「明且清」者，此理極明。而這「清世」、「危言」，猶如後來唐代元稹所言：

> 昔三代之盛也，士議而庶人謗。又曰：世理則詞直，世忌則詞隱。（《和李校書新題樂府十二首序》）

這實際上與古代詩學所一再宣導的「諷喻」原則關係密切。《毛詩序》嘗以「主文而譎諫」來解釋「風」，先秦典籍之中多有先王采詩觀風的敘述，而學界也認為，與上古禮樂制度相統一的樂官詩教傳統，是一種政治詩學——既有辯護性政治詩學，也有批判性政治詩學——傳統[18]。其中，批判性政治詩學傳統的文化土壤和思想空間，恰恰與這裏所討論的「清世」、「危言」有關。在一定程度上，這種以「諷興當時之事」為宗旨的政治化藝術和藝術化政治，已經具有後來所謂「清議」的特徵。只有一點是需要指出的，作為理想狀態，此「清世」「危言」當然也必須是「其言明且清」者——這就是一種合乎制度規範也合乎行為程式的合理合法化的批判性話語。

《詩經》〈大雅〉〈烝民〉云：

---

18 參看韓經太《「在事為詩」申論——中國早期政治詩學的思想文化透視》，《中國文化研究》2000年夏之卷。

吉甫作誦，穆如清風。

《詩經》〈大雅〉〈崧高〉云：

吉甫作誦，其詩孔碩，其風肆好。

〈烝民〉一詩，據朱熹《詩集傳》云：

昔孔子讀《詩》至此，而贊之曰：「為此詩者，其知道乎！」
而孟子引之，以證性善之說。

凡此，足見其意旨之深長悠遠。〈烝民〉詩中有道：

天生烝民，有物有則。民之秉彝，好是懿德。
天監有周，昭假於下。保茲天子，生仲山甫。

仲山甫之德，柔嘉維則。令儀令色，小心翼翼。
古訓是式，威儀是力。天子是若，明令使賦。

仲山甫將勤于王命，而吉甫誦詩送之，詩中讚頌之詞，同時也是
勉勵之詞，甚至也可以看作是告誡之詞，不然，孔子何以會有「知道」
之慨！而在這樣的意義上，所謂「吉甫作誦，穆如清風」者，難道與
〈樂記〉「樂行而倫清」的觀念不相契合嗎？〈崧高〉一詩亦然，詩中
有曰：「申伯之德，柔惠且直。揉此萬邦，聞於四國。」與此間所頌美
的對象相協調，我們相信，「作誦」作為特定的政治道德文化行為，其

「穆如清風」的美，當恰如〈烝民〉詩中所表述的：

> 人亦有言：柔則茹之，剛則吐之。
> 維仲山甫，柔亦不茹，剛亦不吐。
> 不侮矜寡，不畏強禦。

不言而喻，這裏的「柔嘉維則」和「柔惠且直」，絕不是柔軟之美，也不是剛柔相濟之美，而是剛柔兩全之美，一種充滿著精神張力的美。在對有關儒家禮樂制度和早期樂官文化之歷史文獻的解讀中，「瞽史」諷誦的政治職能以及樂教感化的文化意義，始終是受到學界關注的。尤其是當人們從現代科學民主的立場出發去審視歷史和傳統時，更會看到這種批判性精神傳統的正面價值。本人也對這種旨在「諷興當時之事」的人文精神表示過由衷的讚歎[19]。當然，值此確有必要指出：這種「清世」、「危言」，在實質上並不是時代的不諧和音，須知，「清世」、「危言」以其「危言」維護著「清世」的根本利益，不僅如此，「穆如清風」的樂歌諷誦，營造出其樂融融而倫理分明的文化氛圍，培育出珍惜血緣的文化自覺和准宗教式的忠誠心理，包括樂官樂府的諷諫職能，也因此而形式化了。這當然已是後話，如漢代所出現的「詐為郡國造歌謠」的樂府造偽現象，在歷史上肯定不會少見。但我們又豈能因此而不去發掘「清世」、「危言」的文化詩學意義呢？歷史和現實的經驗都在告誡我們，面對偽劣文化現象，必須以拯救的態度來發掘並樹立相應的正面形象。

於是，可以確認：在傳統樂教文化範疇「和」與傳統詩學範疇

19　參看韓經太：《傳統「詩史」說的闡釋意向》，《中國社會科學》1999年第3期。

「風」的歷史組合過程中，「清」美文化的特殊意義，就在於由「倫清」、「志清」、「清和」、「清風」這些概念構成了一個合乎倫理法則的諷諫詩學原則。確認這一原則的「清」美文化色彩，將提示人們注意其與「清議」傳統之間的歷史連繫。在習慣上，我們認為自東漢方有所謂「清議」，而春秋戰國時代則有所謂「處士橫議」，這「清議」與「橫議」間的區別，人們很少去琢磨，其實，說透了，「橫議」者有縱橫家之作風，而「清議」者有道德家之風範。錢穆《國史大綱》〈東漢士族之風尚〉道：

> 東漢士大夫風習，為後世所推美。……一則在於過分看重道德。二則東漢士人的道德似嫌偏狹。[20]

也因此，就像其時士人流行「讓爵」、「推財」、「避聘」等「清節」一樣，其時之「清議」是絕不能混同于先秦士人之「橫議」的。非「橫議」式而「清議」式的詩人諷諫，其「穆如清風」之美，自然烙有深深的道德文化印記，而且是政治化、倫理化的道德文化印記。

第五節　討論：「清」美思想的邏輯起點
——以政治識鑒為中心課題

現在，我們至少已經明曉，「清」美文化傳統，並不僅僅是以清淡素樸為理想的文學藝術傳統，並不僅僅是老莊與佛禪所培育起來的崇尚虛無空靜的精神文化傳統，而同時倒是與儒家文明有著根深蒂固的

20　錢穆：《國史大綱》（上冊）第三編第十章，商務印書館1999年版。

關係。也正是因為如此，我們最終要說，「清」美文化乃是中華民族精神文明史的綜合特性所在。綜合特性——原生狀態的綜合特性，意味著先秦「百家爭鳴」的核心課題，而這一課題的實質內容，我認為，最終是一個具有中國特色的「政治識鑒」問題。「政治識鑒」，包括作為政治理想的「清世」描述，以及作為德政自覺的「不以水鑒而以民鑒」的意識，包括辨識於清濁曲直的「清士」標準，以及關乎政教的文學藝術觀念，等等。中國歷史文化的傳統特色恰在於它的政治中心模式，其他哲學、宗教、藝術等無不在此中心思想的輻射之中。唯其如此，所謂「清」美思想的邏輯起點，理應被確認為這一「政治識鑒」的中心課題。而圍繞著這一中心課題，水鏡意識與清濁辨識的彼此會通，導致了多層複合性的「清」美觀念，此有如上文之所論述。但是，有一個支撐于多層意義之間的骨幹理念，卻是無論如何也不能等閒視之的，那就是集政治理想、道德人格和審美風格於一體的君子獨清意識。我們有充分理由認為，那實際上已然包含清濁選擇和「直道惟清」在內的君子獨清意識，作為中華民族精神的脊樑——特別是作為中國文人精神史的風骨表徵，其價值還遠遠沒有被充分揭示出來。

不言而喻，水鏡意識在經過「滌除玄鑒」的哲學塑造以後，其「照物」之反映論價值遂與「自鑒」之道德論價值相統一，並且使「心齋」虛無的精神滌除具備了勿以主觀相干擾的客觀反映論精神，從而就可以提煉出「水鏡清鑒」這樣一個概念，它意味著同時作為人格主體和認識主體的心本位的清澄透明，其自我淨化的滌除是與客觀反映的含納相同構的。與此同時，恰恰是此清澄透明，同社會道德判斷之際的「清」、「濁」辨析相會通，並通過對所謂「聖之清者」的確認而生成可示範的人格典型，使獨清人格不僅意味著一種抽象理念，而且擁有具體的榜樣人物。而就在這理念與榜樣的相容中，具有出世性質的精神

風範被賦予入世的社會意義，一種兼有隱逸與抗爭雙重性質的人文情懷便形成了。

隱逸而兼抗爭，如同清靜虛無而與直誠清白同構，意味著無為與無私的統一。其彼此會通又彼此包含的意義空間，需要我們多多去作探詢──尤其需要從政治歷史的角度去作探詢。文化史上的儒、道分異，究竟是如何產生的？我以為，其中一個重要的原因是思維角度的分異：面對已經存在的歷史事實，儒家注重成功的經驗，道家注重失敗的教訓；而正是在這成功與失敗的交叉點上，一種超越于成功或失敗，從而也就超越於儒、道之分異的高尚境界被推舉出來。試讀《莊子》〈讓王〉篇結局時對伯夷、叔齊的評說，就不難理解這一境界的文化史意義之深遠，其中有關於「道」者，針對周人而曰：

今周見殷之亂而遽為政，上謀而行貨，阻兵而保威，割牲而盟以為信，揚行以說眾，殺伐以要利，是推亂以易暴也。

看來，伯夷、叔齊，不僅是儒家文化傳統中的理想人格了，而作為儒、道文化共同的理想人格，其「讓王」意識實質上是與徹底否定「推亂以易暴」之政治行為的歷史觀相一致的。這一點至為關鍵！我認為，正是在這裏，儒家的道德仁政和道家的無為之政都被超越了，並且提出了一種已經可能擺脫中國歷史幾千年以來「推亂以易暴」之惡性循環的真正的「清世」理想和「清士」人格。

論者多認為《莊子》〈讓王〉之篇是在闡發「重生」思想，本篇內容又多見於《呂氏春秋》〈貴生〉也在強化這一印象。殊不知其中頗有不然之處，且看篇中所講北人無擇、卞隨和伯夷、叔齊，都是為了堅持自己的信念而從容赴死的，既然如此，《莊子》〈讓王〉篇的主旨，

就應該概括為：生命誠可貴，道義價亦高。換言之，以莊子學派的這一作品為具體例證，我們正好可以捕捉到諸家各派彼此會通的歷史文化資訊，會通之際，難免眾語喧嘩，呈現為多主題多旋律的交響，這都是情理之中的事。不過，真正用心靈去傾聽的人，將會發現其中明晰可辨的「清」美樂句，並進而去理解其背後的歷史文化意義：鄙視權力政治而又珍視政治公理的辯證理性。由於鄙視權力政治，所以讓王辭爵或功成不居；但辭讓不居絕不意味著漠不關心，正是在這個意義上，「讓王」不能等同於全身遠害式的退避和隱逸；也正是因為如此，「讓王」倒是與「死諫」相統一！理解了這裏所討論的問題的性質，我們自然就會在心裏為原生的獨清人格樹起一座豐碑。

筆者之所以要在「清」美文化之多種原生基因中特意強調這種「聖之清者」的歷史文化內涵，還因為這裏的辭讓美德最終是指向古代「禪讓」境界的。郭店楚簡〈唐虞之道〉有云：

唐虞之道，禪而不傳。

自古以來，對一種既不私相傳授，也不暴力爭奪的政權延續方式的籲求，勉力支撐著中華民族的精神文明傳統，並將成為建設現代化先進文化的合理基礎。

很清楚，君子獨清的人格美，以其特有的歷史悲劇色彩，體現著其心若鏡般的虛心和平靜，體現著清白死直式的剛毅和坦然，體現著冰玉其質似的純潔和高貴，在這裏，真有一種混沌未分的原生的整體的美。如果我們需要以最簡潔的詞語來概括其精神內容，那應該就是：公正，純潔，平靜。這，就是「清」美思想的邏輯起點。「公正」是中華民族傳統公理思想的邏輯起點，而公理思想又是傳統倫理系統的合

理內核，失去了公理內核的倫理追求，自然會成為歷史惰性的增長點。中國文學藝術史所體現出來的主體情懷，包括所謂憂患意識和抒憤傳統，倘若失去了信仰公理的思想內核，就將一錢不值。不僅如此，即使在評價傳統儒家之倫理和法家之法度時，倘若沒有公理意識作為其思維的邏輯前提，一切關於人治或法治的議論也便等同遊戲。正是對公理的信仰所產生的精神力量，使歷史上的「聖之清者」和士之清者獲得了足以抗爭污濁社會的勇氣和膽魄，而他們人格自塑的道德律令，又恰恰來自透過倫理而顯現的公理信念。當然，還有精神的平靜，就像清澈平靜如明鏡的水，滌除了所有的私情雜念，才有可能讓純潔明淨的境界與忘我虛無的境界自然契合，才有可能對一切該無所謂的事都無所謂，從而才有可能不至於把需要認真對待的事也以無所謂的態度而一忘了之。一言以蔽之，公理信仰，純潔人格，平靜心態，三者交合而成為「清」美思想的邏輯起點，而所有從這一起點引發出來的文化闡釋，共同構成了中國「清」美文化的原生意義空間。

第二章

漢魏「清峻」風骨

在中國文學史上，「漢魏風骨」，無疑是一個影響深遠的批評概念。一般情況下，人們都把「漢魏風骨」視為「建安風骨」的同義語，從而將其所以產生的歷史土壤確定在漢末建安這一特定的歷史時期。殊不知，「漢魏風骨」的「漢」，絕不應該只認作局部的「漢」，而有必要從兩漢歷史的整體上去作把握。「風骨」之美，作為一種整合了士風與文風的精神規範，實際上不能不是先秦士風的延續，經過兩漢世情的塑造，終於在漢魏之際形成氣候的。當我們從「清」美文化的源頭順流而下，經過元典創造的先秦時代，便迎來了思想一統的秦漢時代，歷史在這裏有一個巨大的變化，強有力的政治性整合像地球引力一樣使所有的思想觀念和文化習俗都具有了政治向心力，並因此而形成了對前此思想文化的歷史大總結。不言而喻，這種總結必然是一種大一統式的總結，如同結歷史之舊賬。如《淮南鴻烈》於道家思想文化，如《春秋繁露》於儒家思想文化，如《史記》、《漢書》於史家思

想文化，等等，都是具體之表現。不過，大一統的歷史性大總結並不意味著萬有歸一式的思想化簡，其間尤其包含著價值系統建構過程中的原創性思考，其意義是繁盛的盛朝氣象和終有一天它會衰亡的衰弱景象所遮蔽不了的，也是「天人合一」的偉大意念所替代不了的。回味漫長的思想文化歷史，咀嚼古人精神評價的特殊話語，我們不由得要超越建安時期而往上追索，以便真正在大歷史背景下理解「風骨」這一關鍵範疇的豐富內涵。

第一節　劉勰「風骨」論的重讀與再釋
——以「氣之清濁有體」為由

　　因為劉勰在《文心雕龍》中明確標明〈風骨〉之標題，所以，一切與此相關的討論都應從這裏入手，儘管人們都知道，如此一種方法難免重複之嫌—的確，僅在「龍學」範圍裏，有關「風骨」的討論就已經有偏重之勢！但，這並不能成為我們繞道而行的理由。問題還得從劉勰說起。

　　如果我們不是只看古人對原理的闡釋，而是同時關注他的具體批評，那麼，其原理之發生機制便有線索可尋了。《文心雕龍》一書，其中〈風骨〉一篇是緊接著〈體性〉一篇的，故兩篇之思的連續貫通之處有必要給予特殊的關注。〈風骨〉一篇特意提到曹丕《典論》〈論文〉中「文以氣為主，氣之清濁有體，不可力強而致」的論斷，而〈體性〉一篇又將他所總結的八種風格的發生機制歸結為「功以學成，才力居中，肇自血氣」。這樣，其最終確認的「風清骨峻，篇體光華」的理想風格，按理就必須有「體性」「血氣」的內在源泉。顯而易見，這裏已經再鮮明不過地揭示出，「元氣清濁」論正是其理論基礎。與此同時，

〈風骨〉篇云：

意氣駿爽，則文風清焉。

又云：

相如賦仙，氣號凌雲，蔚為辭宗，乃其風力遒也。

而〈體性〉篇云：

是以賈生俊發，故文潔而體清。

倘若不是偶然，則劉勰論風骨清峻時特意列舉這兩個人—賈誼與司馬相如，就值得琢磨琢磨了。

劉熙載《藝概》〈文概〉：

賈長沙、太史公、《淮南子》三家文，皆有先秦遺意。

司馬遷《史記》〈屈原賈生列傳〉：

自屈原沉於汨羅後百有餘年，漢有賈生，為長沙王太傅，過湘水，投書以弔屈原。……是時賈生年二十餘，最為少，每詔令議下，諸老先生不敢言，賈生為之對，人人各如其意所欲出。……太史公曰：「餘讀〈離騷〉、〈天問〉、〈招魂〉、〈哀郢〉，悲其志。適長沙，觀屈原所自沉淵，未嘗不垂涕，想見其為人。及見賈生弔之，又怪屈原以

彼其材，游諸侯，何國不容，而自令若是。讀〈服鳥賦〉，同死生，輕去就，又爽然自失矣。」

　　不難看出，在司馬遷的心目中，一方面，屈原與賈誼是命運相共的，是以同列一傳；另一方面，司馬遷通過「太史公」語，傳達了這樣的思想信息：屈原以及賈誼對屈原的理解共同構成了一種意義，它正是司馬遷所要闡釋的人生價值和人格理想所在。劉勰在《文心雕龍》〈體性〉篇中講的是「賈生俊發，故文潔而體清」。這裏所謂「清」，當然有「清」「濁」識別之義，不過，在「體性」層面上，又必然有英發峻爽的精神意向，也就是一種超越於俗常的膽魄、見識和意志。其在秦漢大一統之後的時代，賈誼憑弔屈原而發出「曆九州而相君兮，何必懷此都也」的感歎，司馬遷撰屈、賈合傳亦單獨點明「游諸侯，何國不容」的主題，這樣的見識，再與「諸老先生不敢言，賈生為之對，人人各如其意所欲出」的膽量相結合，分明已將所謂「俊發」的精神氣質導向追求自由的思想境界了。思想個體的自由，個體思想的自由，思想言說的自由，言說思想的自由，一言以蔽之，劉勰所謂「意氣峻爽」，包括意志的自由馳騁與思想的自由推闡，而背後則是自我價值的充分實現。

　　司馬相如作為漢代著名賦家，其作品素以想像和誇飾著稱，劉勰《文心雕龍》〈誇飾〉有云：「相如憑風，詭濫愈甚。」劉熙載《藝概》〈賦概〉亦云：「相如一切文，皆善於架虛行危。」而對其〈大人賦〉，《漢書》曾有批評曰：

　　往時武帝好神仙，相如上〈大人賦〉欲以風，帝反飄飄有凌雲之志。（《漢書》〈揚雄傳〉）

　　當然，從傳統諷諫的原則出發，「相如賦仙，氣號淩雲」，正應了「勸百諷一」這句話，可謂適得其反。不過，若轉換一個角度，能使人「飄飄有淩雲之志」者，不正是賦仙之作所應該產生的客觀效果嗎？這種客觀上能使人飄飄然生淩雲之志的文學世界，其主觀上豈能沒有憑虛淩雲之志？而如此意志，歸根到底，不正是藝術想像的自由馳騁嗎？

　　當然，劉勰論文風之「清」而與「賦仙」之作相連繫，畢竟不是偶然的。關於這中間的必然性連繫，明眼人一看便知，是與道教文化的發展相關的。於是，可以提到兩個關鍵的人物：陳子昂和李白。

　　陳子昂在那篇幾乎家喻戶曉的《與東方左史虯修竹篇序》中這樣形容東方虯的《詠孤桐篇》詩：

　　骨氣端翔，音情頓挫，光英朗練，有金石聲。遂用洗心飾視，發揮幽鬱。不圖正始之音，複睹於茲，可使建安作者相視而笑。

　　可惜的是，多年以來，人們只關注陳子昂這篇序文的前半段，只在「興寄都絕」處尋找微言大義，卻忽略了這後半段的文辭意義。現在認真一看，就發現新問題了。

　　首先，所謂「骨氣端翔」，與劉勰「相如賦仙，氣號淩雲」者就有一縷神秘的連繫，如果說「端」可以理解作劉勰所謂「結言端直」之「端直」的話，那麼，「翔」呢？恐怕只能是淩虛翱翔之意吧！本來，在劉勰那裏，「骨」就與文辭相關，而「風」則與「體氣」相關，陳子昂所謂「骨氣端翔」者，一旦連繫到「體氣」，就很難與道教仙話脫離干係，因為陳子昂和他所處的唐代社會本就與道教密不可分。東方虯《詠孤桐篇》詩已佚，但陳子昂的《修竹篇》詩卻在，詩之後段云：

信蒙雕斫美，常願事仙靈。

驅馳翠虬駕，伊鬱紫鸞笙。

結交嬴台女，吟弄升天行。

攜手登白日，遠遊戲赤城。

低昂玄鶴舞，斷續彩雲生。

永隨眾仙逝，三山遊玉京。

　　按常情常理，序文和正文是一理貫通的，序文所謂「骨氣端翔」，具體化為詩作正文，恰就是「驅馳翠虬駕，伊鬱紫鸞笙」，就是「升天」「遠遊」。即使不黏滯於神仙想像，那種神游於白日彩雲之間的意氣，除了一個「翔」字也實在沒有別的辦法來形容。

　　「翔」字的社會文化底蘊，還可以從當時所謂「方外十友」、「仙宗十友」的道教話語中體會出來。《新唐書》〈陸余慶傳〉和《仙鑒》都記載著陳子昂與方外之士的交遊，而作為「方外十友」和「仙宗十友」之一的他，不僅有著交遊生活方面的需求，而且有著思想認識方面的定見，「陳子昂就在用道教哲學解釋自然和歷史發展的同時，解決了初唐四傑也曾苦苦思索過的時、才、命三者的關係，確認了士人用舍行藏的處世哲學」[1]。試想，一個確認道教哲學為自己人生哲學之基礎的人物，其文學觀念中又豈能沒有道教文化的因素呢？翻檢陳子昂詩句，企仙慕道之意，所在多見，而尤其重要的是，這種道教文化意識的潛移默化，必將使其本來屬於儒家風雅之旨的詩學觀念發生微妙的變化，如其《感遇》詩所云：

1　葛曉音：《詩國高潮與盛唐文化》，北京大學出版社1998年版，第69頁。

玄感非象識，誰能測沉冥？（其六）

吾愛鬼穀子，青溪無垢氛。
囊括經世道，遺身在白雲。（其十一）

林居病時久，水木淡孤清。
閑臥觀物化，悠悠念無生。（其十三）

　　總之，其「骨氣端翔」之主體精神，不能不是一種儒、道互補的結構。

　　其次，陳子昂說得很明白，「不圖正始之音，複睹於茲」，「正始」之解，固可多元，然其中不可沒有《文心雕龍》〈明詩〉所謂：「正始明道，詩雜仙心。」既然如此，陳子昂所謂「風骨」，固然以「興寄」為籲求，但其中也是深藏「仙心」與「玄感」的。眾所周知，「正始之音」的代表當然是阮籍、嵇康，然此二公，又都是「竹林七賢」中人，從而，所謂「正始之音」者就未嘗不是指「正始名士」的精神風度——通於建安作者而不同於建安作者的精神風度！

　　至於李白，我們要提到那首著名的詩篇《宣州謝朓樓餞別校書叔云》，其中寫道：

蓬萊文章建安骨，中間小謝又清發。
俱懷逸興壯思飛，欲上青天攬明月。

　　不管人們怎樣去理解「蓬萊文章」，李白此詩所表抒的意思，已然將文章詩歌的最佳境界概括為「逸興壯思飛」了。詩中所謂「建安

骨」，當然未必就是人們所說的「建安風骨」，況且還有一個「中間小謝」。但問題在於，李白的文學思想，一方面是「自從建安來，綺麗不足珍」（《古風》五十九首其一），另一方面就是「一生低首謝宣城」[2]，這兩方面確實存在著矛盾，已有不少學者注意到了這一點，並且認為其間實已包含著壯美與優美的矛盾組合機制。本人無意介入相關的討論或爭論，但至此而想指出，在理解並闡釋李白此詩之具體意蘊的時候，切忌膠柱鼓瑟，比如，「建安骨」與「又清發」，雖則給人以明顯不同的風格印象，但李白接下來明明又說「俱懷逸興壯思飛」，我們怎能不注意這裏的一個「俱」字呢？問題本來是很清楚的，在李白看來一實際上也就等於確認了一種適合於李白自己的理想風格，那就是漢魏六朝相通觀的「風骨」、「清發」之美，用李白自己的語言，就是「俱懷逸興壯思飛」。具體分析起來，所謂壯美者，又豈限於建安作風？而所謂優美者，同樣又豈限於小謝作風？何況，建安作風之與小謝作風的差異，也不是壯美與優美的涇渭分明！總之，李白「逸興壯思飛」的形象描述，之所以與我們現在的認識顯得有點格格不入，恰恰是因為我們現在對「風骨」的理解和闡釋多時局限在「建安風骨」的框架裏，而李白他們卻往往是就兩漢魏晉乃至六朝統而言之的。

李白說「俱懷逸興壯思飛」，陳子昂說「骨氣端翔」，兩者都是用飛翔的意象來做描述的！如上所述，從「相如賦仙」始，到陳子昂之作「方外十友」和李白被稱為「詩仙」，在中國古代特定的思想文化背景下，飛翔的意象因此而必然反映著道家或道教文化的信仰及心理，這一層意義是不言而喻的。而需要說明的是，所有這些以飛翔意象來

2　見王士禎《論詩絕句》：「青蓮才筆九州橫，六代淫哇總廢聲。白紵青山魂魄在，一生低首謝宣城。」

描述或解說「風骨」的現象，最終都出自一種原因，那就是「氣」之「清濁有體」的基本觀念。劉勰論「風骨」而提到曹丕的體氣之論，絕非偶然。深入分析曹丕《典論》〈論文〉，將會發現，其在文章與體氣之間，引進了一個仲介物——音樂：

> 文以氣為主，氣之清濁有體，不可力強而致。譬諸音樂，曲度雖均，節奏同檢，至於引氣不齊，巧拙有素，雖在父兄，不能以移子弟。

已有不少學者注意到，魏晉時期文學理論之所以好用音樂為喻，其根源還在前此「元氣」之說。[3]而我們在本書第一章中也已經有過討論，認為其在上古，人們關於音樂文化的觀念，實際上是由兩個層次組成的，即「聲音清濁」與「樂行而倫清」。以此對照於曹丕之說，所謂「引氣不齊」，顯然是就「聲音清濁」——完全個體化的聲音清濁而言的，所以，他的「文以氣為主」，歸根到底就是「文如其人」說。若沿著這樣的思路，是不可能發展出「骨氣端翔」而「俱懷逸興壯思飛」之「風骨」觀的。問題在於音樂論上的「體氣」說很自然地就同宇宙論上的「元氣」說相貫通了。而在古代的宇宙論中，「氣之清濁有體」就意味著「道始於虛廓，虛廓生宇宙，宇宙生氣，氣有涯垠，清陽（揚）者薄靡而為天，重濁者凝滯而為地。清妙之合搏易，重濁之凝竭難，故天先成而地後定」（《淮南子》〈天文訓〉）。這種元氣混沌而清濁分異為天地的宇宙生成觀念，原是人們所熟知的，而正是這裏的「清揚」與「重濁」之分，從深層觀念上確定了元氣清揚而飛翔的思維定

3　參看張伯偉：《中國詩學研究》之《略論魏晉南北朝時期音樂與文學的相互關係》，遼海出版社2000年版，第215頁。

式。完全可以這樣説,輕揚而飛翔,高引而升騰,但凡所有指示向上
一路者,都將與「清」之概念有緣了。意氣峻爽,是向上一路,慷慨
激昂,也是向上一路,凌虛縹緲,也還是向上一路,在這個意義上,
「風骨」之美,最終也只能概括為令人振作奮發而使意氣飛揚的審美體
驗,前所謂籲求思想自由和體味想像自由者,因此而應該側重於自由
方面,一言以蔽之,「風清骨峻」之「風清」即精神自由翱翔之謂也。

當然,至此我們絕不能忽略「風清骨峻」之所謂「骨峻」。請注意
劉勰《文心雕龍》〈風骨〉原文之表述:

昔潘勗錫魏,思摹經典,群才韜筆,乃其骨髓峻也。

同書〈詔策〉又曰:

建安之末,文理代興,潘勗九錫,典雅逸群。

依據這裏的例説,所謂「骨峻」者,主要就是一個取法經典而文
辭典雅的問題了。我想提請人們關注,劉勰在具體説明「風骨」之義
時,竟並舉「潘勗錫魏」和「相如賦仙」為例,對於習慣於從憤世嫉
俗角度來理解「風骨」的人們來説,這確有點出乎意料。其中,事關
「結言端直」的文章之「骨」,無論是「九錫」還是「賦仙」,都與我們
慣常所説作家的社會責任感與歷史使命感無關,甚至都帶有一點歌功
頌德、奉承勸進的意味。面對如此情形,該如何解釋呢?我以為,這
只能説明我們以往所習慣的眼光和話語太偏重于社會政治意義了,而
劉勰《文心雕龍》之論「風骨」,反倒是專注於文章本身。

這裏有一個非常典型的例子,那就是對屈原辭賦的評價。在我們

現在的文學批評話語中，屈原辭賦正是所謂「風骨」之美的典型體現，因為其抒憤筆法與憂患意識正與後來所謂「建安風骨」的精神相通。而在劉勰那裏，卻是這樣說的：首先，如眾所周知者，以「典誥之體」「規諷之旨」、「比興之義」、「忠怨之辭」為合乎風雅，而以「詭異之辭」「譎怪之談」、「狷狹之志」、「荒淫之意」為異乎經典，從而鮮明表述了其取法風雅經典的基本標準；其次，則又曰：

> 觀其骨鯁所樹，肌膚所附，雖取熔經意，亦自鑄偉辭。

一般的理解，是把這裏的「骨鯁」講作文意，而把「肌膚」講作文辭，我卻不以為然。我認為，這裏的「骨鯁」乃指「取熔經意」，而「肌膚」乃指「自鑄偉辭」，也就是說，「骨鯁」為主，「肌膚」為輔。歸結為「風骨」論，畢竟還是在強調「取熔經意」，豈不聞其〈風骨〉篇有云：

> 周書云：「辭尚體要，弗惟好異。」蓋防文濫也。然文術多門，各適所好，明者弗授，學者弗師；於是習華隨侈，流遁忘反。若能確乎正式，使文明以健，則風清骨峻，篇體光華。

「風骨」之美，總是要確認一個經典模式的。

至此，可有以下結論：

《文心雕龍》之「風骨」，與後來唐人所宣導之「風骨」，並不完全相同。如果說劉勰言下之「風骨」可謂古典美學「風骨」論之原初形態，那麼，其基本特徵之一，就是以此一範疇來概括自文明以來所有文辭創作的風格構成原理。唯其如此，「風骨」在原生意義上是與

「風格」一詞相通的。亦唯其如此，我們務必明確「風骨」理論之廣、狹兩義之間的歷史關係。而就其廣義言之，劉勰所強調的內容，大體有四：其一，「風骨」之美是個性個體之稟賦與文明世界之傳統的有機結合，而恰是在這種結合的過程中，個體的自然稟賦被賦予剛健有力而昂揚奮發的文明精神；其二，這一個性化了的文明精神，在具體轉化為文學文章之道時，又經過「元氣」論與「骨相」說的浸染，最終以清氣上揚而骨體端正的認識結構為框架，確定了「風骨」理論的基本思路；其三，在此基本思路上，通過對以往文學文章得失的評說，提出實現「風骨」之美的方法要領，那就是依託於經典而自鑄新詞，高揚其意氣而騁思馳想；其四，不管是從理論闡釋的角度看，還是從例舉範圍的角度看，劉勰「風骨」之論所涵蓋的歷史空間都是很廣闊的，而在具體參照陳子昂所謂「漢魏風骨」和李白所謂「蓬萊文章建安骨，中間小謝又清發」的情況下，我們至少要使「漢魏風骨」包括兩漢風骨在內。

第二節　楚漢風骨，如對文章太史公
——「清峻」風格申論之一

和一般意義上總是把「清」與「淡」結合起來而成「清淡」美範疇者有別，這裏我們需要進行一些新的審美風格闡釋的努力。的確，在慣性的闡釋系統中，「風骨」之美是不大可能與「清淡」格調相融洽的，但事實卻是，「風骨」之美雖非「清淡」美系統，卻屬於「清」美系統，這也就意味著，「清」美系統實際上是可以歷史地展開為兩大走向的，而其中之一，就是這裏即將進行分析的「清峻」之美。

葛洪《西京雜記》卷四云：

　　司馬遷發憤作《史記》百三十篇，先達稱為良史之才。其以伯夷居列傳之首，以為善而無極也。

　　我們都知道，《史記》一書，其在魏晉時代，是並不受重視的，大約是從唐宋古文被提倡以來，才日漸被推到幾乎經典的地位。但就是在《史記》不受重視的時代，葛洪不失為一個頗具眼力的人。如果說司馬遷《史記》的文學價值主要就在於列傳的話，那麼，其以伯夷居列傳之首這一現象，難道不值得深入琢磨一下？孟子以伯夷為「聖之清者」，司馬遷是否也是有意讓「聖之清者」居於首位呢？如果確乎屬於有意所為，那司馬遷因此而表現出來的創作精神不就很值得注意了嗎？

　　司馬遷之撰人物列傳，一般都是這樣開頭的：「管晏夷吾者，穎上人也。」、「老子者，楚苦縣厲鄉曲仁裏人也。」如此等等，是為慣例。而作為列傳之首的〈伯夷列傳〉，一上來卻是在講述政權授受的問題，這就發人深省。在討論《史記》之指導思想時，人們每說「究天人之際，通古今之變」，此無疑於總結社會歷史發展的規律，與我們當今史學所強調的宗旨可謂一般無二，但問題的癥結因此恰恰在於，對人類作為社會群體所具有的歷史的發展來說，國家組織及其權力的延續接替，不正是最為重要的歷史內容嗎？如果說對於中國古代歷史來說君臣關係乃是其國家政治組織的根本，那麼，以「序列人臣事蹟，令可傳于後世」（唐·司馬貞《史記索隱》）為撰述宗旨的司馬遷，當然就要把足以體現理想人臣之境界的人物置於列傳之首了，而此所謂理想人臣境界，又必須能體現出同樣屬於理想境界的政權接替方式。從這個意義上來講，司馬遷列伯夷為列傳之首，實在是意味深長的。

　　不僅如此，整個一篇〈伯夷列傳〉，基本上是一篇議論文字，而司

馬遷的思想境界也就鮮明生動地體現在這一篇議論文字之中。要之，這裏呈現了作者關於「怨邪非邪」和「是邪非邪」的痛苦思考。首先，司馬遷引述孔子之言：

> 伯夷、叔齊，不念舊惡，怨是用希。
>
> 求仁得仁，又何怨乎？

然後據《韓詩外傳》及《呂氏春秋》所載伯夷、叔齊事蹟，尤其是其人臨餓死之際所作之歌，證明他們分明是有所怨恨的，至少，有怨與否，是一個問題。其次，針對「天道無親，常與善人」之說，列舉世間種種不合此論之現象，尤其如賢者之顏回、不賢如盜蹠而其遭遇正與所謂「常與善人」者相反，於是司馬遷有「餘甚惑焉」的感慨，道：「倘所謂天道，是邪非邪？」最後，還是引夫子之言「道不同不相為謀」而表示出自己「各從其志」的觀點，並因此而舉夫子之言以闡發其志：「富貴如可求，雖執鞭之士，吾亦為之。如不可求，從吾所好。」「歲寒，然後知松柏之後凋。」總之，這裏所展開的思索——分明是一種與痛苦相伴隨的思索，具有與先哲對話的性質，其在思想實質上，是關於社會價值和人生價值的終極思考，而所有這一切，又無非體現出一種獨立思想者的人文精神。獨立的思想者，其最為難能可貴的精神，就在於敢於用大於現實的思維方式去思考歷史和現實。所謂大於現實，就是在價值選擇上不隨同於現實，也不屈從於現實，當然，也不因個人意氣而嫉恨於現實。作為史家的客觀態度要求他決不以個人好惡為判斷史實之標準，而作為獨立思想者的超越意識又要求他決不因循於既定之價值標準，這裏因此就有了創造性意義上的主觀與客觀的統一。尤其重要的是，司馬遷之作為獨立的思想者，又是與

其人格清濁的辨別意識相同一的，在對「怨邪非邪」、「是邪非邪」的難題表示了其懷疑性的思考之後，司馬遷道：

> 舉世混濁，清士乃見。豈以其重若彼，其輕若此哉？

這實質上已經非常明確地表示出了清者自以為清而濁者自以為濁的觀念，也就是明辨清濁的思想觀念。不僅如此，司馬遷接著又道：

> 「君子疾沒世而名不稱焉。」賈子曰：「貪夫徇財，烈士徇名，誇者死權，眾庶馮生。」、「同明相照，同類相求。」、「雲從龍，風從虎，聖人作而萬物睹。」伯夷、叔齊雖賢，得夫子而名益彰。顏淵雖篤學，附驥尾而行益顯。岩穴之士，趣舍有時若此，類名湮滅而不稱，悲夫！閭巷之人，欲砥行立名者，非附青雲之士，惡能施於後世哉？

顯而易見，這裏既有「砥行立名」的人生自覺，又有「青雲之士」的價值自許，司馬遷不僅要像伯夷等人那樣作「舉世皆濁我獨清」者，而且立志要使歷史上湮沒不聞的濁世清士因自己的努力而「名益彰」「行益顯」並「施於後世」。從這樣的理解出發，司馬遷之撰寫人物列傳，雖以類相從而豐富多樣，但其判定人物之價值標準，最終還在「清濁」二字呵！

自從韓愈用「雄深雅健」四字形容司馬遷文章風格以後，人們對兩漢文章的概括也往往由此生發，於是，日久成習，卻把一種更內在的精神給忽略了。司馬遷《報任少卿書》有云：

> 夫人情莫不貪生惡死，念親戚，顧妻子，至激於義理者不然，乃

有不得已也。

　　此間的「不得已」，正就是其於下文中講到而又於〈太史公自序〉中重申的「聖賢發憤之所為作」。不言而喻，「聖賢發憤」之創作精神的倡導，確是司馬遷對中國文學文章事業的偉大貢獻，後世所謂「風骨」之美的精神支柱之一，也正就是這種精神。但是，「發憤」也好，「發奮」也好，都是指那種「意有所鬱結，不得通其道」因此而「欲遂其志之思」的主體精神，換言之，也就是一種反作用於社會壓抑的主體精神。也正因為如此，其基本邏輯必然就是，社會壓抑越大，反作用力也就越大，從而，自然就有了後來韓愈、歐陽修他們的「窮而後工」說。依「窮而後工」的邏輯來解釋文學文章事業的成敗得失，無異於確認悲劇性命運的必要性，社會時代對你的虐待，未嘗不就是在成全你，這裏明明有著化怨憤為動力的意味。作為司馬遷本人的一種自我勉勵，由於他本人已經遭受過非人性的迫害，因此就帶有鮮明的自強不息的精神感召力。然而，若是作為一種普遍的創作原理或經典性的創作思想，其必然導致「窮而後工」之結論的「發憤」一說，就未免有「士不遇而文章輝光」的偏激色彩了。於是，我們就有必要為「發憤」「發奮」之精神確定一種具體的思想內涵，也就是發掘出司馬遷「聖賢發憤」一說的特定人文價值。其實，司馬遷自己說得很明白，人都是貪生惡死的，但「激於義理者不然」，關鍵就在這「激於義理」之「義理」。誠然，「司馬遷看到了偉大的文學家和文學作品常常是在懷有崇高的正義感和遠大理想的志士仁人同非正義的、黑暗勢力的尖銳衝突中產生的」[4]。所謂「義理」者，即此間所說「正義感」和「遠

4　李澤厚、劉綱紀主編：《中國美學史》第一冊，中國社會科學出版社1984年版，第504頁。

大理想」。只是，和司馬遷那些充滿激情也充滿思想的論述比起來，泛泛地講所謂「正義感」和「遠大理想」，未免太膚淺了！也因此，我們需要再讀其有關的文字並深入去作領會。

《史記》〈太史公自序〉云：

> 七年而太史公遭李陵之禍，幽於縲紲。乃喟然而歎曰：「是餘之罪也夫！是餘之罪也夫！身毀不用矣。」退而深惟曰：「夫《詩》《書》隱約者，欲遂其志之思也。……」

而《報任少卿書》又云：

> 所以隱忍苟活，幽於糞土之中而不辭者，恨私心有所不盡，鄙沒世而文采不表於後世也。古者富貴而名磨滅，不可勝記，唯倜儻非常之人稱焉。

我以為，這就像後來曹丕說文章乃「不朽之盛事」一樣，遭受「身毀」之禍的司馬遷，值此尤感「名」的價值，而這裏「名」的自覺，實際上包括三方面的內容：

其一，正所謂「唯倜儻非常之人稱焉」，司馬遷的人格自覺顯然正就是此「倜儻非常之人」的自覺。如果說其言所云「激於義理」者必包括人格之「義理」，那麼，司馬遷之人格自塑的模式，以及因此而必然導致的人物列傳之性格塑造的模式，無疑都應該是「倜儻非常之人」型的。班固《漢書》〈司馬遷傳〉云：

> 扶義倜儻，不令己失時，立功名於天下，作七十列傳。

　　那麼，這裏所謂「扶義俶儻」的「義」，該就是「激於義理」之「義」了吧！趙翼《陔余叢考》卷五《史記》有云：

　　惟列傳敍事，則古人所無。古人著書，凡發明義理，記載故事，皆謂之傳。

　　確實，如《春秋》三傳，其中〈公羊〉、〈穀梁〉二傳便側重於發揮義理，而《左氏》一傳便側重於記載故事了。不過，趙翼接著又道：

　　是漢時所謂傳，凡古書及說經皆名之，非專以敍一人之事也。其專以之敍事而人各一傳，則自史遷始。

　　而這一史書體例上的創意，難道同時不又意味著義理發揮上的創意嗎？通過一個個「非常之人」的傳奇故事，司馬遷不就以形象的方式發揮了「扶義俶儻」的人格價值嗎？人們早就在談論，司馬遷之寫人物列傳，有著為悲劇人物和傳奇人物立傳的傾向，現在看來，他之所以要如此，正是因為「激於義理」的緣故。

　　其二，司馬遷《報任少卿書》云：

　　所以隱忍苟活，幽於糞土之中而不辭者，恨私心有所不盡，鄙沒世而文采不表於後世也。

　　這裏的「文采」，應該比我們尋常所說的文采更具深遠的含義。我認為，司馬遷言下之「文采」，就是後來曹丕言下之「文章」。曹丕《典論》〈論文〉曰：

　　蓋文章，經國之大業，不朽之盛事。年壽有時而盡，榮樂止乎其身，二者必至之常期，未若文章之無窮。是以古之作者，寄身於翰墨，見意於篇籍，不假良史之辭，不托飛馳之勢，而聲名自傳於後。故西伯幽而演《易》，周旦顯而制禮，不以隱約而弗務，不以康樂而加思。

　　人們不難看出曹丕此論與司馬遷所說之間的精神連繫。當然，和司馬遷重在凸顯主體「發憤」者相比，曹丕有著對超越「幽」、「顯」及「隱約」、「康樂」之思的宣導，兩者之價值趨向上的微妙區別，分明與兩人的生活遭遇和社會地位有關。但是，在考慮到上述情況以後，兩家論述之間的精神連繫就很有必要作出理論的分析了。既然司馬遷的「文采」就是曹丕的「文章」，那麼，第一個提出文章事業乃不朽之事業的，就不是曹丕，而是司馬遷。文學文章的事業高於生命，也高於功名富貴，這實質上是把未來的價值置於現實的價值之上，從而成為一種文學文章理想主義。

　　其三，《報任少卿書》又有曰：

　　及如左丘明無目，孫子斷足，終不可用，退論書策以舒其憤，思垂空文以自見。

　　在文章論述的章法上，在「及如」之前，正是曆述聖賢發憤著作之種種的內容，並將其歸結為一句話：「此人皆意有所鬱結，不得通其道，故述往事，思來者。」不僅如此，在其曆述之中，已經有了「左丘失明」和「孫子臏腳」。也正是因為如此，接下來以「及如」相承而又專門所作的這一段議論，就有了特殊的意義了。其實，認真想來，之

所以特別強調左丘失明和孫子臏腳，無非是其人所受殘害類同於司馬遷自己，從而需要特意敘述以表其共同之感慨，然而，在其「舒其憤」之際，「終不可用」的絕望，以及「垂空文以自見」的悲壯，無論如何都是不該被忽略的。特別是「垂空文以自見」這句話，說得非常悲涼，若以此為根據來分析闡釋，則所謂「成一家之言」的宏偉志向，未見得就是堅定的信念或必勝的決心，在很大程度上，那只是一種自我實現的方式而已，對此，其實作者自己也是非常清楚的。切不可輕視了這一點的學術意義，實質上，這裏的「自見」意識一旦和「聖賢發憤」的認識連繫起來，其意義就明顯多了，毫無疑問，正是由於司馬遷已經清楚地意識到這最終是一種「自見」行為，所以，個性個體的價值才真正得到了張揚，而且是在完全理性的層次上確認了個性個體的價值，確認了文章著述作為「自見」行為的價值。

綜上所述，「名」的自覺因此而包括極其豐富的思想內涵。倘若我們需要用更簡約的語言來概括以上的內容，那麼，我們不妨用「聖賢發憤」以「自見」這樣的表述來作概括。在這裏，切不可忽略了「聖賢」二字的關鍵意義，要知道，「舒其憤」也好，「發憤」也好，「有所鬱結」者的情緒發作是一個帶有普遍性的問題，倘若沒有一個明確的前提性的限定，那麼，就很容易出現文學文章就是憤怒怨恨的宣洩這樣一種奇怪的結論。也就是說，司馬遷在這裏之所以要特意標出「聖賢」二字，實在是至為關鍵的，那是因為，只有作為道德理想之個體人格體現者的「發憤」、「自見」才具有道德文化的意義和文學文章的意義。誰為聖賢？當然不止于「西伯」、「孔子」、「屈原」、「左丘」、「孫子」、「不韋」、「韓非」這些名人，也不止於像〈伯夷列傳〉所樹立的「清士」典型系列，人們想必已經注意到了，〈太史公自序〉和《報任少卿書》都在列舉上述人物之後另起一句道：「《詩》三百篇，大抵聖

賢發憤之所為作也。」這於是又告訴我們，向來被視為司馬遷文藝思想之核心的「發憤」説，其最直接的前提，實際上與《詩》學密切相關。細心體會司馬遷文章用心，似乎是要告訴人們，所謂「聖賢」者，既有有名有姓者，也有無名無姓者，但凡「倜儻非常之人」，但凡自守清白而獨立於混濁之世者，但凡「不得通其道」從而「述往事，思來者」者，按其理都應該被視為聖賢。不僅如此，以「《詩》三百篇」為「聖賢發憤」所為作，這裏顯然藏著一個深刻的思想：「聖賢發憤」乃是「詩人」之真精神所在。[5]

《史記》〈太史公自序〉：

> 《詩》記山川溪穀禽獸草木牝牡雌雄，故長於風。

或以為此乃祖述董仲舒之語，其實更為明顯的印記是祖述孔子之語。《論語》〈陽貨〉云：

> 子曰：「小子何莫學夫《詩》？《詩》，可以興，可以觀，可以群，可以怨。邇之事父，遠之事君。多識於鳥獸草木之名。」

在孔子論述與司馬遷言語之間，分明有著一脈相承的精神，那首先就是對「比興」、「隱約」之言的提倡，豈不聞司馬遷〈太史公自序〉云：

5　參看陳桐生《史記與詩經》一書，尤其是第九章《司馬遷的〈詩〉學批評觀》，人民文學出版社2000年版。

> 夫《詩》、《書》隱約者，欲遂其志之思也。

也就是說，「隱約」本身，是出於「遂其志」的特定考慮，從而，「隱約」，就成為一種言志的特定方式了。而這樣一來，「長於風」的「風」，便有「比興」、「隱約」之義。其實，在漢人的《詩》學論述中，「風」本是有著特定意義的，這在毛詩學中表現得非常鮮明。《毛詩序》云：「上以風化下，下以風刺上，主文而譎諫，言之者無罪，聞之者足以戒，故曰風。」自上而下者，固不用說，因為在下者無權，又豈能怪罪於在上者？於是，《毛詩序》所謂「風」，其實是指「下以風刺上」，因為這時才有「言之者無罪」的問題。司馬遷的認識顯然與《毛詩序》相一致，歸根結底是在宣導批評的意識和批評的權利——當然是「隱約」的批評。

「隱約」的批評，就是非現實的批評，亦即所謂「空文」。在〈太史公自序〉中，司馬遷借壺遂之口曰：

> 孔子之時，上無明君，下不得任用，故作《春秋》，垂空文以斷禮義，當一王之法。

這與《報任少卿書》中所謂「思垂空文以自見」相互發明，共同說明一個道理，那就是司馬遷對一種非現實的精神世界的崇尚。具有「清士」人格的「倜儻非常之人」，在現實中「不得通其道」，故「述往事，思來者」，有「往事」也有「來者」，就是沒有現時當下，他們「有所鬱結」，需求「舒其憤」的空間，而這個空間卻是非現實的，因為正是在由現實轉化為非現實的過程中，「鬱結」的思想感情找到了「通其道」的渠道，然後借此而進入另一個世界。那就是「成一家之言」的

一家世界，那就是可以「遂其志」的意志自由的世界，那就是「發憤之所為作」的文學原創世界，一言以蔽之，那是一個「空文」世界—只不過，這裏的「空」並不應該被理解作空洞無物就是了。

「究天人之際，通古今之變，成一家之言」，司馬遷實際上確認了「一家之言」的偉大意義，在涵蓋歷史而又超越現實的思想和言語的世界裏，自由與真理互相支撐著塑造出不朽的精神個體，作為獨立的言語者和思想者，他留給後人的不僅是文章，而且更是人格。關於這種人格，司馬遷在〈屈原賈生列傳〉中寫道：

> 屈平正道直行，竭忠盡智以事其君，讒人間之，可謂窮矣。信而見疑，忠而被謗，能無怨乎？屈平之作《離騷》，蓋自怨生也。〈國風〉好色而不淫，〈小雅〉怨誹而不亂。若《離騷》者，可謂兼之矣。上稱帝嚳，下道齊桓，中述湯武，以刺世事。明道德之廣崇，治亂之條貫，靡不畢見。其文約，其辭微，其志潔，其行廉，其稱文小而其指極大，舉類邇而見義遠。其志潔，故其稱物芳。其行廉，故死而不容。自疏濯淖污泥之中，蟬蛻於濁穢，以浮游於塵埃之外，不獲世之滋垢，皭然泥而不滓者也。推此志也，雖與日月爭光可也。

這一段情深理切的議論，完全與《報任少卿書》及〈太史公自序〉關於「聖賢發憤」的論述相通貫，並且有著互相發明的特殊連繫。完全可以這樣說，司馬遷文學文章思想的理論表述是「聖賢發憤」說，而這一思想之表述於作家評論者即為〈屈原賈生列傳〉。將兩者結合起來，就很清楚地看到，那「垂空文以自見」的人格自塑的理想模式，其如屈原者，最終恰恰是落到了一個「清」字上。「舉世混濁，清士乃見」，一篇屈原贊頌，原來與伯夷贊頌是一脈相承的。更值得注意的

是，不僅司馬遷個人如此，同時有識之士，已然不謀而合。嚴忌〈哀時命〉曰：

> 子胥死而成義兮，屈原沉于汨羅。
> 雖體解其不變兮，豈忠信之可化？
> 志怦怦而內直兮，履繩墨而不頗。
> 執權衡而無私兮，稱輕重而不差。
> 概塵垢之枉攘兮，除穢累而反真。
> 形體白而質素兮，中皎潔而淑清。

和司馬遷所「言」相比，嚴忌之下字用語反倒更其古樸，也正因為其古樸，所以帶有許多傳統的印記，且看其所論述，涉及心志之「直」，涉及形體素白而中心清明，顯而易見，一個「清士」的典範已經鮮明地屹立在文學文章家們的精神世界裏了。

以上的討論無非是想告訴人們，僅僅像習慣上那樣以所謂「雄深雅健」來理解和闡釋「文章太史公」的風格和精神，顯然是既不全面也不深入的。我們有必要同時強調「清明內直」。如果說向所謂「雄深雅健」可以概括為一個「峻」字，那麼，此提出的「清明內直」就可以概括為一個「清」字，兩者的結合正就是「清峻」這一既定的概念。又由於這裏的「清」美人格具體落實在對屈原人格的描述上，而且後人都稱司馬遷《史記》為「史家之絕唱，無韻之〈離騷〉」，所以，「文章太史公」所代表的理想風格，實際上就是楚辭漢文章的整合，是謂楚漢風骨。

當然，我們必須要認識到，「文章太史公」絕不是只指司馬遷一人之文章著作，而是代表著整整一代文風和整整一個傳統，所以，全面

而深入地理解並闡發其思想精神，實在是很有意義的一件事。當問題
涉及對「風骨」這一概念之歷史內涵的發掘時，我們尤其需要努力去
發現那被有關的古人評說所遮蔽了的歷史真實。比如，劉勰之論「風
骨」，分明從古人說起，這就證明其所謂「風骨」之內涵遠遠大於後人
所謂「建安風骨」，我們因此而提出「漢魏風骨」應包含「兩漢風骨」
這一觀點。而在如何認識並評價兩漢文章「風骨」的這一點上，更有
一個「非劉勰不入，專劉勰不出」的問題，也就是說，納入劉勰「風
骨」論之中的兩漢文章風格，並不就是兩漢文章風格的歷史真實，尤
其未見得就是真正具有美學歷史價值的歷史真實。在這裏，有必要把
劉勰看作是一位元對話人，受他的啟發，然後與他展開討論。討論的
初步結果是，劉勰的「風骨」論因為受其「征聖」「宗經」觀念的限定，
相對削弱了兩漢文章風骨的與世抗爭性和人格獨立性。實質上，一旦
抽去了如司馬遷所一再強調的「倜儻非常之人」的「發憤」精神，一
旦抽去了司馬遷言下所謂「自遂其志」、「垂空文以自見」的自我實現
意志，一旦抽去了司馬遷以「隱約」相闡釋的諷諫意識，那「賈生俊
發」（《文心雕龍》〈體性〉）、「相如賦仙」（《文心雕龍》〈風骨〉）式
的思維自由和意氣奮發，還有什麼積極的美學意義呢？正因為如此，
需要揭示「意氣駿爽」（《文心雕龍》〈風骨〉）的深層歷史內容有如上
述。

　　這裏的論述還將說明，「清濁」觀念系列與「濃淡」觀念系列的歷
史整合，並不是只有「清淡」美傳統一條線索，也就是說，必須注意
到「清」美思想雙向歷史展開的具體軌跡。一般來說，「清」與「濁」
儘管是一對概念，但其闡釋價值並不是對等的，在整個中國傳統文化
的價值闡釋體系中，始終是揚「清」而抑「濁」的，如在漢代，董仲
舒《春秋繁露》〈通國身〉即曰：

氣之清者為精，……治身者以積精為實。

《春秋繁露》〈天地之行〉曰：

其官人上士，高清明而下重濁，若身之貴目而賤足也。

　　凡此，都將促成一種崇尚精神清明境界的思想文化風氣，在此風氣之推動下，所有的道論藝評都會出現以「清」之理念建構其觀念體系的現象，從而，一般性地梳理理論材料，實際上是價值不大的。真正有價值的學術梳理，因此就必然意味著對特定時代之特定思想觀念的清理，並且因此而使人們對整個美學歷史有一個新的體認。而在這裏，我們的體會就在於，正是通過司馬遷的文學文章思想，一種最終被納入到「風骨」美理念中的「清峻」美風格精神，以其相對於「清淡」格調的獨特價值追求，為中國古代的文學藝術創作和評論提供了可貴的理論資源。後來的所謂「建安風骨」，因此而就不是無源之水了。

第三節　建安風骨，漢魏之際的風氣轉換
——「清峻」風格申論之二

　　自從有了「建安風骨」這一概念以後，人們對當時文學現象的認識就有點先入為主了。一般情況下，人們大都以劉勰《文心雕龍》〈時序〉中的一番話來作概括：

觀其時文，雅好慷慨，良由世積亂離，風衰俗怨，並志深而筆長，故梗概而多氣也。

說起來，這「慷慨」二字，未嘗不是對「清峻」概念的生動注釋。問題在於，僅僅以「慷慨」論「建安風骨」，恐有簡單之嫌。

誠然，曹植在其《前錄自序》中就曾說過：

> 餘少而好賦，其所尚也，雅好慷慨，所著繁多。

劉勰是否以此而認定建安文學有「慷慨」之風？請比較曹植與司馬遷，其相通處恐怕正在「慷慨」。然而，問題卻在於，此「慷慨」已非彼「慷慨」了。顧炎武《日知錄》〈兩漢風俗〉曰：

> 孟德既有冀州，崇獎跅弛之士，觀其下令再三，至於求……不仁不孝而有治國用兵之術者。於是權詐迭進，奸逆萌生。故董昭太和之疏，已謂當今年少不復以學問為本，專以交遊為業；國士不以孝悌清修為首，乃以趨勢求利為先。

其實，其先傅玄《舉清遠疏》早就有過類似的看法：

> 近者魏武好法術，而天下貴刑名，魏武慕通達，而天下賤守節。其後綱維不攝，而虛無放誕之論，盈於朝野，使天下無複清議，而亡秦之病，復發於外矣。

總之，漢魏之際，以政治形勢為最重要的動力源泉，社會思潮的確發生了本質性的變化，那就是從看重道德人格轉化為看重性情個性。正如同我們長期以來所說的「越名教而任自然」，同為「清峻」一詞，卻有著重名教和重自然的差別。儘管這樣的區分未免有簡單化的

弊病，但它畢竟指示出「世異事變」這一關鍵。如果說我們可以打通兩漢魏晉來談論「清峻」風骨之美，那麼，就像《詩》學風雅之說其實包含著「正變」之義一樣，「清峻」風骨之美，也應該有「正變」兩種含義。

曹丕《典論》〈論文〉云：

> 文人相輕，自古而然。……今之文人，……斯七子者，於學無所遺，於辭無所假，咸以自騁驥騄於千里，仰齊足而並馳，以此相服，亦良難矣。

似乎這裏存在著一種多元並行的形勢，與所謂彼此「相服」者同在的，乃是彼此獨立而自足的思想意識，此即曹丕所謂「咸以自騁驥騄於千裏」，而其弟曹植《與楊德祖書》亦道：

> 當此之時，人人自謂握靈蛇之珠，家家自謂抱荊山之玉也。

與漢人總有一種建構一統規範的思想意識相區別，建安時代的文人更傾向於建構個體自身的規範，人人自覺為天下英才的時代，換言之，也正是一個缺乏整體信念的時代，當我們將其理解為思想解放的時代時，也就意味著已經將其理解為解構的時代了。

解構，實際上並不是有意識的。在一定程度上，建安文人其實是很傳統的，也是很正統的，而這種傳統和正統的思想意識，並不是出於別的什麼原因，而只是因為建安時代的文學文章領袖恰恰就是政治領袖。當我們比較一下司馬遷與曹丕兩人的文學文章觀念時，我們會發現，儘管兩人都在強調文章的不朽價值，且都在呼籲當代文人以文

章事業為人生最大目標，但是，司馬遷如此考慮的思維前提之一是，一系列的歷史人物以其悲劇性遭遇的人生經驗證明著「窮而後工」式的文章命運，在他這裏，文章的不朽與人生的不幸形成一種特定的同構關係；至於在曹丕那裏，卻是自然生命的有限與文章聲譽的無限構成一種反比關係，人們因此而期望著借助文章事業來使自己的精神生命無限延伸。很清楚，作為一種前提性思想課題，社會命運的思考轉化為生命自然的思考了。與此相關聯，「風骨」之於司馬遷，確是一種與世抗爭的道德人格典範的體現，是濁世之中「倜儻非常」之「清士」的精神風範，其文章著作因此就是現實社會中「不得通其道」者「述往事，思來者」的意義境域；而在曹丕他們那裏，劉勰為之概括出來的「梗概而多氣」「志深而筆長」的「風骨」之美，不能不更多的是來自個體化生命自覺的意志力量，並因此而更多地使文學興趣和文章自覺表現於對現實生活感性的描述和期望。人們以往把這個時代稱為人學意義上個性自覺和文學意義上情感自覺的時代，不是沒有道理的。只不過，必須說明，此前並非沒有這種自覺，而是其歷史和文化內涵有所區別就是了。一言以蔽之，這裏有一個人格理想的轉化問題，而所謂建安風骨者，其實恰恰處在此轉化過程之中，從而，便具有解構與建構的雙重性質。

我們最好還是從劉勰的相關論述入手。

《文心雕龍》〈明詩〉云：

暨建安之初，五言騰踊，文帝陳思，縱轡以騁節，王徐應劉，望路而爭驅；並憐風月，狎池苑，述恩榮，敘酣宴，慷慨以任氣，磊落以使才；造懷指事，不求纖密之巧，驅辭逐貌，唯取昭晰之能：此其所同也。乃正始明道，詩雜仙心；何晏之徒，率多浮淺。唯嵇志清

峻，阮旨遙深，故能標焉。若乃應璩《百一》，獨立不懼，辭譎義貞，亦魏之遺直也。

《文心雕龍》〈樂府〉云：

至於魏之三祖，氣爽才麗，宰割辭調，音靡節平。觀其北上眾引，秋風列篇，或述酣宴，或傷羈戍，志不出於淫蕩，辭不離於哀思；雖三調之正聲，實韶夏之鄭曲也。

由於建安文學主要表現為詩歌藝術的新成就，所以不妨主要關注劉勰〈明詩〉〈樂府〉兩篇，而且有必要彼此參照地作全面性的理解和闡釋。顯然，〈明詩〉之所謂「任氣」「使才」，與〈樂府〉的「氣爽才麗」是相通的，從而就必然引出一個突出的「才氣」問題。

實際上，劉勰在《文心雕龍》〈時序〉與《文心雕龍》〈才略〉兩篇中對此又有總論與分論相結合的分析。〈時序〉有云：

自獻帝播遷，文學蓬轉，建安之末，區宇方輯。魏武以相王之尊，雅愛詩章；文帝以副君之重，妙善辭賦；陳思以公子之豪，下筆琳琅；並體貌英逸，故俊才雲蒸。

而〈才略〉又云：

魏文之才，洋洋清綺，舊談抑之，謂去植千里。然子建思捷而才俊，詩麗而表逸；子桓慮詳而力緩，故不競於先鳴；而樂府清越，《典論》辯要，迭用短長，亦無懵焉。但俗情抑揚，雷同一響，遂令文帝

以位尊減才，思王以勢窘益價，未為篤論也。

　　除了前面我們已經指出過的以政治領袖身份宣導文學文章的特殊意義外，劉勰「才略」議論中的一個突出要領在於，他明確地否定了「俗情」在「位尊」者與「勢窘」者之間的抑揚態度。這一點並非無足輕重！要知道，從理性邏輯上去推求，但凡闡釋並意圖弘揚司馬遷所謂「聖賢發憤」精神者，其潛在的語義指向中，就有著對作者現實遭遇與文學文章成就作反比例分析的邏輯自覺。也就是説，其「勢窘」愈甚，則其「益價」亦愈甚。在這個意義上，劉勰之論，正然具有解構「文章太史公」之價值結構的客觀效果。而這一客觀效果實際上未嘗不是當時的客觀存在。既然當時的客觀形勢無異於「位尊」者之主導地位的凸顯，那麼，「才氣」自覺也就不再只有「有所鬱結」而「舒其憤」的抒憤特徵，從而，反作用力式的才氣發揮，遂同時兼備著正作用力式的才氣發揮，而隨著抒憤兼為抒情—亦即社會情感同時兼備自然情感之性質，「才氣」一詞也就同時屬於一個自然生命意義上的概念了。

　　研究建安文學，應該注意到自然生命意識的覺醒。至少是近半個世紀以來，人們對建安文學主題的概括是偏重於「世積亂離」故而「慷慨使氣」的，殊不知，鄴下文人的創作，本來就有著劉勰所謂「憐風月，狎池苑，述恩榮，敘酣宴」的內容，全面來看，也是「或述酣宴，或傷羈戍」，其所表現的人生意志，分明是雙向展開的。不言而喻，當作者沉浸在「池苑」、「風月」之中時，其「梗概而多氣」、「志深而筆長」的慷慨之氣，就必然與「志不出於淫蕩」的滌蕩情性相一致了。《古詩十九首》有云：

蕩滌放情志，何為自結束？

個體性情的解放，既意味著可以更為深入地體驗並發揚「聖賢發憤」的創作精神，也意味著反向而去體驗並表現個人情欲的快感內容，風雅正聲與淫褻鄭聲並舉，悲涼慷慨與歡娛放蕩同在，「才氣」馳騁於如此雙重空間之內，那才是建安「風骨」的本色所在！

這分明就意味著，向所謂「建安風骨」的美學內涵，應包括緣情而綺靡的文學時尚。曹丕的《典論》〈論文〉就有「詩賦欲麗」的看法，與陸機《文賦》的「詩緣情而綺靡，賦體物而瀏亮」一氣相投而開風氣之先，如果誠如陳子昂所說「齊梁間詩，彩麗競繁」，那麼，這個崇尚抒情與華美的文學傳統，是從建安文學那裏就開了頭的。當年劉師培論建安文學時就將其特色歸納為四點：一、清峻；二、通脫；三、騁詞；四、華靡。[6]劉勰論「風骨」時已經說得分明：

故辭之待骨，如體之樹骸；情之含風，猶形之包氣。……故練於骨者，析辭必精；深於風者，述情必顯。（《文心雕龍》〈風骨〉）

可見，在最基本的意義上，風骨之美，亦即情采與辭采之美，以精美的辭章去實現表達情感的目的，達到詞美情真的效果，就是風骨之美的具體展現。而這裏的「情」，既然是與「華靡」辭章相表裏的，那就不可能不包括「風月」、「池苑」之境域中的內容，比如風景之美，比如歌舞之美，再比如美人之美，等等。請一同欣賞曹植《與吳季重

6　劉師培：《中國中古文學史·論漢魏之際文學變遷》，見《劉師培中古文學論集》，中國社會科學出版社2001年版。

書》：

　　若夫翶酌淩波於前，簫笳發音於後，足下鷹揚其體，鳳歎虎視，謂蕭、曹不足儔，衛、霍不足侔也。左顧右盼，謂若無人，豈非吾子壯志哉！過屠門而大嚼，雖不得肉，貴且快意。當斯之時，願舉泰山以為肉，傾東海以為酒，伐雲夢之竹以為笛，斬泗濱之梓以為箏，食若填巨壑，飲若灌漏巵，其樂固難量，豈非大丈夫之樂哉！

　　這樣一種追求「快意」的「大丈夫之樂」，儘管是帶有藝術誇張的，也足以見出其時其人的精神風貌。尤其是那「鷹揚其體」四個字，不正描述了一種引體向上而有飛翔之意態的精神嗎？「左顧右盼，謂若無人」，何等狂放自傲！而要知道，這可是生活快感層面上的狂放自傲，其精神實質與《列子》〈楊朱〉篇是相通的，而區別在於，那種生命快感在這裏是被藝術化了。曹植〈王仲宣誄〉有云：

　　文若春華，思若湧泉。發言可詠，下筆成篇。何道不洽，何藝不閑？棋局逞巧，博弈惟賢。……吾與夫子，義貫丹青，好和琴瑟……

　　完全可以說，隨著對生命快感的追求，情欲自覺的空間同時已被各種藝術生活的情趣所充盈，從而，生命的自覺就是藝術和審美的自覺。當然，生命自覺的具體形態是有著時代特色的，其在建安時代，亦如「鷹揚其體，鳳吟虎視」，是帶有鮮明的狂放壯偉格調的。

　　劉勰《文心雕龍》〈明詩〉嘗曰：

　　晉世群才，稍入輕綺，張潘左陸，比肩詩衢，采縟於正始，力柔

于建安。

　　顯而易見，「輕」的反面是「重」，「柔」的反面的「剛」，同是「緣情而綺靡」的生命與審美自覺，畢竟有一個由重拙剛健漸變為輕綺柔靡的歷史軌跡。也正是因為如此，歷來評說建安文學文章者才都用「清峻」、「通脫」這樣的概念。而我們現在更要認識到，此所謂「清峻」、「通脫」，乃是生命與審美之自覺的整合性與狂放型的表現。

　　「清峻」、「通脫」，若用魯迅當年的說法，就是既嚴明又自由。自由與狂放相通，但嚴明卻與狂放相背！這種看似自相矛盾的內容，實際上正是由特定的主體意識所決定的。要之，有如上文所指出，當時之客觀真實便是「位尊」意識的存在，即便「勢窘」如曹植，也具有隨處可見的「位尊」意識，在這裏，其《與楊德祖書》很有分析的價值。

　　其文有曰：

　　吾雖德薄，位為藩侯，猶庶幾戮力上國，流惠下民，建永世之業，留金石之功，豈徒以翰墨為勳績，辭頌為君子哉？若吾志不果，吾道不行，亦將采史官之實錄，辨時俗之得失，定仁義之衷，成一家之言，雖未能藏之名山，將以傳之同好。此要之白首，豈可以今日論乎！

　　這顯然與曹丕所說「文章乃經國之大業，不朽之盛事」者不同了，何以弟兄二人所見相異如此？當年魯迅就曾斷定曹植說的是違心話[7]，

7　參看魯迅《魏晉風度及文章與藥及酒之關係》一文。

而胡應麟則指出其「詞雖冰炭，意實塤篪」（《詩藪》外編卷一），「塤篪」之通者恰在於「才氣」，而論到「才氣」，曹植將史官事業置於辭頌翰墨之上，無非因為「采史官之實錄，辨時俗之得失，定仁義之衷」這些內容都屬於「經國之大業」，與辭頌翰墨之一般性的文學文章有別，從這裏也正好可以發現，曹植實際上已經把文章事業分成兩種：或有助於「經國之大業」者，或屬於遣興娛性者；前者屬於大道，後者屬於小道。在前者那裏，他的觀念與曹丕實際是完全相同的。建安詩歌創作，本就有「實錄」從而獲取「詩史」美譽的一面，而曹植更將其價值定位於「辨時俗之得失，定仁義之衷」的儒家政治理想，如此文章事業，和前此司馬遷相比，更多一些倫理色彩，實際上也就是多了一些正統色彩。也恰恰就是這裏的正統色彩，使其與司馬遷的史官意識有了區別，那是因為，司馬遷是站在一個獨立的立場上來「究天人之際，通古今之變」的，尤其是站在一個不與現實相協調的位置上來「成一家之言」的。而曹植則相反，在《前錄序》一文中，曹植分別介紹了「今世作者」的自負以後，接著說：「吾王於是設天綱以該之，頓八紘以掩之，今悉集茲國矣。」這種「吾王」「茲國」的自負感，是無論如何也不該忽略的！其《與楊祖德書》一文，在表述其經國撰史之大志以前，是這樣寫的：「辭賦小道，固未足以揄揚大義，彰示來世也。昔揚子雲先朝執戟之臣耳，猶稱壯夫不為也。吾雖德薄，位為藩侯，⋯⋯」請看，「執戟之臣」尚且如此，何況身居「藩侯」之位？這不是「位尊」意識又是什麼？若將這裏的「藩侯」意識與上文之「吾王」「茲國」之意識連繫起來，是否會感到一種強烈的與政治相關的領袖身份的自覺呢？實際上，恰恰是這種領袖意志影響到他們的文學文章觀念，使其慷慨自負的創作精神中，多少有一些居高臨下而統領一切的味道！在這種居高而統領的思想意識作用下所形成的「辭賦小道」

的觀念，其實質無異於以政治上的自信來擠壓文學上的自信。而與此相應，其慷慨任氣的主體精神，與其說是一種個性個體的自覺，毋寧說是一種特定的家國意識的自覺，是一種身居其位從而義不容辭的使命感。而必須指出的是，司馬遷文學文章思想的核心「聖賢發憤」精神，其實質卻是在凸顯不在其位─所謂「不得通其道」─者的使命感！兩相對比，其異自見，「建安風骨」所具有的王侯氣質，正是其「清峻」風格的特定時代內涵和特定人文內涵。

在中國歷史的特定時代，處於一個「不知有幾人稱帝幾人稱王」的情勢下，獨斷的霸權恰恰成了一統安定的需要，而在此獨斷霸權的主持下實現的文學文章事業的輝煌，實際上不能不體現為一種集團氣象──以王侯氣質為內在規定的集團氣象。儘管曹植由於特殊的地位而不能不具有他人所不可能有的「鬱結」之思，但是，表現為理論觀念者，卻總是透出「位尊」而居廟堂之高的精神期許。其《武帝誄》云：

既總庶政，兼攬儒林。躬著雅頌，被之琴瑟。

其《前錄自序》亦云：

故君子之作也，儼乎若高山，勃乎若浮雲；質素也如秋蓬，擒藻也如春葩。泛乎洋洋，光乎皓皓，與雅頌爭流可也。

兩處都是只講「雅頌」，恐怕不是偶然的吧！比如，在《與楊德祖書》中有道是「今往僕少小所著辭賦一通相與。夫街談巷說，必有可采；擊轅之歌，有應風雅。匹夫之思，未易輕棄也」。過去，人們多孤

立地來理解這一番話，於是以為曹植具有重視民歌的文學思想。現在
看來，是有點一廂情願了。實際的情形，必須將上述有關議論連繫起
來考慮才行。很清楚，在所謂「辭賦小道」的判斷之前所發的這一通
議論，已經將以往之作列入「小道」之列了，其所謂「有應風雅」者，
顯然是一種以退為進的話語藝術，既然「街談巷說」都「未易輕棄」，
那麼「少小所著」就自然「必有可采」了，在這裏，因為涉及「街談
巷說」、「擊轅之歌」，所以要以「風雅」相概括。而一旦涉及「君子所
作」，曹植便以「雅頌」相對。這種歸類上的差異，當然是含有深意
的，尤其是當我們已經有了對其時其人之王侯氣象的體認以後，此處
之深意便不難領會了。一言以蔽之，這主要有建安時代最富才華的作
家曹植所表露出來的「雅頌」製作精神，充分表現了其時「風骨」美
自上作的具體特性。

　　這樣，歸結到「清峻」風格的主體精神內容，如果說在「文章太
史公」那裏，確有一種反思歷史而思索未來的「思想者」的風範，以
及因此而必然具有的針對現實的批判諷喻意識，司馬遷的文學文章思
想因此而深得《詩》學「風詩」觀念的精髓；那麼，到建安作者這裏，
「風詩」觀念就讓位於「雅頌」觀念了，其先「思想者」的遺世獨立亦
轉化為「在位者」的坐領風騷。簡言之，楚漢「清峻」風骨，其美若
「風諫」；而建安「清峻」風骨，其美若「雅頌」。

　　於是，被我們認定為文學諷喻之表徵的「建安風骨」，實際卻意味
著文學諷喻精神的轉換，「建安風骨」的這種雙重性質，人們應該有一
個清醒的認識才是。我們都能直覺地意識到從建安初到鄴下時期，詩
歌中直接反映現實，尤其是以諷喻、刺世疾邪為主題的作品越來越
少，這種情況也可以說是建安詩歌的現實性有所消減。這與漢魏之際

學術風氣的變化呈現出一致的趨勢。[8]

而「學術和文學的這些變化，跟曹魏政治有直接的關係」[9]。很清楚，即使是在中國古代社會這一大前提下，曹魏政治絕不是一種開明寬鬆的政治，曹操姑且不說，就說曹丕，其《典論》有云：

桓靈之際，閹寺專命於上，布衣橫議於下。幹祿者殫貨以奉貴，要名者傾身以事勢，位成乎私門，名定於橫巷。由是戶異議，人殊論，論無常檢，事無定價，長愛惡，興朋黨。

用不著複雜的推論，一眼便可看穿，如此政治，當然只能提倡「趨同」的文學和學術了。正因為「趨同」，所以容易造成統一的風格和主題，而真正作為精神內容充沛於這統一的風格和主題之中者，與其說是反映現實生活並有所寄託、有所諷喻，不如說是反映個性情感世界並體現出「趨同」性的格調和情趣。

綜上所述，以政治領袖而兼為文學和學術領袖，從而決定了其時其人崇尚「雅頌」的整嚴有序和簡明莊重，又以「位尊」者的自信自負，從而決定了其時其人崇尚「大丈夫之樂」的狂放壯偉和博雅相容，前者能提醒後人去尊奉典雅高貴的既定規範，後者能激勵後人去追求自由豪快的生命激情，「建安風骨」的歷史價值，也許正就在這看似矛盾的雙向建構吧！

8　錢志熙：《魏晉詩歌藝術原論》，北京大學出版社1993年，第149頁。

9　錢志熙：《魏晉詩歌藝術原論》，第150頁。

第三章

清談・淡思・濃采

　　無論是中國思想史還是中國文學史，都不能不以濃墨重彩的一筆
來描述以「清談」為表徵的這一段歷史。這是一個充滿著矛盾也充滿
著生氣的時代，這是哲學的時代也是詩學的時代，而哲學與詩學的交
織將會產生多大的智慧和靈感！如果只認定所謂魏晉玄學的時代只有
玄學，那就好像認定玄學的對應物只能是玄言詩一樣，我們的思維就
將簡陋化。實質上，被人們稱之為哲學的時代的這一段歷史，是最富
精神創造力的時代之一，這是一個勇於提出問題並勇於作出解答的時
代，同時，這也是一個真誠地嘗試著讓哲學與詩交融一體的時代。完
全可以這樣說，哲學上的「有」、「無」之辯，詩學上的「情」、「理」
之辯，以及作為仲介而存在的「言盡意」與「言不盡意」之辯，賦予
整個魏晉時代以濃郁的思辨色彩。然而，恰恰是在這個時代，又風行
一種令所有中國文人神往的名士風度，思辨的理性是那麼微妙地與藝
術風情結合在一起，於是，無論人格上的「清」、「濁」，還是風格上的

「濃」、「淡」，彼此之間的連繫都是那麼微妙了，簡單而有效的分析於
是顯得不夠用了，我們明擺著也需要一種帶點微妙的分析。而什麼樣
的分析是為微妙？須叩問於兩端，須留意於中間。

第一節　清談：思想、思想者以及言語、言語者
——「清談」現象的文化思想分析

　　對歷史上的「清談」的談論都快成為新的清談了。但我們還得繼
續談論。

　　經過東漢末年兩次黨禍的大屠殺以後，讀書人不敢評論實際的政
治了。他們的談論，由政治方面轉到人物的方面去。所謂人物，並非
那些當朝掌政的偉人，只是古代的或是鄉黨的人物而已。採取這種題
材，較可自由發揮議論，不至於觸犯國法。而自己的牢騷憤慨，也可
藉此發洩一點。在這種情形之下，於是談論的風氣就一天天地興盛起
來[1]。

　　劉大傑先生的這一番分析，與王瑤先生在《中古文學史論》中的
論點相一致，其共同的切入點是從政治形勢以及相應的政治心理入
手。這種評述所給人的直接印象是，「清議」所具有的「清士」的節操
和膽魄因此而退避轉移了，如果說在前者那裏，「清」象徵著理想政治
的尺度以及其相應的批評話語，而其批評的物件也都是現實的政治問
題和政治人物，那麼，到後者那裏，就像錢穆所指出的那樣：

1　劉大傑：《魏晉思想論》，上海古籍出版社1998年版，第157頁。

所謂「名士」之流，反映在他們思想上者，亦只是東漢黨錮獄以後的幾許觀念，反動回惑，消沉無生路。[2]

錢先生于此有自注：

所以謂之「反動」者，以其自身無積極之目的，只對前期思想有所逆反。

這裏的「只對前期思想有所逆反」講得十分生動，「清談」是對「清議」的逆反式承傳，在這裏，逆反心理以及引起這種逆反心理的社會原因，當然就是關鍵所在了。

但凡最後導致逆反現象者，其本身必有過分之處，因為合理而又適度的行為是不大可能導致逆反現象的。新近獨立撰寫《中國思想史》的葛兆光就發現，當西元一六六到一六九年黨錮之禍期間，在士人慷慨陳詞而至於詞走極端的同時，士人中間已經開始了必要的反思。[3]如今看來，反思主要表現在對當時士人社會之朋黨傾向的否定方面。《後漢書》卷八十〈文苑傳〉載：

（劉梁）常疾世多利交，以邪曲相黨，乃著《破群論》，時之覽者以為「仲尼作《春秋》，亂臣知懼，今此論之作，俗士豈不愧心？」

的確，這樣的反思有助於我們認清東漢「清議」在歷史上的負面

2　錢穆：《國史大綱》（修訂本），上冊，商務印書館1999年版，第222頁。

3　參看葛兆光：《中國思想史》第一卷，復旦大學出版社1998年版，第436-439頁。

影響，即其在「處士橫議」之際所表現出來的結黨而營私的行為，儘
管在大的歷史判斷上我們無疑是需要站在「處士」這一邊的。當然，
如果是完全站在文明理性的立場上，則劉梁《破群論》這個題目也是
有問題的，因為孔子就說過：「君子群而不黨。」（《論語》〈衛靈公〉）
以漢代儒學之深入人心，學者豈有不知夫子教導之理！所以，若其名
曰《破黨論》倒真正合乎實際。無論怎樣，這都意味著當時是存在另
一種聲音的，士林世界並非鐵板一塊！尤其是當面臨嚴峻的政治形勢
時，高壓必然帶來分化，分化必然促成轉向，逆反現象就是這樣形成
的。而值此之際，士人對「清議」可能造成的自己命運的關注，將是
十分關鍵的。以人情之常相推理，「清議」盛行時，大量風派人物就會
投機以博取聲名，而投機者的增殖又將導致「清議」的變質，這是問
題的一個方面。而以中國歷史的特定真實為前提，其實當時就已經有
人考慮到，如此「橫議」，恐怕難逃又一次「焚書坑儒」的歷史悲劇[4]，
這是問題的又一個方面。以上兩個方面的歷史性結合，以黨錮之禍的
現實形態表現出來，那便也是雙重的逆反反映：一方面反省「邪曲相
黨」之風，從而強化對人物品行的審視評判；一方面怵惕「焚書坑儒」
之禍，從而有意識地轉移議論的話題；兩方面一結合，「清議」遂轉化
為「清談」。

容易理解，如此而來的「清談」，其所關注於人物品行者勢將有意
識地回避或遮蔽現實政治內容，而這樣一來，以抽象話題展開的人物
品評就自然成為時髦了。不過，當人們自始就批評如此「清談」未免
空洞時，卻又發現，抽象的話題以及圍繞著它所展開的品評討論，實
際上必然釀成一種哲學的氛圍。一個哲學的時代於是就來到了。

4　參看葛兆光《中國思想史》第一卷第437頁所引《後漢書》卷五十三〈申屠蟠傳〉。

與錢穆所謂「逆反」相應，魏晉玄學時代人們所熱衷的實際上是一種「無限否定的思維方式」[5]。而為了更準確也更全面地說明問題，我們需要在「無限否定」的哲學方法之外再加上「無限追問」的方法，正是這種否定式的追問和追問式的否定，才真正導致了玄遠化而又本體性的哲學高潮。而值此之際，不能不作些說明的是，「玄遠」化，並不就是形而上學的代名詞。在崇尚「清談」的魏晉時代，發言玄遠，幾乎是名士風度的題內應有之義，但我們總不能說所有這些名士都是從事於形而上學的哲學家吧！所以，「清談」有關於「玄學」的哲學課題，但它本身並不是哲學。

當時的玄學哲學，有如湯用彤《魏晉玄學流別略論》[6]所分析，已經完全不同於漢人，有道是：

雖頗排斥神仙圖讖之說，而仍不免本天人感應之義，由物像之盛衰，明人事之隆汙。稽察自然之理，符之於政事法度。其所遊心，未超於象數。其所研求，常在乎吉凶（揚雄《太玄賦》曰：「觀大易之損益兮，覽老氏之倚伏。」張衡因「吉凶倚伏，幽微難明，乃作《思玄賦》」）。

而這呈現為新的思路：

以寡禦眾，而歸於玄極（王弼《易略例》〈明象章〉）；忘象得意，而游於物外（《易略例》〈明象章〉）。於是脫離漢代宇宙之論（Cosmology or Cosmogony）而留連於存存本本（Ontology or theory of heing）之真。

在湯先生這段言簡意賅的論述中，我們須注意，他特意提到漢人

5　錢志熙：《魏晉詩歌藝術原論》，北京大學出版社1993年版，第175頁。

6　原載《國立北京大學四十周年文集》，1940年。

如揚雄、張衡，說明其時其人未嘗沒有玄遠之思，而值魏晉時代，又專門提到王弼《易》學傳釋，說明其人之學具有特殊意義。不僅如此，由揚雄與張衡之作就可以發現，「大易」與「老氏」之學乃是玄學的根基所在。從湯先生的這些思維線索去再作一番考查，或許能有更多的收穫。

先就揚雄與張衡之賦而言，實際上正是當時文人心態的生動寫照，如張衡者，還有《歸田賦》與《骷髏賦》，前者所表白的就是後來嵇康在《贈秀才入軍》其二中那著名的幾句：

目送歸鴻，手揮五弦。俯仰自得，游心太玄。

至於後者，本脫胎於《莊子》〈至樂〉，其中借骷髏之口說道：

況我已化，與道逍遙。離朱不能見，子野不能聽；堯舜不能賞，桀紂不能刑……合體自然，無情無欲。澄之不清，渾之不濁。不行而至，不疾而速。

在這裏，莊子「逍遙游」的自由意識已經同對死的想像性憧憬結合為一了，在這裏，骷髏最後拒絕莊子勸其還生的好意而表白道：「吾安能棄南面王樂而複為人間之勞乎？」不難發現，其「與道逍遙」的精神向往，是同對人間善惡、清濁不分的絕望相連繫的，而將死之極樂世界比擬為「南面王樂」這一點，又分明折射著其於人間幸福的追求。由此可見，「游心太玄」的思想意識和心理趨向，至少有一部分是同對社會現實乃至於歷史現實的絕望相關的，也因為如此，其所神游的太玄之境實質上乃是解構了所謂善惡吉凶清濁美醜以後的混沌境

界。這種徹底的解構，也就是所謂無限的否定，無論如何，其原初的動力並不是純粹哲學的思辨，而倒是充滿了人生的現實感觸。我們不妨把揚雄、張衡他們的「太玄」、「思玄」之思，與前此司馬遷的歷史感觸連繫起來，那樣就將發現，在《史記》〈伯夷列傳〉中發出的「餘甚惑焉，倘所謂天道，是邪非邪」的終極追問，以及在《史記》〈屈原賈生列傳〉中最後那「讀〈服鳥賦〉，同死生，輕去就，又爽然自失矣」的當下頓悟，充分說明在司馬遷那裏就已經有困惑於天道而自求解脫的意向了。接著，我們也不妨把揚雄、張衡他們的「太玄」「思玄」之思，與後此建安曹植他們的思想心理連繫起來，那我們同樣就又發現，曹植在〈釋愁文〉中所設計的那個「玄靈先生」，其實就是另一個曹植自己，而「玄靈先生」的「釋愁」之法則是宣揚如下之道理：

　　吾將贈子以無為之藥，給子以淡泊之方，刺子以玄虛之針，灸子以淳樸之方，安子以恢廓之宇，坐子以寂寞之床。使王喬與子攜手而逝，黃公與子詠歌而行，莊子與子具養神之饌，老聃與子致愛性之方。於是精駭意散，趣遐路以棲跡，乘輕雲以高翔。改心回趣，願納至言，仰崇玄度，眾愁忽然不辭而去。

　　很清楚，從司馬遷的思想困惑到曹植的精神愁苦，人們都是在對現實失去信心之後轉而信仰老莊玄學的。即使就老、莊本身而言，也是基於對現實的絕望而才建構其「玄遠」、「逍遙」之精神世界的。總之，這一切都在說明，如果「心游太玄」成為一種時代風尚，那正說明社會心理上積澱著厚重的失落情緒，而這裏所說的失落並不僅僅是人生追求上的失落，更有著思想信仰上的失落，即對既定價值標準的懷疑，等等，失落與懷疑，恰恰是人們思想意識發生轉移的動力。

　　作為懷疑物件的價值體系，不僅是漢代獨崇儒術以來所建構的思想體系和社會體制，而且有士大夫階層在歷史的適應性中自我實現的生存哲學，其中之關鍵樞機，如揚雄之仿〈離騷〉而作《反離騷》，且其「反」者之思又如同胡應麟所謂「似反原而實愛原」（《詩藪》雜編卷一），若仿老子所謂「正言若反」的判斷方式來作判斷，則這裏就應有「反言若正」。換言之，所謂「無限否定」也罷，或所謂「逆反」也罷，所有與此相關的判斷，都應該注意到，在此否定式的背後存在一種肯定的哲學理性。然而，也正是因為如此，正言、反言之間的闡釋衝突，必然造成辯言兩極的形勢，如「貴無」論與「崇有」論者，姑且不論，嵇康在《蔔疑》中不也說：

　　　甯為老聃之清靜微妙，守玄抱一乎？將如莊周之齊物變化，洞達而放逸乎？

　　聽不到相反的兩種聲音的時代，不可能是一個真正的哲學的時代。無論是考察立意玄遠的魏晉玄學，還是考察玄學背景下的「清談」風習，都需要清醒地意識到這種特定的形勢：思想及思想者，言說及言說者，實際上是在新的矛盾中運行著。

　　就哲學發展的歷史說，中國形上學傳統始於老子的「道」論，以無形無名的道體為世界的本原。王弼依此提出「天地萬物皆以無為本」的命題，將老子的形上學引向本體論。但其「貴無」論的形上學是通過對《周易》的注釋而展開的。[7]

7　參看朱伯崑：《從王韓玄學到程朱理學》，《北京大學百年國學文粹》哲學卷，北京大學出版社1998年版。

　　王弼在魏晉玄學和「清談」風習中是屬於玄論一派的，習慣上人們不僅把王弼與何晏看作是開「清談」之風的人物，而且認為何不如王。《世說新語》〈文學〉云：

　　何晏為吏部尚書，有位望，時談客盈坐。王弼未弱冠，往見之。晏聞弼名，因條向者勝理，語弼曰：「此理僕以為極，可得複難不？」弼便作難，一坐人便以為屈。於是弼自為客主數番，皆一坐所不及。

　　而《世說新語》〈文學〉注引《文章敘錄》又云：

　　何晏能清言，而當時權勢天下談士多崇尚之。

　　《魏氏春秋》曰：

　　晏少有異才，善談《易》《老》。

　　要之，歷史上被認為是開「清談」風氣之先的兩個人物，其談論的話題都與《易》、《老》相關，這是值得注意的。須知，《周易》乃六經之一，合《易》、《老》而言之，無異於合儒、道而言之，只不過是以《老》解《易》，即以道解儒就是了。〈魏志〉〈鍾會傳〉注引何劭《王弼傳》云：

　　裴徽為吏部郎，弼未弱冠，往造焉。徽一見而異之。問弼曰：「夫無者誠萬物之所資也。然聖人莫肯至言，老子申之不已者何？」弼曰：「聖人體無，無又不可以訓，故不說也。老子是有者也，故恒言無所不

足。」

　　現在的問題是，這看起來是以道解儒的論調，實際上又潛藏著以儒解道的意向，否則，又該怎樣理解所謂「老子是有者」這句話呢？這樣，儒與道，孔子與老子，彼此之間有一種向對方靠近的思維趨勢。彼此靠近的結果，是「聖人體無」而「老子是有」這樣一種認識，作為當時「貴無」派的言論，這又意味著什麼呢？

　　這意味著：第一，使儒家的聖人與道家的本無相連通，從而使新興的玄遠之學與傳統的尊崇儒術發生連續性歷史關係；第二，強調了「無」之作為本體存在的「不可以訓」性，並相應確認了「不說」的合理性；第三，同時又強調了「申之不已」的必要性，從而使當時「妙善玄言」（《晉書》卷四十三〈王衍傳〉）的社會風尚也獲得了存在的意義。第一點可以看作是對前此儒家學說的引申和改造，而後兩點則尤其反映了「玄學」與「清談」本身的內在張力。我們試將「不說」之妙與「妙善玄言」之妙放在一起，就馬上體會到，這很可能就是一種思想史上的雙贏局面。所謂雙贏局面，就儒、道兩家而言是這樣，就當時之「貴無」「崇有」兩派而言也是這樣。不僅如此，在「貴無」「崇有」兩派之外，另有視此兩派同為虛無之學而進行批判者，照樣在用一種充滿張力的思維方式來進行思考。《三國志》〈魏志〉〈裴潛傳〉注引陸機《惠帝起居注》云：

　　理具淵博，瞻於論難，著《崇有》、《貴無》二論，以矯虛誕之弊，文辭精富，為世名論。

　　又，《世說新語》〈文學〉注引傅暢《晉諸公贊》云：

疾世俗尚虛無之理，故著崇有二論以析之。才博喻廣，學者不能
究。後樂廣與顧清閒欲說理，而顧辭喻豐廣，廣自體虛無，笑而不復
言。

此外，孫盛《老聃非大賢論》亦云：

昔裴逸民（裴頠）作《崇有》、《貴無》二論，時談者或以為不達
虛勝之道。[8]

由此看來，王弼之注《老子》而闡「貴無」，向秀、郭象之釋《莊
子》而申「崇有」，兩者屬於「虛勝之道」中的「有」、「無」分異，在
他們以外，則有裴頠反「虛勝之道」的《崇有》、《貴無》二論。這種
情形，有點像清代關於「神韻」的爭論，既有王士禎意歸「清遠」的
「神韻」，又有翁方綱「無所不賅」的「神韻」，此「神韻」非彼「神
韻」，而關於當時「神韻」思想的歷史真實，卻必須包括彼此兩家，尤
其須包括兩家的爭論。回到「清談」時代，「崇有」、「貴無」之間的分
異爭論，以及兩者與其外反「虛勝之道」者之間的分異爭論，構成了
多層面的理論對話，它們共同作為「清談」的內容而呈現在我們面前
時，我們又豈能只以「老莊玄學」這樣的概念來加以梳理呢？

如果說在傾心於「虛勝之道」者中間，就已經存在著一個「不說」
之妙與「妙善玄言」的微妙關係，那麼，現在又增加了反其道而行之
者的「瞻於論難」，「清談」之話題的多元化，以及「清談」之言語的

8　關於裴頠學術思想的具體論述，可參看李中華《裴頠及其〈崇有〉論新探》，《北京
　　大學百年國學文粹》哲學卷，北京大學出版社1988年版。有關徵引文獻，也從李文轉
　　引。

多元化，因此就顯得是為不爭之事實了。

先就其言語之多元化來說。《世說新語》〈賞譽〉云：

裴僕射，時人謂之「言談之林藪。」

連繫以上引文所謂「辭喻豐廣」，足見當時所謂「清談」之美者，是包括雄辯博喻風格的。而與此正好相反者，如樂廣，他是「自體虛無，笑而不復言」的，頗有陶淵明「撫無弦琴以寄意」的味道，這也正就是所謂「不言」之妙吧！一面是雄辯而博喻，一面是笑而不復言，一面是「語」的極力發揮，一面是「默」的極力發揮，兩極開張，方見「清談」本色。

作《老聃非大賢論》的孫盛，與裴頠一樣當屬於「言談之林藪」者：孫安國（孫盛）往殷中軍（殷浩）許共論，往反精苦，客主無間，左右進食冷而複暖者數四。彼我奮擲麈尾，悉脫落滿餐飯中，賓主遂至莫忘食。殷乃語孫曰：「卿莫作強口馬，我當穿卿鼻。」孫曰：「卿不見決鼻牛，人當穿卿頰。」（《世說新語》〈文學〉）

由此可見其時辯論之激烈，甚而至於互相謾罵！《世說新語》〈文學〉又說：

殷中軍、孫安國、王、謝能言諸賢，悉在會稽王許，殷與孫共論「《易》象妙於見形」。孫語道合，意氣幹雲，一坐咸不安孫理，而辭不能屈。會稽王慨然歎曰：「使真長（劉惔字真長──引者注）來，故應有以制彼。」即迎真長。孫意己不如，真長既至，先令孫自敘本理。

孫粗說己語，亦覺悟不及向。劉便作二百許語，辭難簡切，孫理遂屈，一坐同時拊掌而笑，稱美良久。

　　既然存在著「不安孫理，而辭不能屈」的情況，就說明「清談」關乎思想認識而又不關乎思想認識，即純粹是一個言語表達問題。至於孫盛與劉惔的辯論，則又另樣，因為那已是理論水準與表達水準相統一了。無論如何，這種「往返精苦」甚至一口氣便「作二百許語」的辯論，不僅證明「清談」就是辯論這至關重要的一點，而且證明「清談」就是言辭發達的催化劑這同樣至關重要的另一點。

　　或許人們會說，如孫盛者，本來就反對「虛勝之道」，既作《老聃非大賢論》，又作《老子疑問反訊》，實際上是一位以闡發儒家學理為宗旨的學者，其「清談」未必能體現當時的真正風尚。那麼好，我們再看《世說新語》〈文學〉中的另一條材料：

　　王逸少作會稽，初至，支道林在焉。孫興公謂王曰：「支道林拔新領異，胸懷所及乃自佳，卿欲見不？」王本自有一往儁氣，殊自輕之。後孫與支共載往王許，王都領域，不與交言。須臾，支退。後正值王當行，車已在門，支語王曰：「君未可去，貧道與君小語。」因論《莊子》〈逍遙遊〉。支作數千言，才藻新奇，花爛映發。王遂披襟解帶，留連不能已。

　　支道林可是方外之人，其所談論者也是莊子〈逍遙遊〉，當然是典型的「玄遠」、「虛勝」之道，但「清談」之際，不也是「作數千言，才藻新奇，花爛映發」嗎？尤其是當時用以描述此「清談」風尚的詞語，如這裏的「才藻新奇，花爛映發」，十足證明「清談」本身正是培

育才思辭藻之創新機制的文化土壤。豈止如此，動輒數百千言，侃侃而談，滔滔不絕，甚至辭勝於理，藻飾繁榮，與陸機所謂「詩緣情而綺靡」的「綺靡」風尚，完全相吻合。這一點，我們無論如何是不能忽略的。

當然，有多多益善者，就有以少勝多者，比如樂廣就是一例。《世說新語》〈文學〉云：

客問樂令「旨不至者」，樂亦不復剖析文句，直以麈尾柄确几曰：「至不？」客曰：「至。」樂因又舉麈尾曰：「若至者哪得去？」於是客乃悟服。樂辭約而旨達，皆此類。

再連繫樂廣在與裴頠談論時「笑而不復言」的舉止，可見他是典型的簡約「清談」派，而且正好與對方之繁複派形成鮮明的對比。《晉書》〈樂廣傳〉尤有詳盡記載：

廣有遠識，尤善談論。每以約言析理，以厭人之心，其所不知者默如也。裴楷嘗引廣共談，自夕申旦，雅相傾挹。歎曰：「我所不如也。」王戎為荊州刺史，聞廣為夏侯玄所賞，乃舉為秀才。楷又薦廣于賈充，遂辟太尉掾，轉太子舍人。尚書令衛瓘，朝之耆舊，逮與魏正始中諸名士談論，見廣而奇之曰：「自昔諸賢既沒，常恐微言將絕，而今乃複聞斯言於君矣。」命諸子造焉，曰：「此人之水鏡，見之瑩然，若披雲霧而睹青天也。」王衍自言與人語甚簡至，及見廣，便覺己之煩，其為識者所歎美如此。

很清楚，樂廣是完全可以作為簡約「清談」的典型來對待的。

　　「清談」在言談風格上的繁、簡分異，必然與其所信奉的思想觀念有關。在當時的流行話語中，「虛勝」、「玄遠」、「名理」等等，儘管會有著彼此的專用範圍，但很多時候是彼此通融的。《世說新語》〈文學〉注引《續晉陽秋》曰：

　　正始中，王弼、何晏好《莊》、《老》玄勝之談，而世遂貴焉。

　　可見，「虛勝」與「玄遠」可以合二而一。又《世說新語》〈文學〉云：

　　傅嘏善言虛勝，荀粲談尚玄遠，每至共語，有爭而不相喻。裴冀州釋二家之義，通彼我之懷，常使兩情相得，彼此俱暢。

　　此又可見，「虛勝」與「玄遠」是可以「彼此俱暢」的。至於「名理」，如〈魏志〉〈荀彧傳〉注引何劭〈荀粲傳〉云：「傅嘏善名理。」足見，當時人在使用概念上實在是比較隨便的，我們如果跟著他們的話頭奔波，恐怕會疲於奔命而甚少收益。理智的方法，顯然就是以通融對待通融。當然，通融不等於含糊，關鍵是要把握住其時其人「清談」的思想命脈。

　　就簡約派「清談」而言，可以樂廣之釋「旨不至」為例，其所探討的問題出於《莊子》〈天下〉論說惠子一節中的「指不至，至不絕」。在對這句話的理解和闡說上，舊解頗多歧義，而我們只需留神於樂廣的特殊話語──行為動作：「直以麈尾柄確几」，「因又舉麈尾」。很清楚，麈尾確實觸及桌面，以此而喻說「至」，是非常形象生動的，就像麈尾被確確實實地舉起來的事實，同樣在生動地喻說著「去」一樣，

這前後兩事都是簡單得不能再簡單了。問題在於樂廣其間的一問:「若
至者哪得去?」於是可知,問題的癥結就在於:為什麼要「至」而複
「去」呢?為什麼又「至者哪得去」呢?細想之下,這實際上是一個和
認知行為有關的名辨學問題,不管是向無限大的方向展開,還是向無
限小的方向展開,由於認知的過程是無限的,所以名辨指稱的過程也
必是無限的,正因為是無限的,所以其中每個階段上的「指」(旨)都
不可能成為完全確指性的「至」,從而,其「至」若「去」,任何「至」
和任何「去」都是相對的,「至」與「去」的關係也必是辯證運動的。
如此而已。樂廣之闡釋的妙處,一在於他明確地表示出「至」者必須
又「去」的思維原則;二在於他同樣明確地表示出「至」而實在者將
無法再有同樣實在的「去」,否則就會出現實在的互相矛盾;三在於他
自己的闡釋話語實質上是由語言話語與行為話語的互補所構成的。他
實質上擴大了「言」的境域,我們因此而有必要從多維意義上去理解
「清談」「清言」之所謂「言」,這正像樂廣在這裏所發揮的「旨不至」,
「清言」之「言」,也須是「旨不至」。

　　言語上的「旨不至」,與思想上的「旨不至」是完全統一的,它們
無不指向創新性的通脫精神。《晉陽秋》曰:

　　庾凱……恢廓有度量,自謂是老莊之徒。曰:「昔未讀此書,意嘗
謂至理如此;今見之,正與人意暗同。」

　　這是在說老莊之書先得我心。而《世說新語》〈文學〉則曰:

　　庾子嵩讀《莊子》,開卷一尺許便放去,曰:「了不異人意。」

顯而易見，「正與人意暗同」和「了不異人意」是大異其趣的，前者類於「至」，而後者則類於「去」，而相比之下，名士風度更體現在「旨不至」─「去」。看來，當時最看重的，乃是「異人意」。亦見於《世說新語》〈文學〉者又有：

謝安年少時，請阮光祿道〈白馬論〉，為論以示謝。于時謝不即解阮語，重相咨盡。阮乃歎曰：「非但能言人不可得，正索解人亦不可得！」

要知道，「清談」的基本特徵是討論乃至於辯論，不是一人獨語，而是兩人甚至多人間的眾語論辯，唯其如此，「清談」之所以妙，恰在於討論乃至於辯論中的彼此激發，也因此，「清談」的自覺最終是一種建立在對話機制基礎上的互補意識。

樂令善於清言，而不長於手筆。將讓河南尹，請潘嶽為表。潘云：「可作耳，要當得君意。」樂為述己所以為讓，標位二百許語，潘直取錯綜，便成名筆。時人或曰：「若樂不假潘之文，潘不取樂之旨，則無以成斯矣。」（《世說新語》〈文學〉）

如此看來，人們對「清談」的欣賞，既表現為對個體談風的崇拜，也表現為對兩長互補的提倡。而在這個意義上，簡約派「清談」實際上是不可能離開繁複派而單獨存在的。

翻檢《世說新語》〈文學〉篇，如下敘述顯然是可以歸為一類的：

謝鎮西少時，聞殷浩能清言，故往造之。殷未過有所通，為謝標

榜諸義，作數百語，既有佳致，兼辭條豐蔚，甚足以動心駭聽。

支道林初從東出，住東安寺中。王長史宿構精理，並撰其才藻，往與支語，不大當對。王敘致作數百語，自謂是名理奇藻。支徐徐謂曰：「身與君別多年，君義言了不長進。」王大慚而退。

支道林、許、謝盛德共集王家，謝顧謂諸人：「今日可謂彥會。時既不可留，此集固亦難常，當共言詠，以寫其懷。」許便問主人：「有《莊子》不？」正得〈漁父〉一篇。謝看題，便各使四坐通。支道林先通，作七百許語，敘致精麗，才藻奇拔，眾咸稱善。於是四坐各言懷畢，謝問曰：「卿等盡不？」皆曰：「今日之言，少不自竭。」謝後粗難，因自敘其意，作萬餘言，才峰秀逸，既自難幹，加意氣擬托，蕭然自得，四坐莫不厭心。支謂謝曰：「君一往奔詣，故復自佳耳。」

筆者以為，當時「清談」的情形，可說已經具體而微地表述於此了。從概念範疇的角度講，所謂「名理奇藻」、「義言」、「辭條」、「言詠」、「題」、「才藻」等等，說明一場真正認真的「清談」，是必須有選題的，然後由專人來闡發——所謂「通」，再而後便須有人來質詢辯駁——所謂「難」，接著是彼此辯論，一直到彼此心悅誠服——或者不相上下。這種「清談」無異於當今之學術研討，而且是非應景式的認真的學術研討。當然，研討之際，既可以是簡約式的，也可以是繁複式的。繁複式的研討，如上引諸條所述，妙處一在於「義」一在於「言」，也就是「思想者」及其「思想」和「言語者」及其「言語」。就前者而言，其與簡約派「清談」者是相通甚至相同的。至於後者，就走向相反了。在這裏，若就言語思理之結構形式而言，已經有「辭條」

一説，足見分類析説已成規範，而且分類之是否合理有致，已成為評價的標準之一。再若就言語文采之修飾雕琢而言，數百語已是家常便飯，已經可「作萬餘言」，不僅如此，更要「意氣擬托」，也就是表現出自己的精神氣質，從而使學理的論辯與抒情寫意的文學才情結合起來了。總之，我們已然發現，如果説「清談」的風習意味著一個哲學思辨時代的出現，那麼，這同時又意味著一個文學藻飾時代的出現，此外還意味著此哲學思辨與文學藻飾的彼此交織。

正因為存在著哲學思辨與文學藻飾的交織，所以，《世説新語》一書中的〈文學〉篇，就是將名士「清談」的事蹟和文學創作的事蹟放在一起的。如：

孫子荊除婦服，作詩以示王武子。王曰：「未知文生於情，情生于文？覽之淒然，增伉儷之重。」

這實際上在闡發著一種「文」與「情」彼此相「生」的文學觀念，對我們這些習慣於「文生於情」説的人來講，此處的「文情相生」論，恐不失其啟示意義。又如《世説新語》〈文學〉云：

庾子嵩作《意賦》成，從子文康見，問曰：「若有意邪，非賦所盡；若無意邪，複何所賦？」答曰：「正在有意無意之間。」

另據《晉陽秋》云：

凱，永嘉中為石勒所害。先是，凱見王室多難，知終嬰其禍，乃作《意賦》以寄懷。

　　既然如此，則「有意無意之間」就不僅涉及意志表達與文學潤色之間的辯證關係，而且涉及劉勰《文心雕龍》〈史傳〉所謂「時同多詭，故定哀微辭」的問題，也就是人們常說的微言寄託而意在言外。再如《世說新語》〈文學〉云：「孫興公道：『曹輔佐才如白地明光錦，裁為負版絝，非無文采，酷無裁制。』」可見那不僅是一個注重文采的時代，也是一個講究節制和組織藝術的時代。又如《世說新語》〈文學〉云：

　　羊孚作《雪贊》云：「資清以化，乘氣以霏，遇象能鮮，即潔成輝。」桓胤遂以書扇。

　　孫興公曰：「潘文淺而淨，陸文深而蕪。」

　　簡文稱許掾云：「玄度五言詩，可謂妙絕時人。」

　　這些基本上就是一般詩話文評的風格了。一言以蔽之，「清談」也者，乃是哲學自覺與文學自覺的整合物，乃是思辨意識與才藻興趣的整合物，乃是抽象語言與形象語言的整合物，乃是不言之妙與善言之才的整合物。

　　既然如此，如果只將「清談」理解作閒散之談，如同只將「玄學」理解作虛無之學，都是片面而膚淺的。「清談」之作為一代風尚，實際上凸顯了「思想者」即「言語者」雙重自覺的主體意識，自然也就凸顯了「思想」即「言語」雙重自覺的價值觀念。在這裏，是「思想」，而不僅僅是老莊思想；是「言語」，而不僅僅是玄遠之言，在眾語紛紜以至造極繁、簡兩端的「清談」格局中，被培育出來的思想意識和生

活興趣，絕不可能是單極單向的。

不過，這又並不意味著沒有清晰的脈絡可尋。《世說新語》〈文學〉云：

王丞相過江左，止道「聲無哀樂」、「養生」、「言盡意」三理而已。

與此相關，《世說新語》〈言語〉云：

過江諸人，每至美日輒相邀新亭，藉卉飲宴。周侯中坐而歎曰：「風景不殊，正自有山河之異！」皆相視流淚。唯王丞相愀然變色曰：「當共戮力王室，克復神州，何至作楚囚相對！」

以王導如此之精神面貌，而看重於彼三者之學問，是值得認真考慮的。眾所周知，魏晉玄學之際，既有「言盡意」論者，又有「言不盡意」論者，而王導則是主張「言盡意」論的，而且是同時主張「聲無哀樂」論和「養生」論的。嵇康的《聲無哀樂論》的實質是「認為音樂的本質就在於形式美，而不具有情感內容，很自然地，他也不同意『治亂在政，而音聲應之』的觀點」[9]。嵇康《養生論》的宗旨，是強調「清虛靜泰，少私寡欲」而抱一養和以修內，同時「蒸以靈芝，潤以醴泉」而體妙心玄以修外，雖神仙不可求，但長生有可能，「為稼於湯之世，偏有一溉之功者，雖終歸焦爛，必一溉而後枯。然則一溉之益，固不可誣也」。總之，是以一種帶有科學理性的態度在探討生命保養的問題。與此相通，嵇康的「聲無哀樂」觀，之所以強調音樂獨

9　葉朗：《中國美學史大綱》，上海人民出版社1985年版，第195頁。

立的形式美，也是基於相對客觀的音樂美學思想，換用現在的理論話語，不妨說，他是試圖把音樂從政治決定論和人心決定論的規範中解放出來，從而賦予它獨立的價值。這正如同他實際上是試圖把養生觀念從神仙迷信和自然無為的雙重束縛中解放出來一樣。凡此，都證明當時確有一種富於科學理性和藝術理性的思潮。不言而喻，「言盡意」論，正是與此思潮共起伏的思想觀念。

多少年來，每逢講到魏晉玄學與「清談」背景下的「言」「意」問題，人們總是不約而同地確認「言不盡意」論為主流觀念，當然同時確認「得意忘言」為彼時最有價值之思維及言語方法。現在看來，問題並不是那麼單純了。或許，這只是在比較務實的王導那裏才受到重視？但事實卻並非如此。歐陽建〈言盡意論〉（《藝文類聚》十九）有云：

世之論者以為「言不盡意」，由來尚矣。至乎通才達識鹹以為然。若夫蔣公之論眸子，鐘、傅之言才性，莫不引此為談證。

若歐陽氏所言不謬，則自漢魏以來流行的正是「言不盡意」論，倒是「言盡意」論是為新興觀念。歐陽建是這樣表述自己的否定物件的：

夫天不言而四時行焉，聖人不言而鑒識存焉。形不待名而圓方已著，色不俟稱而黑白已彰。然則名之于物無施者也，言之于理無為者也。（〈言盡意論〉）

現在看來，當年歐陽建所批駁過的這種「言不盡意」論，確實有

著理論思維上的破綻，比如，「名」與「物」的關係，有一層是主觀與客觀的關係，而「言」與「理」的關係，實際上都是主觀認識過程中不同思維層面之間的關係，兩者豈可一概而論？當其時也，張韓曾作〈不用舌論〉（《藝文類聚》十七），其中有道：

> 余以留意於言，不如留意於不言。徒知無舌之通心，未盡有舌之必（湯用彤《魏晉玄學論稿・言意之辨》按云：疑本「不」字。—引者注）通心也。仲尼云：「天何言哉，四時行焉。」「夫子之文章可得而聞也。夫子之言性與天道不可得而聞。」

這位作者的題目其實更通俗也更見其用心用意，「不用舌」就是「不言」，與「言不盡意」論相比，它更徹底地表現出對「言」的否定。問題是，其用以支撐自己觀點的理論基礎，一是「天何言哉」，二是孔子於性與天道不聞有言，也就是：天不言，聖人不言；天道與性不可言。至於為什麼天道不言，卻缺乏理論上的說明。倒是〈魏志〉引何劭《荀粲傳》云：

> 粲諸兄並以儒術論議，而粲獨好道。常以為子貢稱夫子之言性與天道不可得聞，然則六籍雖存，固聖人之糠秕。粲兄俁難曰：「《易》亦云：『聖人立象以盡意，繫辭焉以盡言。』則微言胡為不可得而聞見哉？」粲答曰：「蓋理之微者，非物之象所舉也。今稱立象以盡意，此非通於意外者也。繫辭焉以盡言，此非言乎系表者也。斯則象外之意，系表之言，固蘊而不出矣。」

若認真思考，則此處荀粲之論點，並非習慣上認為的「言不盡

意」，而應是超越言語現實和言語傳統的「言盡意」論。這其實並不難理解：首先，他認為六籍所載並非精華，因為終極思考的「性」與「天道」問題，並不見聖人有言傳釋下來；其次，《易》言立象盡意，繫辭盡言，正說明其意只限於其象所明，其言只限於其辭所釋，換言之，即意是象內之意，言是辭內之言，至於象外辭外之更高層次上的「意」與「言」，其實是不曾呈現出來的。筆者不明白人們為什麼說荀粲是「言不盡意」論者，由上面這簡明的分析可以看出，他應該是「言盡意」論者—當然是超越既定言語傳統和規範的「言盡意」論者。從最簡化的意義上來講，荀粲的思維焦點是區分象內象外和系裏系表。唯其如此，他就與王弼的觀點有相通之處，王弼《周易略例》〈明象〉云：

> 夫象者，出意者也。言者，明象者也。盡意莫若象，盡象莫若言。言出於象，故可尋言以觀象；象生於意，故可尋象以觀意。意以象盡，象以言著。故言者所以明象，得象而忘言。象者所以存意，得意而忘象。

首先，他明確肯定「盡意莫若象，盡象莫若言」；接著，他通過「言出於象」「象生於意」這樣的論斷使思維轉向，讓最終須「得意忘象」的「意」和「得象忘言」的「象」處於本原地位；然後，他以此為決定論前提而得出「得意忘象」「得象忘言」的結論。如果說荀粲實際上是超越言語傳統的「言盡意」論者，那麼，王弼就是「言盡意」論基礎上的「得意忘言」論者，儘管他們都具有對「言」和「意」的超越性追求，但又同樣肯定在同一闡釋層面上「言盡意」的認識。也正是因為如此，他們也就與寫〈言盡意論〉的歐陽建有了共識，歐陽

建〈言盡意論〉云：

> 夫理得於心，非言不暢；物定於彼，非名不辨。名逐物而遷，言
> 因理而變。不得相與為二矣。苟無其二，言無不盡矣。

　　歐陽建當屬於名理派。他一方面強調人的認識活動與其認識物件之間的永恆對應關係，沒有認識物件的認識和沒有認識的認識物件都是不可思議的；另一方面，他又強調人的思想觀念同對這一觀念的表述方式之間的永恆對應，須知，思想都是某種表述中的思想，如同表述都是對某種思想的表述一樣。我們沒有理由說歐陽建說得沒有道理。尤其是當我們瞭解到他實際上與荀粲、王弼他們有著大體共同的觀念基礎以後，對當時究竟是「言盡意」論占主流還是「言不盡意」論占主流這一問題，就不會輕易地下結論了。

　　歷史的真實，看來需要從理論與實踐兩方面來作出概括：在實踐形態上，當時「清談」中分異而兩向的簡約與繁複兩派，雖有著美言與不言的不同追求，但在實質上都具有對「言」的執著，問題的微妙處只在如樂廣那樣以行為語言替補言辭語言者，其意義究竟該怎樣看待；而在理論形態上，不管是就聖人立論者，還是就《易》學闡釋者，或者是就思想認識規律分析者，最終總體的追求，是在確認「言盡意」之有效功能的同時，提醒人們不要因為迷戀於「言」之美妙而忘卻了把握「意」的真正目的。總之，正像「清談」絕不只是性好老莊者的專利一樣，其在「意」上的「玄勝」風格，已然有探尋於儒家心性與天道之學的形上學色彩，而其在「言」上的「才藻」興趣，無疑具有促進語言藝術發展的客觀效果。魏晉「清談」，如果說是一個哲學自覺的時代，那自然也是一個語言自覺的時代。

　　綜上所述，「清談」，或者就叫「清言」，作為中國古代思想史、美學史、文學史以及藝術史所普遍涉及的一個概念，其價值闡釋上的廣泛空間和歷史內容方面的錯綜現象，無不在提醒我們，任何簡單化或絕對化的論定都是要不得的。在這裏，尤其要指出的是，探討這樣的課題，特別需要「語境」的透視──「清談」這個話語概念所生存其間的社會文化生活的真實環境。在歷史上，誰曾經給「清談」下過一個權威的注腳呢？它是一種生存的方式，是一種歷史的真實，是一種人文價值的體現，它幾乎是混沌一氣的。然而，這並不意味著無法確認其意義。不管後人怎樣評價「清談」這一風氣，它對整個思想文化界與文學藝術界的影響，是非常深遠的，特別是在被人們稱之為中古的歷史時期，「清談」以其充滿張力的機制同時推動了哲學與藝術的發展，從而也就必然地推動了哲學與藝術之間的彼此滲透。哲學的藝術，藝術的哲學，詩意的哲學，哲學的詩意，形而上的講求與形而下的講求相交織，萌發出極大的創造力。而值此之際的「清」美範疇，自然就是一個多維意義的辯證統一體了：「玄遠」為「清」，「虛勝」為「清」，循名以責實亦為「清」；不言為「清」，善言亦為「清」，才藻豐美更為「清」；總之，非一言所能蔽之也！但是，萬千變化，出於一機，要其在於一個「辯」字，「言意之辯」，「有無之辯」，以及緣此而從生的「言」之有無之辯，「意」之有無之辯，等等。的確，「清談」，完全可以用「辯談」來作注解，以思辨、論辯來解釋「清談」之「清」，恰恰能夠揭示出魏晉乃至中古時期表徵為「清」、「濁」、「濃」、「淡」之辨識的美思美論的特殊內涵。「辯」總是有足以引起爭論的話題和足可與之辯論的物件的，所以，「辯」必然意味著非一元化的格局，相異

者同生，兩行者併發，「同謂之玄，玄之又玄，眾妙之門」[10]。在這個意義上，「清談」——「辯言」——「玄言」，就是一個可以連續推導的命題。與魏晉乃至中古時期的哲學、美學、文學相關的許多問題，於是都可以由這種推導而得到說明。

第二節 「淡思濃采」與「淡乎寡味」之間 —— 「玄言」文學的文化大語境分析

對照劉勰《文心雕龍》各篇的論述，有時會發現一些重要的資訊。〈時序〉篇有云：

> 於時正始餘風，篇體輕淡，而嵇、阮、應、繆，並馳文路矣。……然晉雖不文，人才實盛：茂先搖筆而散珠，太衝動墨而橫錦，嶽湛曜聯璧之華，機云標二俊之采，應、傅、三張之徒，孫、摯、成公之屬，並結藻清英，流韻綺靡。……簡文勃興，淵乎清峻，微言精理，函滿玄席，淡思濃采，時灑文囿。

這裏涉及三個時代的文學文章風格評論，而且凸顯出了一個貫穿其中的「清淡」基調。

首先所涉及的是阮籍、嵇康的時代。在《文心雕龍》〈明詩〉篇中，有道是：

> 正始明道，詩雜仙心，何晏之徒，率多浮淺。唯嵇志清峻，阮旨

---

10 此為《老子》首章之句，筆者以為乃是老子思想中最富哲學思辨色彩的格言。

遙深，故能標焉。若乃應璩《百一》，獨立不懼，辭譎義貞，亦魏之遺直也。

　　兩相對比，何以如此不同？原來，〈明詩〉篇專論詩歌，而劉勰又頗重風清骨峻之作，所以，對抒寫仙心之體便頗表微詞。至於〈時序〉篇之論，乃就文章全面而言，所以，同是正始時代，只以「輕淡」二字概括。這於是就等於說，嵇康詩的「清峻」，阮籍詩的「遙深」，以至於應璩《百一詩》的譎貞而直，都可以被「輕淡」所覆蓋。不言而喻，這裡的「篇體輕淡」是與上文評說建安文學的「雅好慷慨」相比較而言的，從而主要是從「清談」流行所造成的普遍風氣著眼的。也因為如此，「輕淡」之所謂「輕」，未必有輕浮之意，而其所謂「淡」者，也未必是「濃淡」之「淡」。儘管嵇康詩「過為峻切，訐直露才，傷淵雅之致」（鍾嶸《詩品》卷中），阮籍詩亦「頗多感慨之詞」（鍾嶸《詩品》卷中），而且嵇康有《與山巨源絕交書》之「非湯武而薄周孔」的意志，阮籍有《大人先生傳》之「憂患之辭」（張惠言《七十家賦鈔序》），但是，正始時代這兩位代表人物的思想深處，則是名教與自然相會通，老莊與孔儒相契合的。阮籍《通老論》云：

　　聖人明于天人之理，達于自然之分，通於治化之體，審於大慎之訓。故君臣垂拱，完太樸之素；百姓熙洽，保性命之和。道者，法自然而為化。侯王能守之，萬物將自化。《易》謂之太極，《春秋》謂之元，《老子》謂之道。

　　顯然，阮籍已經將天人之理合於自然之道，並且以「太一樸素」為之理念表述。魏晉玄學重《易經》、《老子》，而這裏卻引《春秋》加

入其間，不是儒、道合一又是什麼？而合一之境界恰恰在於「太樸之素」，若此，豈不正是「輕淡」之思！嵇康《聲無哀樂論》有云：

> 古之王者，承天理物，必崇簡易之教，禦無為之治。君靜於上，臣順於下，……群生安逸，自求多福，默然從道，懷忠抱義，而不覺其所以然。

而其《答向子期難養生論》論聖人之道亦曰：

> 雖居君位，饗萬國，恬若素士接賓客也。

只要看他所用「簡易」、「無為」、「安逸」、「默然」以及「恬若素士」這些概念，同樣可以拿「輕淡」來概括它們。如此看來，劉勰所謂「篇體輕淡」，是就總貌而言的，而且是就與「清談」這一生活底色相協調的普遍思想觀念而言的，也因此，「輕淡」乃有「輕淡之思」的意蘊。

其次，有關西晉文風。《文心雕龍》〈明詩〉有所謂「晉世群才，稍入輕綺。張、潘、左、陸，比肩詩衢，采縟於正始，力柔於建安」。換句話說，西晉文風就是輕綺柔靡。而在《文心雕龍》〈時序〉篇中，則曰：「結藻清英，流韻綺靡。」從字面上講，「綺靡」當然與「采縟」、「力柔」之評相契，但「清英」一詞，卻當別論。在漢語中，「英」之與「藻」，均屬草木之華，相通於文章修辭、文學潤色，其義自明，毋庸多說。至於「清」，偏偏多生義指，需要梳理清整。尤其在魏晉時代，須從思想和才藻兩方面去考察。就晉世風尚而言，陸機之弟陸雲的觀念是值得注意的，陸雲《與兄機書》中云：

雲今意視文，乃好清省，欲無以尚。

並具體針對陸機所作《文賦》曰：

《文賦》甚有辭，綺語頗多。文適多，體便欲不清，不審兄呼爾不？

陸雲的「乃好清省」，劉勰是完全知道的，其《文心雕龍》〈鎔裁〉即道：

士衡才優，而綴辭尤繁；士龍思劣，而雅好清省。

《文心雕龍》〈才略〉又言：

陸機才欲窺深，辭務索廣，故思能入巧，而不制繁；士龍朗練，以識檢亂，故能布彩鮮淨，敏於短篇。

從劉勰兼顧二陸的語氣上看，他是兼取兩家之長的，唯其如此，其所謂「清英」者，應是「綺語」與「清省」的結合，換言之，「清綺」是也。

顯然，「清綺」與「輕淡」，有某種可以置換的微妙關係，比如，我們可以很自然地組成「清淡」一詞，而餘下的「輕綺」本身就是當時的流行語。

到了「簡文勃興」一節，說的是東晉形勢，劉勰在《文心雕龍》〈明詩〉中有曰：

江左篇什，溺乎玄風，嗤笑徇務之志，崇盛忘機之談；袁、孫以下，雖各有雕采，而辭趣一揆，莫與爭雄，所以景純仙篇，挺拔而為俊矣。

《文心雕龍》〈時序〉亦曰：

自中朝貴玄，江左稱盛，因談餘氣，流成文體。是以世極迍邅，而辭義夷泰，詩必柱下之旨歸，賦乃漆園之義疏。

由此可見，劉勰對當時風行的「清談」以及「玄言」詩文，都給予了一定的批評。

關於當時風氣，干寶《晉紀總論》曰：

學者以《莊》、《老》為宗，而黜《六經》。談者以虛蕩為辨，而賤名檢。行身者以放濁為通，而狹節信。進士者以苟得為貴，而鄙居正。為官者以望空為高，而笑勤恪。是以劉頌屢言治道，傅咸每糾邪正，皆謂之俗吏。……禮法行政，於此大壞，如室斯構，而去其鑿契；如水斯積，而決其堤防；如火斯畜，而離其薪燎也。國之將亡，本必先顛，其此之謂乎？

這分明是一種沉痛反思的理論，其價值觀分明是揚「清節」而抑「清談」的，在他看來，虛蕩之談，放濁之行，乃是亡國的禍根。其實，當時有不少人存有相同的顧慮，比如王羲之。《世說新語》〈文學〉云：

　　王右軍與謝太傅（謝安）共登冶城，謝悠然遠想，有高世之志。王謂謝曰：「夏禹勤王，手足胼胝；文王旰食，日不暇給。今四郊多壘，宜人人自效，而虛談廢務，浮文妨要，恐非當今所宜。」謝答曰：「秦任商鞅，二世而亡，豈清言致患耶？」

　　歷史上的確流行著所謂「清談誤國」的論調，其中也確含有幾分合理的因素，但一股腦兒將髒水全潑到「清談」身上，卻是有失公道的。謝安的話未嘗沒有幾分道理，就如同王羲之的話同樣有其道理一樣，需要一種辯證的態度來分析歷史。作為一種客觀存在，從最初的推動到最後的遏止，總有一個由盛而衰的過程，而此盛衰轉化的原因，除了必然有「清談」以外的因素外，「清談」本身的過度發展也是一個原因。萬事不可過度。但是，從政治角度的反省是一回事，從思想文化史的角度去分析又是一回事。問題在於，對東晉文壇，由於流行所謂「玄言詩」，歷來是評價不高的，前引劉勰所評如此，鍾嶸《詩品序》又云：

　　永嘉時，貴黃老，稍尚虛談。于時篇什，理過其辭，淡乎寡味。爰及江表，微波尚存，孫綽、許詢、桓、庾諸公，詩皆平典似道德論，建安風力盡矣。

　　在鍾嶸的話語中，詩味之淡，是與玄理太多連繫在一起的，此時之「淡」，實際上是一個貶義詞。這裏的「淡」，就是劉勰那裏的「夷泰」，只不過，相比之下，劉勰是以動亂的社會現實作背景來下判語的，從而語義間頗含感慨。但是，就在《文心雕龍》〈時序〉篇中，劉勰前此又有對「中興」以來的正面敘述，而于「簡文勃興」之際玄言

精理的「淡思濃采」，更流露出欣賞之意，此時之「淡」，分明是褒義詞。綜合劉勰、鍾嶸兩家之涉於「淡」者，劉勰有褒有貶，鍾嶸不褒只貶，這褒貶之間的差異，又豈可輕易放過！

《世說新語》〈文學〉云：

> 簡文稱許掾云：「玄度五言詩，可謂妙絕時人。」

再看《續晉陽秋》云：

> 詢有才藻，善屬文。自司馬相如、王褒、揚雄諸賢世尚賦頌，皆體則《詩》、《騷》，傍綜百家之言。及至建安，而詩章大盛。逮乎西朝之末，潘、陸之徒雖時有質文，而宗歸不異也。正始中，王弼、何晏好《莊》、《老》玄勝之談，而世遂貴焉。至過江，佛理尤盛，故郭璞五言始合道家之言而韻之，詢及太原孫綽轉相祖尚。於加三世之辭，而《詩》、《騷》之體盡矣。詢、綽並為一時文宗，自此作者悉體之。

從這裏不僅可以看出「玄言詩」在當時的「時尚」性，而且可以瞭解到當時人們為什麼欣賞「玄言詩」。問題的關鍵，在於對兩個傳統的劃分：一個是遠祖《詩》、《騷》而近祧賦頌的文學傳統，這實際上就是以「緣情體物」為特性而接受「美刺」原則規範的文學傳統，在文化詩學意義上，這也就是體現儒家文化精神的文學傳統；另一個則是生成於魏晉以來玄學及「清談」風習的文學傳統，這卻是體現道家乃至佛家文化意識的文學傳統，與前者之「緣情體物」而旨歸「美刺」者不同，此一新文學傳統則是寫心明理而旨歸玄遠的。如果我們把前者稱之為感物抒情詩，那麼，此新生之體就是寫意哲理詩。換用當時

流行的話語，自然就應該稱之為「玄言詩」或「清言詩」，而其體貌之特徵當然就在於「清淡」了。這種「玄言」、「清淡」之體，倘若用「《詩》、《騷》之體」的傳統標準來衡量，自然會「淡乎寡味」，因為那個「味」乃是指情緒物色之味，豈不聞鍾嶸有曰：「五言居文詞之要，是眾作之有滋味者也，故雲會於流俗。豈不以指事造形，窮情寫物，最為詳切者耶！」（《詩品序》）對簡文帝稱許為「妙絕時人」的「玄言」詩人許詢等，鍾嶸列之於下品，而評語是這樣的：

> 永嘉以來，清虛在俗。王武子輩，詩貴道家之言。爰自江表，玄風尚備。真長、仲祖、桓、庾諸公猶相襲。世稱孫、許，彌善恬淡之詞。

與《詩品序》中「淡乎寡味」的評語相比，這裏的語氣平和多了，因為品第已定，無須再多貶抑了。但其評述本身卻又是十分準確的，但看「清虛在俗」與「彌善恬淡之詞」便知。在《詩品序》中，鍾嶸開宗明義地講過：

> 氣之動物，物之感人，故搖盪性情，形諸舞詠。

從這裏物感情動的詩學發生論，到後來窮情寫物的詩學創作論，鍾嶸顯然屬於「《詩》、《騷》之體」這一傳統的承傳者，他因此而必然對「清虛在俗」基礎上「彌善恬淡之詞」的「玄言詩」表示不滿。此乃批評立場和批評標準不同所致，本是情理之中的事。問題在於，人們自此便始終站在這樣一個立場上說話，這就值得反省了。而恰恰是在立場這個問題上，劉勰由於兼宗儒、佛而又頗認可於玄學，所以

能夠在新老兩種傳統間取兼綜折中的態度，從而對鍾嶸所不滿的「淡乎寡味」之作表示某種意義上的肯定。

只要新建一種寫心明理的哲理性詩學立場和批評標準，對當時「玄言」詩的看法就會大不相同。劉勰稱：「簡文勃興，淵乎清峻，微言精理，函滿玄席，淡思濃采，時灑文囿。」（《文心雕龍》〈時序〉）這分明是對理論性言語發揮的肯定。「淡思濃采」，也就是以「才藻」之美盡「精理」之妙，「清談」者如此，論著者如此，詩歌者亦如此。實際上，僅僅從鍾嶸「理過其辭，淡乎寡味」的評語中就可以體會出，若「理」與「辭」相稱相當，豈不是有味有趣了？而我們在分析「清談」風貌的過程中，也已經一而再、再而三地引述和論證過，「名理」與「才藻」的並列和交織，其實已經在培養著「玄言」文學的風氣和人才，一個「玄言」詩文的高潮的到來，早已是情理之中事了。當然，這是一種很特殊的文學，「名理」與「才藻」的互動，必然導致「玄勝」式的「才藻」語言，非適宜於抒情和敘事的語言，甚至是反形象性的語言。在這方面，早有學者指出：

　　名理奇藻，即色游玄，構成了東晉詩人特殊的審美趣味，但它與一般的詩歌藝術的差異是比較大的。它純粹追求虛靈之美，在理與物之間，取消了情，取消了現實生活的種種關係，也在一定程度上偏離了詩歌藝術原則。[11]

我覺得這位學者的話語是很講分寸的，既然有「一般的詩歌藝術」，就相應有特殊的詩歌藝術，「居然玄勝」（明，劉應登《世說新語》

11　錢志熙：《魏晉詩歌藝術原論》，北京大學出版社1993年版，第385頁。

序目）的特殊語言，作為其時其人之「清談」生活的語言和藝術創作的語言，自應在中國的文學史和文化史上留下必要的印記。其實，唐人在這方面確實有他相容並包的胸懷，相傳為王昌齡所作的《詩格》，在講到「詩有三境」時，曾清清楚楚地説：

> 一曰物境。欲為山水詩，則張泉石雲峰之境，極麗絕秀者，神之于心，處身於境，視境於心，瑩然掌中，然後用思，了然境象，故得形似。
> 二曰情境。娛樂愁怨，皆張於意而處於身，然後馳思，深得其情。
> 三曰意境。亦張之於意而思之於心，則得其真矣。

只要不是成心曲解，王昌齡「物境」、「情境」、「意境」的三分法，恰恰是對唐前詩歌史真實的客觀反映：「物境」系「山水詩」，這一點是已經指明了的；而「情境」自然就是抒情詩，這也是無可非議的；只有「意境」，人們的闡釋過於《六經》注我」化了。其實，王昌齡講得非常清楚，「意境」創作的內容及過程，始終不曾離開主觀精神世界，「張之於意而思之於心」，基本與「緣情體物」的宗旨無關，它不是專門指唐前魏晉以來所流行過的「玄言」哲理詩又是指什麼呢？而王昌齡的論說恰恰給了我們一個啟示，根據中國自己的文學史真實和文化史真實，根據中國自己的詩學和美學思想理念，其實應該給歷史上的「玄言」文學一個合理的「説法」，就像已經給了當時的「清談」風習一個「説法」一樣。

這個「説法」應是：如同鍾嶸評許詢而曰「彌善恬淡之詞」，亦如同劉勰評簡文帝而曰「淡思濃采」，儘管在「才藻」上或有恬淡與濃郁之別，亦如「清談」本身分簡約與繁複兩派，但其所表現的思想意識

和精神追求卻是統一的，那就是對恬淡清虛之精神境界的企希。既然如此，那麼，在理想化的層次上，至少「淡思濃采」這樣的矛盾組合就是不合理的了。這裏面一個深層次的問題是，必須把純粹理性思辨與流行「清談」興趣嚴格區分開來。準確地講，那些被表現於辭賦詩章的「玄勝」主題，最多也只能是「興趣」化了的理性課題。換言之，「玄言詩」實際上是抒寫玄遠情趣的作品，或者，也只能就是帶有情趣化色彩的理性思考的反映。正因為如此，不是「理過其辭」也不是「理不勝辭」，而是「理辭相洽」才是這種詩歌的完滿境界。若用後來宋代詩學思考中的話語來講，就是必須追求「理趣」。當時「玄言詩」的終於衰落，也許正是因為無法克服「理過其辭」的困難，以實現「理」與「趣」的交融。這種交融，說到底，就是需要將外在於人們情感生活的抽象理念內化為切身感悟的生動內容，從而才有可能在文學與藝術的創作中賦予抽象理念以具有情緒感染力或形象吸引力的生動形式。當然，必須說明，這絕不意味著改變「玄言」文學的性質，絕不意味著讓「意境」轉化為「情境」或「物境」。「乃得其真」的「意境」仍然是獨立於「物」、「情」兩境之外的獨特一類，這裏所論證的一切，無非是關注於怎樣使哲理性的言語獲得相通於一般文學藝術作品的審美功能而已。

然而，上面這種在理論表述上並不十分困難的「理」與「趣」的交融，一旦與具體的藝術生活實踐結合起來，就顯得非常艱難了。這是因為，理性思辨與感性想像，畢竟是兩種截然不同的思維方式，儘管科學家也需要靈感和想像，就像藝術家也需要理性和邏輯，但嚴格說來，這最終還是兩種不同的靈感和邏輯。唯其如此，曾經風行一時的「玄言」文學，終於以尋找新的寄託而自我結束，而中國古典詩歌史上也未曾形成真正獨立自足的哲理詩傳統。與此相關，「淡思濃采」

的詩文創作，當它沿著以「才藻」表述「淡思」之理念的方向發展時，路就越走越窄。儘管在當時熱衷「清談」者的心目中，這樣的作品可謂「妙絕時人」，但隨著社會風氣的轉變，事過境遷，「妙絕時人」者就變為「淡乎寡味」了。如果不是這樣，「淡思」由「清談」的哲理話題轉化為生活情趣和藝術心理，轉化為思維方法和審美眼光，那情形就兩樣了。

關鍵自然在於轉化的動力來自何方，而答案是，這動力就在「清談」與玄學本身。

記載「清談」風流的《世說新語》一書，透露了這方面的消息。劉應登《〈世說新語〉序目》云：

> 蓋于時諸公，專以一言半句為終身之目，未若後來之人，勉焉下筆，始定名價。臨川善敘，更自高簡有法。

前節我們對「清談」具體形勢的分析已然說明，當時之論辯，動輒數百言，甚至有上萬言者，可見，這所謂「高簡有法」乃至於「專以一言半句為終身之目」者，只是「清談」繁、簡兩派中簡約一派的追求。劉義慶本南朝劉宋王朝時人，《南史》〈宋宗室及諸王傳〉稱其「性簡素，寡嗜欲，愛好文義」，出於性情，其所編之書也將以簡約為尚。不過，我們更需要從「清談」和「玄言詩」內部來尋找原因。「清談」簡約派的典型人物樂廣，就已經在嘗試著話語轉化的方式，而「清談」本身又固有非盡學術的性情自適特色，如據《世說新語》〈文學〉篇，王衍就曾說山濤「不讀《老》、《莊》，時聞其詠，往往與其旨合」。可見「清談」之「玄言」與玄學畢竟是兩碼事，名士「清談」之際，多有借玄談抒發性情的現象，而這種每每借「清談」或「玄言」詩文

以自抒發的主體性情，無疑正是「虛勝」、「玄遠」之「淡思」——恬淡蕭散的情趣意志。實際上，正是此恬淡蕭散之趣，乃是玄學思辨、清談風流與玄言文學的聚焦點。《世說新語》〈言語〉云：

> 劉尹云：「清風朗月，輒思玄度。」

又云：

> 王司州至吳興印渚中看，歎曰：「非唯使人情開滌，亦覺日月清朗。」

又云：

> 司馬太傅齋中夜坐，於時天月明淨，都無纖翳，太傅歎以為佳。謝景重在坐，答曰：「意謂乃不如微雲點綴。」謝曰：「卿居心不淨，乃複強欲滓穢太清邪！」

許詢是當時著名的玄言詩人，值清風朗月之際而念及斯人，就說明玄言詩人也是感奮於清風朗月的，而不管是「清風朗月」還是「日月清朗」，或者是「天月明淨」，又無不是「居心清靜」的自然表徵。不僅如此，當時名士之讀書思辨，往往也是追求「會心」有得。如：

> 劉尹與桓宣武共聽講《禮記》，桓云：「時有入心處，便覺咫尺玄門。」劉曰：「此未關至極，自是金華殿之語。」（《世說新語》〈言語〉）

　　《禮記》非三玄之學，其會心處仍覺「咫尺玄門」，可見他們是習慣於以「玄勝」之心去聽講讀書的。而正是這一「玄勝」之心，又使他們敏感於自然清明景致。如：

　　簡文入華林園，顧謂左右曰：「會心處不必在遠，翳然林水，便自有濠濮間想也，覺鳥獸禽魚自來親人。」（《世說新語》〈言語〉）

　　正是簡文此人，曾稱頌許詢玄言詩「妙絕時人」，這於是就把有關的印象串聯為一個清晰的認識：由於「清談」本身就含有性情自適的性質，而在「玄勝」其心的情理契合基礎上，哲理與情趣的結合形態只能是恬淡蕭散之趣；如此情趣，當然只能投合於簡約言語，甚至於追求「一言半句」以盡發妙機的特殊效果；同理，如此情趣，又是在老莊思想為主流的文化環境之中，於是又會欣賞並尋求與自然清明景致的融洽一氣了。

　　有了以上的討論，「淡思」之「淡」，作為一個綜合了玄學、「清談」與「玄言」文學等多維意義空間的範疇，其意蘊就不那麼簡單了。具體說來，首先需要明確區分基於兩種不同文學文化傳統的「淡」的概念，即區分劉勰從玄、佛文化境域出發所道之「淡」，與鍾嶸從《詩》、《騷》「緣情體物」宗旨出發所道之「淡」，前者以「淡」為理想態，後者則以此為缺欠狀。其次，所謂理想態的「淡」，包括性情自適之居心清靜，它更多契合於老子的清虛無為、抱玄守一，而與外向縱恣式、任誕性的「逍遙」有異；它更多契合於「高簡有法」的「玄言」與「清談」風格，而與才藻奇瑰、動輒數百千言的風格不同；它更多契合於與自然清明景致相會心的人生情趣，而與放蕩情慾、追求奢靡的風流相異趣。在那樣一種文化境域中生長出來的「淡思」，實質上是可以用

「玄淡」這樣的概念來置換的。

不言而喻，「淡思」如此，自然意味著對「清談」及「玄言」中的才藻之美的揚棄。之所以會有這種揚棄，當然與晉世人物對「清省」風格的講求有關。在文學文章方面，陸雲對「清省」的提倡，我們已有過討論。其實，當時正值蓬勃發展期的佛、道兩教——尤其是道教，也正好在從事著被稱之為「清整」的活動。[12]這裏的「清整」，未見得就是「清理」與「整合」之義[13]，而是同時有著與所謂「清省」相通的「清約」之義。比如葛洪《抱朴子》〈內篇〉有云：

> 又諸妖道百餘種，皆煞生血食，獨有李家道無為為小差。然雖不屠宰，每供福食，無有限劑，市買所具，務于豐泰，精鮮之物，不得不買，或數十人廚，費亦多矣，複未純為清省也，亦皆宜在禁絕之列。

儘管道教的這種自我約束意識出於其自身生存的需求，是在參照儒家倫理與佛家戒律的基礎上所作出的理性化的努力，是一種宗教本身的發展狀況。但是，它畢竟是在那個時代進行「清整」，並且無獨有偶地提到「清省」這個概念，於是，就不能排除其作為時代思潮之具體體現的性質。這絕不是完全從推論出發所得出的結論，正是這位道教發展過程中的關鍵人物葛洪，其在《抱朴子》〈疾謬〉篇中寫道：

> 或褻衣以接人，或裸袒而箕踞。朋友之集，類味之游，莫切切進德，闇闇修業，功過弼違，講道精義。其相見也，不復敘離闊，問安

---

12 參看葛兆光《中國思想史》第一卷第四編第二節的內容，復旦大學出版社1998年版。

13 參看葛兆光：《中國思想史》第一卷，復旦大學出版社1998年版，第469頁。

否。賓則入門而呼奴，主則望客而喚狗。其或不爾，不成親至，而棄
之不與為黨。及好會，則狐蹲牛飲，爭食競割。掣拔淼折，無複廉
恥。以同此者為泰，以不爾者為劣。終日無及義之言，徹夜無箴規之
益。

　　彼此比較一下，此所謂名士之為，豈不與妖道行跡相仿佛！於是
我們認定，隨著魏晉名士任誕風習的變本加厲，反省的思想意識遂日
益強烈，而隨著反省思想的深入人心，那充滿外向活力和動感的任誕
風流，便呈現收斂趨勢，而整個士人的精神面貌因此就會沉靜下來。
當士人們在精神沉靜中體會「玄勝」義理時，自然要傾心於「玄淡」
式的思想風格和藝術風格了。

　　有鑒於上述事實，在有關概念的整合問題上，我們有理由以「清
省」為仲介而合「清談」與「淡思」為「清淡」一語。回到本節開始
所引述劉勰《文心雕龍》〈時序〉的敘述，那貫穿其間的「清淡」意脈，
因此就顯得意味深長了。

第三節　「澄懷味象」：以形寫形，以色貌色
──「玄勝」情懷與詩情畫意的審美自覺

《世說新語》〈言語〉云：

　　桓征西治江陵城甚麗，會賓僚出江津望之，云：「若能目此城者，
有賞。」顧長康時為客在坐，目曰：「遙望層城，丹樓如霞。」桓即賞
以二婢。

又云：

> 顧長康從會稽還，人問山川之美，顧云：「千岩競秀，萬壑爭流，草木蒙籠其上，若雲興霞蔚。」

可見得顧愷之是一位善於描繪山川之美的人物。所謂「目」，作為當時的流行語言，本是題品之意，以此為線索，我們就知道，對山水風景美的愛好，本是由人物題品轉移過去的。這一認識還有一個更直接的根據，即顧愷之原來是當時著名的人物肖像畫家。而這樣一來，人物題品──人物肖像──山水題品──山水寫照，就是一個非常自然的演化過程了。

說到山水詩和山水畫，謝靈運與宗炳是必須要關注的。特別是宗炳在《畫山水序》中所提出的「澄懷味象」一說，直接與「清」「淡」美論的系統相關，是我們尤其要給予重視的。

但是，在具體接觸宗炳之前，先須接觸顧愷之，因為若不真正理解顧愷之的「傳神寫照」論，是很難準確把握宗炳的「澄懷味象」的。《世說新語》〈巧藝〉云：

> 顧長康畫人，或數年不點目睛。人問其故，顧曰：「四體妍蚩，本無關妙處，傳神寫照，正在阿堵中。」

與此相關，張彥遠《歷代名畫記》卷七云：

> 張僧……又金陵安樂寺四白龍不點眼睛，每云「點睛即飛去」，人以為妄誕，固請點之，須臾雷電破壁，兩龍乘雲騰去上天，二龍未點

睛者見在。

　　顯然，古人有一種對「點睛」之筆的神化心態。當我們面對古人的相關理論和作品時，切不可因循其自我神化的心態。倒是湯用彤説得好：

　　數年不點目睛，具見傳神之難也。[14]

　　認識到「點睛」之重要而不肯輕易下筆，這正是一種認真的態度。同時，也正是出於認真，才去探尋傳神寫照的各種可能。顧愷之有《魏晉勝流畫贊》道：

　　凡生人無有手揖眼視，而前無所對者。以形寫神而空其實對，荃生之用乖，傳神之趣失矣。空其實對則大失，對而不正則小失，不可不察也。一象之明昧，不若悟對之通神也。

　　大量有關此文的分析，基本上都沿著重目睛而輕四體——重神情而略形體的思路相闡發，雖也大體不離本旨，但於顧愷之的真正用心畢竟有些錯位。其實，問題本來並不複雜，就因為人們相沿而具「點睛」之神化心態，所以自我遮蔽如此。所謂「無有手揖眼視，而前無所對者」，説透了，就是人的神情無不是對外界客觀存在的反映，這裏所凸顯的理論觀念，最終是對人與環境的關係的強調。既然如此，所謂「以形寫神」的「形」，就不一定是人物自己的形體，它完全可以是

14　《湯用彤學術論文集》，中華書局1983年版，第226頁。

人物所處環境中的某一形體。《世說新語》〈巧藝〉云：

> 顧長康畫謝幼輿岩石裏。人問其所以。顧曰：「謝云：『一丘一壑，
> 自謂過之。』此子宜置丘壑中。」

此丘壑之形，就正是傳謝幼輿之神的「荃生之用」。連繫顧愷之對山水風景的好賞心理，他的這種傳神理論就格外具有價值，因為它實際上已經明確地透露了人物畫向山水畫過渡的思想痕跡。也正因為「心游太玄」的名士們每有「一丘一壑，自謂過之」的自覺，所以，貴在傳其神情的繪畫藝術，便「宜置丘壑中」而關注於山水畫了。

顧愷之自己就有著強烈的山水畫創作欲望，這可以從其《畫雲臺山記》中體會出來。其記曰：

> 山有面，則背向有影。可令慶雲西而吐於東方清天中。凡天及水色，盡用空青。竟素上下以映日。西去山，別詳其遠近：發跡東基，轉上未半，作紫石如堅雲者五六枚，夾岡乘其間而上，使勢蜿蜒如龍，因抱峰直頓而上；下作積岡，使望之蓬蓬然凝而上。次複一峰，是石，東鄰向之峙嶠峰，西連西向之丹崖。下據絕澗，畫丹崖臨澗上，當使赫巘隆崇，畫險絕之勢。天師坐其上，合所坐石及蔭。宜澗中桃，傍生石間；畫天師瘦形而神氣遠，據澗指桃，回面謂弟子；弟子中有二人臨下，倒身，大怖，流汗失色。作王良，穆然坐，答問，而趙升神爽精詣，俯眄桃樹。于別作王、趙趨；一人隱西壁傾岩，餘見衣裾；一人全見室中，使輕妙泠然。凡畫人，坐時可七分，衣服彩色殊鮮，微此不正，蓋山高而人遠耳。……下為澗，物景皆倒作。……

　　從如此詳盡以至於有點繁雜的文字設計中，我們似乎可以推斷，人物山水畫的興盛，是由同類題材的文學創作推延過去的，否則，畫家不可能在作畫之前寫下如此詳盡的文字創意。而就內容來看，分明是道教題材。再就繪畫藝術的風格特徵來看，從景物到人物，都講求色彩鮮豔。儘管我們沒有全面而具體地分析這一篇畫記[15]，但已經可以感受到，當時畫家對那構想中的人物及其環境是充滿著浪漫激情的。也許，人們會說，如顧愷之之構想雲臺山者，乃出於道教信仰的迷狂，其他人就未必如此了。那麼，請看《歷代名畫記》的記載：

　　顧駿之，常結構高樓，以為畫所，每登樓去梯，家人罕見。若時景融朗，然後含毫，天地陰慘，則不操筆。

　　不知此顧駿之是否就是顧愷之，即便不是，作為同時代人，其只取「時景融朗」的藝術興趣，顯然是與顧愷之相共的。而與畫家欣賞「時景融朗」相同構的，則是彼時人物品題時所用的「一派光亮意象」。[16]這樣，綜合言之，由人物品題到人物肖像，從傳達人物精神到置之丘壑之中，包括言語藝術和具象藝術，都在追求「融朗」和「光亮」！

　　必須指出，這種「融朗」和「光亮」之美，實則又是與精神世界的清明澄淨相一致的。在《世說新語》中多有這方面的例證，我們且

15　具體的分析可以參看伍蠡甫《中國畫論研究·讀顧愷之〈畫雲臺山記〉》，北京大學出版社1983年版。

16　參看宗白華：《美學與意境》，人民出版社1987年版，第187頁。魏晉人物品題所用詩意化的話語，確係清麗鮮明的意象世界，宗先生所引俱在，相關論著亦多所徵引，故此處從略。

只就〈賞譽〉所言者例舉如下：

公孫度目邴原：「所謂雲中白鶴，非燕雀之網所能羅也。」

裴令公目夏侯太初：「肅肅如入廊廟中，不修敬而人自敬。」一曰：「如入宗廟，琅琅但見禮樂器。見鐘士季，如觀武庫，但睹矛戟。見傅蘭碩，汪人廧靡所不有。見山巨源，如登山臨下，幽然深遠。」

王戎目山巨源：「如璞玉渾金，人皆欽其寶，莫知名其器。」

山公舉阮成為吏部郎，目曰：「清真寡欲，萬物不能移也。」

庾子嵩目和嶠：「森森如千丈松，雖磊砢有節目，施之大廈，有棟樑之用。」

王戎云：「太尉神姿高徹，如瑤林瓊樹，自然是風塵外物。」

林下諸賢，各有俊才子：籍子渾，器量弘曠；康子紹，清遠雅正；濤子簡，疏通高素；戎子瞻，虛夷有遠志；瞻弟孚，爽朗多所遺；秀子純、悌，並令淑有清流；戎子萬子，有大成之風，苗而不秀；唯伶子無聞。

王公目太尉：「岩岩清峙，壁立千仞。」

庾公目中郎：「神氣融散，差如得上。」

時人欲題目高坐而未能，桓廷尉以問周侯，周侯曰：「可謂卓朗。」桓公曰：「精神淵著。」

卞令目叔向：「朗朗如百間屋。」

世目周侯「嶷如斷山」。

劉萬安，即道真從子，庾公所謂「灼然玉舉」。

有人目杜弘志標鮮清令，盛德之風，可樂詠也。

劉尹每稱王長史云：「性至通而自然有節。」

殷中軍道右軍「清鑒貴要」。

簡文目敬豫為「朗豫」。

孫興公為庾公參軍，共游白石山，衛君長在坐。孫曰：「此子神情都不關山水，而能作文。」庾公曰：「衛風韻雖不及卿諸人，傾倒處亦不近。」孫遂沐浴此言。

王右軍道東陽：「我家阿林，章清太出。」

謝太傅稱王修齡曰：「司州可與林澤遊。」

王子猷說：「世目士少為朗，我家亦以為徹朗。」

許掾嘗詣簡文，爾夜風恬月朗，乃共作曲室中語。襟情之詠，偏是許之所長，辭寄清婉，有逾平日。簡文雖契素，此遇尤相咨嗟，不覺造膝，共叉手語，達於將旦。既而曰：「玄度才情，故未易多有許。」

司馬太傅為二王目曰：「孝伯亭亭直上，阿大羅羅清疏。」

引述已經過多，但這只不過是《世說新語》〈賞譽〉中的例證而已。細心分辨此間所有的例子，我們必將發現，彼時人物間的賞譽辭彙，確實喜歡用「清」、「朗」一類的字眼。不僅如此，這類字眼同時又每每物化為客觀的器物或自然景致，於是，或者多用金、玉、瓊、瑤之象，或者系於清風朗月、雲霓朝霞之景，這也就是所謂「一派光亮意象」。再者，如上引「朗朗如百間屋」，乃是廣廈開闊、悠然深遠的境界，它顯然意味著精神世界的虛空而清明。那種種「光亮意象」，其實都具有「風塵外物」的高潔感，如雲中白鶴之與瑤林瓊樹，在精神內涵上分明與「朗朗如百間屋」者相融通。也正是因為如此，那種種外在的華美物像，並不與內在的清虛恬淡相矛盾。最後，人們定然已經注意到，一個人之所以被欣賞，性好山水，是不可忽略的一個因素。

要之，在這樣一個格外看重言語才藻，而其品藻又如此充滿形象感的時代，所有的理論思考也都會帶上鮮明的直覺色彩。我們與其費力地去尋找對「清」、「淡」一系範疇的理論詮釋，不如徜徉於那形象話語的世界裏而體驗感受，最終會有收穫的。比如，「雲中白鶴」的意

象，「恬風朗月」的意象，「森森如千丈松」的意象，「岩岩清峙，壁立千仞」的意象，一旦與「清鑒」、「清疏」、「清令」、「卓朗」、「徹朗」、「虛夷」、「疏通」一類概念彼此發明，從中自然可以生發出十分豐富的意蘊。若想以簡馭繁地加以提煉，那將就是宗炳所説的「澄懷味象」。

宗炳《畫山水序》云：

> 聖人含道應物，賢者澄懷味象。至於山水，質有而趣靈。……夫聖人以神法道而賢者通，山水以形媚道而仁者樂，不亦幾乎？……
>
> 夫理絕於中古之上者，可意求於千載之下；旨微於言象之外者，可以取於書策之內。況乎身所盤桓，目所綢繆，以形寫形，以色貌色也。……於是閒居理氣，拂觴鳴琴，披圖幽對，坐究四荒。不違天勵之叢，獨應無人之野。峰岫嶤嶷，雲林森眇。聖賢映于絕代，萬趣融其神思。余複何為哉？暢神而已。神之所暢，孰有先焉！

以「澄懷味象」為核心命題，宗炳在這裏整合了魏晉以來諸多課題的思辨心得。對此，我們需要分別給予分析。

「聖人含道應物」，在理論上，這是下一句「賢者澄懷味象」的義理規定，下一句是從這上一句推導出來的。而所謂「聖人含道應物」，明眼人一看便知，這是從王弼的「聖人有情」論而來。何劭《王弼傳》云：

> 何晏以為聖人無喜怒哀樂，其論甚精，鐘會等述之，弼與不同，以為：「聖人茂于人者神明也，同於人者五情也。神明茂，故能體沖和以通無；五情同，故不能無哀樂以應物。然則聖人之情，應物而無累於物者也。今以其無累，便謂不復應物，失之多矣。」

湯用彤《王弼聖人有情義釋》道：

按諸此文，當時論者，顯分二派，二方均言聖人無累于物，但何、鐘等以為聖人無情，王弼以為聖人有情，並謂有情與無情之別則在應物與不應物。[17]

湯氏所論十分地道，當時之論，不管為哪一方，其實都具有潛在的「神人合一」論與「感物生情」論的思想底色。其神人合一的契機自然就是有情無累，而有情無累的契機則又是應物傳真。深入分析這種思想觀念，實際上體現了當時試圖打通人神、打通心物的思維意向。打通，是非常必要的，否則，聖人與常人既相隔絕，則常人就沒有了修性成聖的可能，心神既與外物相隔絕，則「心齋」之機亦將無法與天地萬物為一，從而勢必陷入理論思維上的泥沼而寸步難行。而一旦打通，主觀精神的修養和信仰活動，就同時意味著對客觀世界的感受和認識，主體向理想人格的攀緣，就同時意味著對客觀真實的把握，抒寫主觀世界的文學藝術作品，同時也就意味著對客觀事物的文學表現和藝術描繪。

由「聖人含道應物」，進而推導出「賢者澄懷味象」，也就進而把與道為一的聖人境界具體化為主觀世界與客觀世界的特定形態，並使其彼此化合為一的過程也具體化為感知的活動。「含道」者必然「澄懷」，「澄懷」者方能「含道」，這中間的因果互倚，已然體現了道家與佛家同歸清靜虛無之旨的文化精神。而尤其關鍵的是，「澄」作為對清澈透明境界的概括，分明就是對先民「水鏡」識鑒意識和老子「滌除

17　《湯用彤學術論文集》，中華書局1983年版，第254頁。

玄鑒」觀念的理論承傳，於是，「澄懷」之心境，便如清澈之水鏡，其映照萬物，逼真生動，正所謂「空故納萬境，靜故了群動」（蘇軾《送參寥師》）。而在這個意義上，「澄懷味象」的「味」，就絕非只守澄淡一味的「味」了。

「山水以形媚道而仁者樂」，一個「媚」字，道盡山水無數美韻，「味象」的「象」，自然就是此「以形媚道」的「形」，此「形」既有「媚道」之妙，則品味之際，又豈能不透出與「媚」相契合的豐富意態？在中國傳統的美學理論話語中，「味」——「滋味」之道，除了旨在「和而不同」與「淡然無極」這儒、道分異的文化選擇外，其在詩學認定「五言居文辭之要，是眾作之有滋味者也」的時代，必然含有與詩學相通的理論內容。既然如此，則鍾嶸的「指事造形，窮情寫物」（《詩品序》），劉勰的「窺情風景之上，鑽貌草木之中」（《文心雕龍》〈物色〉），當是宗炳「澄懷味象」之「味」的生動注腳。「味象」，即「窺情風景之上」，在山水風景的展開中抒寫主體的情感，情本關於山水，故風景也就最關心靈。

不僅如此，「澄懷味象」，還涉及「言意之辯」問題。「理絕於中古之上者，可意求於千載之下；旨微於言象之表者，可以取於書策之內。」如同一篇《畫山水序》早於西方人很多而提出了明確的空間透視原理一樣，儘管宗炳是位佛徒，卻並不因此就排斥科學理性，而與他對空間透視原理的體認相關聯，在「言意之辯」問題上，他實際上是傾向於「言盡意」論的。尤其是「旨微於言象之表者，可以取於書策之內」一句，具有鮮明的「言盡意」論色彩，何況，《畫山水序》又曰：

神本亡端，棲形感類，理入影跡，誠能妙寫，亦誠盡矣。

在宗炳這裏，神理是投射於形影的，他們以類相感，可以通過描繪現實形跡來把握神秘的神理。有鑒於此，「味」，就必然是一種兼有感性與理性的複合過程，是一種將神秘的精神體驗與微妙的藝術創作溝通起來的特殊活動。

是以，宗炳「澄懷味象」所涉及的理論問題，直接或間接地與劉勰《文心雕龍》中的〈神思〉〈物色〉諸篇的內容有關。如〈神思〉篇有云：

> 文之思也，其神遠矣。故寂然凝慮，思接千載，悄焉動容，視通萬里；……故思理為妙，神與物游，神居胸臆，而志氣統其關鍵；物沿耳目，而辭令管其樞機。

前半所言，分明與「理絕於中古之上者，可意接於千載之下」相近，後半所言，也顯然與「神本亡端，棲形感類，理入影跡，誠能妙寫」相類。至於〈物色〉篇則有云：

> 是以四序紛回，而入興貴閑；物色雖繁，而析辭尚簡；使味飄飄而輕舉，情曄曄而更新。

所謂「情往似贈，興來如答」，贈答之際，以閑淡為貴，這不正就是「澄懷」之謂嗎？感興貴閑，描寫尚簡，閑淡簡約，便是其滋味之特點。只不過，雖然簡約，卻必須「以形寫形，以色貌色」，就如同鍾嶸之評謝靈運「內無乏思，外無遺物，其繁富，宜哉」。不僅如此，「味飄飄而輕舉，情曄曄而更新」，無非就是情味鮮美而清揚的意思，而這不正是彼時賞譽之所推重者嗎？總之，宗炳與劉勰，都是承續玄學傳

統而又信奉佛教之人，同時也都是精通藝術之人，他們不謀而合於「澄懷味象」而神與物游，充分證明這恰是時代精神之所在。

「神與物遊」是一種雙向的追求，一方面可有「暢神」之好，另一方面則可「以形寫形，以色貌色」而得「巧構形似」之妙。「暢神」之際，恰如宗炳所言：「閒居理氣，拂觴鳴琴，披圖幽對，坐究四荒。不違天勵之叢，獨應無人之野。峰岫嶢嶷，雲林森眇。聖賢映於絕代，萬趣融其神思。」（《畫山水序》）也即是其所謂「嵩、華之秀，玄牝之靈，皆可得之於一圖」，在心靈與風物的交融中，隨著對現實自然的擁抱，也就擁抱了意念中的彼岸的自然，隨著主體融入空間的自然，心靈也便超越時間而與永恆的真如同在。所謂「玄牝」，乃天地萬物之本根，亦既生命、生活之終極追求，而這種終極追求恰恰又回歸到了「澄懷味象」的出發點上，「閒居理氣，拂觴鳴琴」，不就是「目送歸鴻，手揮五弦」嗎？所以，「暢神」也，「澄懷」也，即「心游太玄」也，一切的一切都還在精神「玄勝」境界。但是，「暢神」，也就是養生，宗炳《畫山水序》曰：

> 餘眷戀廬、衡，契闊荊、巫，不知老之將至。愧不能凝氣怡身，傷踮石門之流。於是畫家布色，構茲雲嶺。

其中的「凝氣怡身」，與另一處的「閒居理氣」，都是關乎養生的理念，看來，那終極性的思考，正是通過自我養生這現實的課題而化為感性內容，這就正如同把山水自然看作是「質有而趣靈」一樣，暢神與養生，對應於表靈與寫形，於是，當時王微《敘畫》就說：「本乎形者融靈。」謝靈運詩亦曰：「表靈物莫賞，蘊真誰為傳。」（謝靈運《登江中孤嶼》）最終有了對詩、畫藝術之形似美的價值肯定。

　　山水詩與山水畫的美學自覺，是六朝美學思想中的關鍵性內容。但是，由於長期以來人們總是以為「神似」高於「形似」，所以，也就不可能理直氣壯地闡明六朝「形似」美學的歷史價值。其實，宗炳「質有而趣靈」的「質有」，王微「本乎形者融靈」的「本乎形」，已經再清楚不過地表明瞭山水自然以形態質感為本的大前提。同時，宗炳的「以形寫形，以色貌色」，劉勰的《文心雕龍》〈物色〉篇專論，又在強化著這種形態質感的光色特徵。顧駿之所以「天色融朗，便工操筆」，恰恰是出於對光色鮮豔之美的欣賞，就像法國的印象派畫那樣。[18]中國古代的山水畫，真正的繁榮得到宋代，六朝只是理論思想的自覺，而山水詩，則已經有了謝靈運這樣的大師，如果我們肯用心去考察，那就會發現，謝靈運詩文對自然風景的描寫，是非常注意於光色印象的。其有《佛影銘》云：

　　因聲成韻，即色開顏。望影知易，尋響非難。形聲之外，複有可觀。觀遠表相，就近暖景，匪質匪空，莫測莫領。倚岩輝林，傍潭鑒井，借空傳翠，鐳射發炯。……敬圖遺蹤，疏鑿峻峰；周流步欄，窈窕房櫳。激波映墀，引月入窗；雲往拂山，風來過松。地勢既美，像形亦篤。

　　不難發現，佛像與其周圍的自然環境已然化為一體，特別是像「因聲成韻，即色開顏」、「借空傳翠，鐳射發炯」、「雲往拂山，風來過松」這樣的語言，真正是「氣韻生動」之作，盡傳出自然界聲、光、形、影間的微妙關係，把若有性靈的消息與一心向佛的意志融洽為一，應

18　參看韓經太：《唐人山水詩美的演生嬗變》，《文學遺產》1998年第4期。

該説，這是具體而微的「澄懷味象」了。而這也就是説，中國古典主
義的詩情畫意，並不是從唐代的王維那裏才開始的，如果説人們早已
習慣了用「澄淡精緻」[19]來概括這種詩情畫意的美，那麼，當現在我們
認識到，實際上從六朝謝靈運開始就有了詩情畫意之講求時，由於謝
靈運山水詩的風格是迥異於王維的，所以，真正開風氣之先的山水詩
情畫意，乃是「淡思濃采」——澄淡融朗的美。謝朓詩句曰：「餘霞散
成綺，澄江靜如練。」將澄淡之心與綺麗之象結合起來，這恰恰是六朝
美學之精微所在。

　　然而，澄淡與綺麗的辯證統一，無論如何都是有條件的，那就是
對世俗情欲的超越。就六朝文學而言，綺麗之極端自當是「宮體」詩，
但「宮體」對女性的描寫，與前此曹植的《洛神賦》、阮籍的《清思
賦》、陶淵明的《閒情賦》真是不可同日而語，究其實質，有如《文心
雕龍》〈神思〉所謂「疏瀹五藏，澡雪精神」，精神的淨化，乃是問題
之樞機。阮籍《清思賦》曰：

　　夫清虛寥廓，則神物來集；飄搖恍惚，則洞幽貫冥；冰心玉質，
則皎潔思存；恬淡無欲，則泰志適情。

　　於是，又如謝靈運《山居賦》自注所云：

　　聚落是墟邑，謂歌哭爭訟，有諸喧嘩，不及山野為僧居止也。經

19　見司空圖《與李生論詩書》，《司空表聖文集》卷二。儘管近年有對《二十四詩品》
　　之作者的辨證，但筆者個人認為，即使《二十四詩品》非司空圖所著，其詩學思想依
　　然值得注意，特別是他對戴叔倫「詩家之景」理論的傳釋，以及因此而就詩、畫美境
　　所作的辨析，都是極具理論意義的。

教欲令在山中，皆有成文。

　　山色綺麗，水光瀲灩，卻是一片自然，自能使人心靈淨化、精神超然。也正是因為這個緣故，同樣都是以鮮豔的才藻去形容刻畫，山水詩體現著「澄懷味象」的美學精神，「宮體詩」就另是一種樣子了。

第四章

宋人「平淡」美論

　　「平淡」這一概念進入美學思想的主流，從而被確認為理想境界，應該說，是在宋代。宋人的「平淡」美觀念，具有整合歷史而又開拓未來的能動機制，具有使性情修養與藝術創作合二而一的思維張力，具有含納唐格宋調的相容性格。從宋初梅堯臣提出「作詩無古今，唯造平淡難」，到蘇軾闡說「漸老漸熟，乃造平淡」之理，從江西詩派以杜甫入夔之作為「平淡而山高水深」境界，到白石詞風以「清空」格調而契合於江湖詩人的文化心理，從理學先輩多「雅意林壑」到朱熹之論「蕭散」情懷與「真淡」境界，……「平淡」二字，賴宋人之研討而更富美學價值，在某種意義上，「平淡」是被宋人推到美學與文化思潮的中心地帶的。當然，這正好也就說明，有關宋人「平淡」美論的話題，是一個包孕非常豐富的話題，我們必須從歷史與思想相交織的角度逐步展開論述。

第一節　平淡：詩學語言學課題與晚唐格調
──梅堯臣「作詩無古今，唯造平淡難」新釋

　　無論我們把「平淡」看作是中國古典美學概念還是美學範疇，[1]有一點是不可忽略的：必須到具體的「語境」中去把握它的意義。「語境」往往是多層面的，從一篇具體的作品，到與此相關的大背景，需要考察的東西實在是太多了。

　　「作詩無古今，唯造平淡難。」這兩句詩出自《讀邵不疑學士詩卷杜挺之忽來因出示之且伏高致輒書一時之語以奉呈》，讓我們較為全面地領略一下此詩之意蘊：

> 作詩無古今，唯造平淡難。
> 譬身有兩目，了然瞻視端。
> 邵南有遺風，源流應未殫。
> 所得六十章，小大珠落盤。
> 光彩若明月，射我枕席寒。
> 含香視草郎，下馬一借觀。
> 既觀坐長歎，複想李杜韓。
> 願執戈與戟，生死事將壇。

　　此詩是作者晚年之作，雖是評說他人，卻是借題發揮，分明表現了他自己的詩學理想。從整個詩意構成中可以發現，那被確認為足可涵蓋古今的「平淡」理想，應遠紹風雅而近接唐韻，換言之，乃是對

1　汪湧豪《中國古代文學理論體系──範疇論》有專節探討術語、概念與範疇的不同，可參看。復旦大學出版社1999年版。

整個詩學傳統的整合。眾所周知，「平淡」之美，無論如何也是無法涵蓋李、杜、韓的詩歌風格的，即便是二南古風，也不能盡歸平淡格調，梅堯臣自己論詩，也一再強調「因事有所激，因物興以通」（《答韓三子華韓五持國韓六玉如見贈述詩》），「辭雖淺陋頗窮苦，未到二《雅》未忍捐。安取唐季二三子，區區物像磨窮年」（《答裴送序意》）。既然如此，在「既觀坐長歎，複想李杜韓」的同時，又道「作詩無古今，唯造平淡難」，究竟是何用意呢？其實，關鍵在一個「難」字。想讓「平淡」境界涵蓋李、杜及韓愈風格嗎？當然是「難於上青天」了！所以說「唯造平淡難」。梅堯臣的確發響不凡，一開始就提出了一個極具爭議也極度艱深的詩學問題。

對這個問題的所有思考，必須以切入當時文化背景為前提。梅堯臣幾乎與歐陽修同時，「梅蘇」二子是歐陽修詩文革新運動的旗幟性人物，也因此，分析並闡釋「唯造平淡難」的詩學觀念，必須連繫歐陽修主導下的詩文革新來作整體的把握。

歐陽修的詩文革新，以及具體到北宋嘉祐二年（1057）貢舉的文學史意義[2]，是一個已經引起學界關注的問題。嘉祐貢舉期間，正是歐、梅友誼發展的黃金時期。王水照先生說：

> 梅堯臣官位不高，但在歐門中文學地位卻頗突出。他在這一時期不僅與歐陽修保持親密無間、日趨頻繁的文字交往，而且作為前輩詩人又為歐門中人所普遍敬重[3]。

2　對此，王水照有專門之研究，參看《嘉祐二年貢舉事件的文學史意義》，香港浸會大學《人文中國學報》1996年第2期。

3　見王水照《嘉祐二年貢舉事件的文學史意義》，香港浸會大學《人文中國學報》1996年第2期，第94頁。

正因為如此，在「唯造平淡難」這一點上，歐、梅應是有同感的。韓琦《故觀文殿學士太子少師致仕贈太子太師歐陽公墓誌銘》云：

嘉祐初，（修）權知貢舉。時舉者務為險怪之語，號「太學體」。公一切黜去，取其平淡造理者，即預奏名。初雖怨讟言紛紜，而文格終以復古者，公之力也。

所謂「怨讟言紛紜」，倒也不足以說明「唯造平淡難」的「難」，問題比這要複雜得多。在歐、梅力倡「平淡」之前，北宋文壇上流行過「白體」、「晚唐體」和「西崑體」，「白體」中的王禹偁崇尚樂天、少陵之作，此與梅堯臣「未到二《雅》未忍捐」的意識是一致的；而「晚唐體」就不然，梅堯臣是明確反對「唐季二三子」、「物像磨窮年」的，但對實際上屬於「晚唐體」的林逋的風格，梅堯臣卻又極表讚賞，其《林和靖先生詩集序》云：

其談道，孔、孟也；其語近世之文，韓、李也；其順物玩情為之詩，則平淡邃美，讀之令人忘百事也。其辭主乎靜正，不主乎刺譏，然後知趣尚博遠，寄適於詩爾。

就此來看，由於杜甫、白居易的諷喻精神與林逋的閒適平淡未嘗不可以協調，所以，梅堯臣的「平淡」可以看作是對入宋以來文壇形勢之清理的。但還有一個「西崑體」以及反對它的「太學體」的問題。若從「平淡」的角度看去，「西崑體」的雕章麗句和「太學體」的艱澀古奧都在否定之列，而在對兩者的態度上，歐陽修就發表過辯證的看法。這裏需要注意者有兩點：其一，宋真宗大中祥符二年（1009）正月有詔曰：

而近代以來，屬辭之弊，侈靡滋甚，浮豔相高，忘祖述之大猷，競雕刻之小技。……今後屬文之士，有辭涉浮華，玷於名教者，必加朝典，庶複素風。

在皇權時代，一詔「庶複素風」的命令，即使實際上不產生具體效果，其思想意識方面的影響卻是無論如何也不能忽視的，更何況，《宋朝事實類苑》卷三十七載：

樞密直學士劉綜出鎮並門，兩制管閣皆以詩寵其行，因進呈。真宗深究詩雅，時方競務西昆體，碟裂雕篆，親以御筆選其平淡者……

可見皇帝當時也是付諸實踐的哩！在我們的美學史與思想史研究中，經常是從一篇文章到一篇文章，由此而連綴成一種歷史的脈絡，而說到文章——具有社會影響力的文章，哪個能比過皇帝的詔書呢？從此詔頒佈到歐陽修於嘉祐二年（1057）借權知貢舉而推行「平淡」文風，已經相距半個世紀，但是，這二者之間卻有一個重要的關聯，即都是自上而下的，都是具有推行儒學之義的。更耐人尋味的是，前者是反對「西昆體」的浮豔而宣導素風，後者則是反對「太學體」的艱澀而宣導平淡，「太學體」本來是對「西昆體」的否定，其目的就在復興古雅儒風，與唐代古文運動有著顯而易見的親緣連繫，依理應屬於歐陽修詩文革新的先行，但實際上卻成了此次革新的對象！這中間的錯綜複雜，正就是梅堯臣「唯造平淡難」之所謂「難」的時代內涵。

梅詩所謂「複想李杜韓」，意義也是多層交織的。關鍵是這裏的「韓」，既指韓愈，又不指韓愈。自中唐有過李、杜優劣論而韓愈力倡李、杜並列觀以來，「李杜」之稱，恰如歐陽修所言「唐之晚年，詩人

無複李杜豪放之格」（歐陽修《六一詩話》），顯見得他們已是豪放詩風的代表了，也因此，「複想李杜」就帶有含豪放於「平淡」之中的意思。對宋人來說，如此見解並不奇怪。王安石《題張司業詩》也說：

看似尋常最奇崛，成如容易卻艱辛。

再從宋初以來人們持續的追求來看，就並沒有一個既定的標準，無論是針對「西昆體」，還是針對「太學體」，所謂「平淡」其實都是相對意義上的「平淡」。正因為是相對的，其可塑性就很大，其美學實質也就必然具有辯證的內在結構。也正是在這個意義上，梅堯臣主「平淡」而想李杜，其實是並不奇怪的。至於「李杜韓」中的「韓」，則是韓愈與歐陽修的重合體。歐陽修《讀蟠桃詩》云：

郊死不為島，聖俞發其藏。
嗟我于韓徒，足未及其牆。
而子得孟骨，英靈空北邙。

又邵博《聞見後錄》載曾仲成言：

聖俞謂蘇子美：「永叔要作韓退之，強我作孟郊。雖戲語亦似不平。」

而梅堯臣《依韻和永叔澄心堂紙》詩也道：

退之昔負天下才，最稱東野為奇瑰。

歐陽今與韓相似，以我待郊嗟困摧。

不管梅堯臣是否真的有不滿情緒，這裏至少已經透出兩個資訊：第一，在歐陽修等人心目中，韓愈的地位非同小可；第二，和歐陽修自謂韓愈相仿佛，梅堯臣的不甘孟郊身份，實際上不也是以韓愈相期嗎？錢鍾書嘗道：

韓昌黎之在北宋，可謂千秋萬歲，名不寂寞者矣。歐陽永叔尊之為文宗，石徂徠列之于道統。[4]

宋人推崇韓愈，顯然與其恢復並光大儒家道統、文統的主流意識有關，而正是因為如此，以韓愈自居，實際上也就是以道德文章的領袖自居，從而也就是以道德文章的使命自任，唯其如此，梅、歐之間的些許問題，是應該多從使命感上去領會的。無論如何，梅堯臣的「複想李杜韓」，是確有以道德文章相自勉的意味的。尤其重要的是，前此柳開不僅以「肩愈」自勵，而且於《應責》一文中明確提出「古文者非在辭澀言苦，使人難讀誦之」的見解，儘管其所造之境非其所好之境，最終難免眼高手低，但其「肩愈」而不取「辭澀言苦」的道德文章追求，卻是顯而易見的。從柳開到梅、歐，應該說，造「平淡」而尊韓愈，是一脈相承的。

綜上所述，一句「唯造平淡難」，一句「複想李杜韓」，實際上是對入宋以來儒學及古文繼中唐而再起高潮的時代形勢的簡要概括：在理論上，人們已有了復興古道古文而追求古雅淳樸風格的意識，但實

4　錢鍾書：《談藝錄》（補訂本），中華書局1984年版，第62頁。

際上卻搖擺在浮豔或晦澀兩端，怎樣在古雅與流行之間尋求理想途徑，恰是時代的難題所在。「唯造平淡難」——只有具體創作出平淡美的境界才是最為艱難的。在這個意義上，宋人所提出來的「平淡」美範疇，更多地帶有實踐論的色彩。

歐陽修《六一詩話》云：

> 聖俞嘗語余曰：「詩家雖率意，而造語亦難，若意新語工，得前人所未道者，斯為善矣也。必能狀難寫之景，如在目前；含不盡之意，見於言外，然後為至矣。」……余曰：「語之工者固如是，狀難寫之景，含不盡之意，何詩為然？」……

這真是再清楚不過了，「唯造平淡難」，「造語亦難」，所謂實踐論意義上的「平淡」美觀念，就是這裏所說的「造語」課題，換用現在的理論話語，可以說就是詩學語言學的課題。不僅如此，這一課題進一步又是有著非常具體的詩學內容的，即「狀難寫之景，如在目前；含不盡之意，見於言外」。同樣的一目了然：一是凸顯詩歌「景語」的視覺美感效果，即強調詩歌語言對視覺美感形象的創造；二是凸顯詩歌「餘意」的美學價值，亦即強調詩歌語言對意義聯想機制的創造；三是凸顯在「景語」與「餘意」相交融的層面上，與「難寫之景」相對應，必然有「難傳之意」，而此兩者之統一，應該就是所謂「得前人所未道」的新創之處。而這樣一來，下一個緊接著的問題就是，既然有所謂「難寫之景」，那麼就應有「易寫之景」，在「難」、「易」之間，詩歌藝術評價的優劣就顯示出來了。於是，最終要從什麼是「難寫之景」上去理解「不盡之意」，而「難寫」顯然是一個藝術語言問題。仍然從《六一詩話》說起，其引梅堯臣具體評語曰：

　　賈島云「竹籠拾山果，瓦瓶擔石泉」，姚合云「馬隨山鹿放，雞逐野禽棲」等，是山邑荒僻，官況蕭條，不如「縣古槐根出，官清馬骨高」為工也。

當歐陽修接著問他時，他又舉例道：

　　若嚴維「柳塘春水漫，花塢夕陽遲」，則天容時態，融和怡蕩，豈不如在目前乎？又若溫庭筠「雞聲茅店月，人跡板橋霜」，賈島「怪禽啼曠野，落日恐行人」，則道路辛苦，羈愁旅思，豈不見於言外乎？

　　這就是中國傳統美學批評的特色所在，其理論思想，並不完全由理性的邏輯推論和嚴密的命題論證來表現，而是留一半的內容給具體形象的藝術例證，倘若作為闡釋者的人，其本身缺乏藝術鑒賞的靈性，那麼，這種美學思想的內容至少將有一半對他來說就是永久的秘密。而當我們面對這些具體的詩句時，首先已經比較強烈地感受到，梅堯臣自己就是通過比較來表達其思想觀念的，試比較「馬隨山鹿放，雞逐野禽棲」與「縣古槐根出，官清馬骨高」，哪一個屬於「難寫之景」呢？結論是明擺著的。顯而易見，以老槐裸露的根脈來凸顯古衙的飽經滄桑的面目，確有入木三分的力度；瘦馬高聳而骨相峻偉的形象，一旦和為官清廉的人格官品連繫起來，就把人物的清傲精神具象化了；再說那老槐裸根與瘦馬傲骨竟也是那樣的同形同構，共同體現著一種如石塑根雕般有力的藝術個性魅力。這樣的藝術形象，雖曰「景語」，卻已不限於自然風景或客觀場景，也已不限於身外物像，而分明已是包含著主觀選擇和藝術構思的創造性形象了。也正因為如此，所以梅堯臣言下所謂「難寫之景」，實質上就有「不盡之意」在其中，「景語」

而如此，又要求「得前人所未道」，能不「難於上青天」嗎？不僅如此，面對梅堯臣所舉詩例，我們同時又發現，其所列舉者竟多是賈島、姚合之作，這恐怕不是偶然的。考慮到其與歐陽修討論詩歌藝術而以「造語」、「語之工」、「意新語工」為核心課題，而前此所謂「宋初三體」中的「晚唐體」，實際上就有學賈島而重視「景聯」鍛煉的「賈島格」[5]傾向，那麼，顯見得這種講求就非一朝一夕之功了。當然，由於同時必須考慮到梅堯臣「安取唐季二三子，區區物像磨窮年」（《答裴送序意》）的觀念，所以，他與歐陽修的「造語」主張，乃是對宋初「晚唐體」的改造和揚棄。

宋詩與「晚唐」詩之間，有著極其微妙的關係。當然，這裏所謂「晚唐」，乃是「三唐」論的晚唐，而非「四唐」論的晚唐。「三唐」論者，開元、天寶以下，就屬於晚唐了，於是，不僅中唐的賈島等人，就是他前面的劉長卿乃至於更早的王維，都被列入晚唐體的範圍。在這個意義上，宋人所謂「晚唐體」，並非以時代論，而是以格調論的。時至今日，怕是不再會有人認為，僅僅是宋初九僧和南宋「四靈」在追慕「賈島格」吧！宋初「晚唐體」派中的林逋，就倍受梅堯臣和後來蘇軾的推崇，這且不說。南宋中興四大家之一的楊萬里，其《讀笠澤叢書》其一云：

晚唐風味誰同賞，近日詩人輕晚唐。

言下竟有無限遺憾！而另一位中興大家陸游對梅堯臣的推崇備

5　《蔡寬夫詩話》：「唐末五代，流俗以詩自名者，多好妄立格法。……大抵皆宗賈島輩，謂之『賈島格』。」

至，也隱隱與此有關。有道是：「聖俞詩，近世少有喜者，或加毀訾，惟陸務觀重之。此可為知者道也。」（陳振孫《直齋述錄解題》卷十七）的確，陸游《書宛陵集後》云：

> 突過元和體，巍然獨主盟。
> 諸家義皆墮，此老話方行。
> 趙璧連城價，隋珠照眼明。
> 粗能窺梗概，亦足慰平生。

而之所以要在諸人不愛的時候提倡梅詩之價值，又如其《讀近人詩》所云：

> 琢雕自是文章病，奇險尤傷氣骨多。
> 君看大羹玄酒味，蟹螯蛤柱豈同科。

在中國古典美學的理論話語中，「大羹玄酒」，實際上是「至味無味」之思想觀念的形象表述，而這就表明，陸游於批評近人詩作太多雕琢而宣導「大羹玄酒」境界之際推重梅堯臣，是與梅氏最早提出「唯造平淡難」大有關係的。將事關南北兩宋的這種形勢綜合起來，不僅所謂「晚唐」詩格的內蘊可以得到一定的澄清，而且梅堯臣「唯造平淡難」的時代意義也可以具體落實下來。

總之，在理解並闡釋「作詩無古今，唯造平淡難」這句話的時候，非常有必要深入分析其多層「語境」。在最淺近的層次上，也必須兼顧到其「唯造平淡難」與「複想李杜韓」之間的辯證關係。由此而深進一層，便自然連繫到北宋詩文革新與中唐古文運動的人文傳承，從而

才有可能理解彼時以韓愈自命的文化意義所在。而順著梅、歐文學因緣這一線索，通過他們之間的詩學討論，我們才可能具體把握「唯造平淡難」之所以「難」的特定內涵。而隨著對此特定內涵的確認，宋人心目中「晚唐」詩美的歷史底蘊，亦將隨之而浮出水面：原來，「晚唐」與「平淡」在「狀難寫之景，傳不盡之意」的美學追求中歷史地統一起來了。而以上所有的內容，最終都彙聚為一個問題——詩學語言學實踐論。正因為是實踐論的詩學語言學問題，所以才需要用具體的藝術鑒賞的方式作為補充，所以才與執著於「景語」錘煉的「賈島格」有了詩歌史的親緣關係。

　　最後，需要說明，梅堯臣的詩學思想，很大程度上有賴於歐陽修的認可與傳播，從而，這些思想觀念也可以看作是歐陽修的詩學思想。作為一種影響深遠的詩學觀念，其理論價值當然不僅僅在於凸顯了「平淡」這一範疇的詩學地位，也不僅僅在於強調了「唯造平淡難」的實踐難度，而是在一種具體的歷史「語境」中展現了理論確認和實踐講求相互推動的難題。在某種意義上，梅、歐在這個問題上的貢獻就在於，在提出「平淡」美理想的同時，就指出其作為難題的困難所在。屬於理想境界的「平淡」美，從最簡單的意義上理解，也不會是平淡無奇者，而平淡有奇的「平淡」本身，就已經是一個極富思辨力度的問題了。也因此，筆者想鄭重說明，梅堯臣所提出的詩學觀念，應準確而全面地表述為「作詩無古今，唯造平淡難」，而不能將其簡化為「平淡」。

第二節 「平淡」美經典與陶淵明詩美價值的發現
——蘇軾「平淡」美思想透視之一

深感「唯造平淡難」的梅堯臣，其詩歌創作必然自覺地講求「平淡」境界的構建。歐陽修《六一詩話》云：

> ……聖俞覃思精微，以深遠閒淡為意；余嘗于《水穀夜行》詩略道其一二：「……梅翁事清切，石齒漱寒瀨。作詩三十年，視我猶後輩。文詞愈精新，心意雖老大。有如妖韶女，老自有餘態。近詩尤古硬，咀嚼苦難嘬。又如食橄欖，真味久愈在。……梅窮獨我知。古貨今難賣。」

值得注意的是，歐公在評說梅詩的時候，有意識地突出了「老」和「古」兩字的分量，這無異於確認梅堯臣詩歌的「平淡」境界是一種「老」境的「平淡」，是一種「古」色「古」香的「平淡」。中國式的這種形象比擬的評論，在給人們太多的聯想空間的同時，也給人們一種模糊感。不過，有一點卻是非常清楚的，梅詩所體現的格調是非流行的，所謂「古貨今難賣」者就是。而一般說來，與流行相對者，便是經典。所以，這一啟動於宋初的對「唯造平淡難」之美學課題的關注，就是同樹立「平淡」美經典詩人的努力相同構的。而從梅堯臣開始，宋人就選擇了陶淵明。

梅詩《答中道小疾見寄》云：

> 詩本道性情，不須大厥聲。
> 方聞理平淡，昏曉在淵明。

其《寄宋次道中道》又云：

中作淵明詩，平淡可比倫。

很清楚，樹立陶淵明的經典地位，就是在樹立「平淡」美的理想地位。同樣清楚的是，對「平淡」詩美的追求，是一個與性情修養緊密關聯的問題。在醞釀並終於成熟的理學背景下，這種以「道性情」為本的「理平淡」的詩學理想，是有其特定的價值動力的，這一點，從一開始就要認識清楚。而一旦認清了這一點，隨之就出現了性情修養所尊奉的思想體系問題，於是，詩學審美與心性哲學的打通一體，就是題內應有之義了。在這個問題上，梅堯臣及歐陽修所提供的資訊就是耐人尋味的。

歐陽修《再和聖俞見答》云：

子言古淡有真味，大羹何須調以虀。

說明梅堯臣確有「古淡有真味」的說法，而且是與「大羹玄酒」這一先王禮樂之道連繫在一起的。而梅詩《依韻和邵不疑以雨至烹茶觀畫聽琴之會》又云：

淡泊全精神，老氏吾將師。

這顯然又是以老子之道為精神皈依了。如果不打算以儒、道互補簡單概括而了之的話，此間「古淡」之相容禮樂大羹和老子淡泊，恰好證明宋人「平淡」美論並非單出於道家文化傳統，而這恰恰是至為

重要的。須知，這説明宋人之「平淡」美論具有文化整合的理論性質。他們之所以在樹立經典作家的時候選擇了陶淵明，就與此有關。

據陸游《梅聖俞別集序》，對梅堯臣詩，不僅「歐陽公平生常自以為不能望先生，推為詩老」，王安石亦「晚集古句，獨多取焉」。為什麼呢？答案也許藏在蘇軾那裏，「蘇翰林多不可古人，惟次韻和陶淵明及先生二家詩而已」。就是説：「作詩無古今」，詩品見人品，今有梅堯臣，古有陶淵明，「唯造平淡難」，是以一家親。歐、王、蘇三大家之推重梅堯臣，因此而具有樹立陶淵明經典地位的連續性理論實踐意義。《苕溪漁隱叢話》前集卷三引《遯齋閑覽》云：

> 六一居士推重陶淵明《歸去來》，以為江左高文，當世莫及。……東坡晚年，尤喜淵明詩，在儋耳遂盡和其詩。荊公在金陵，作詩多用淵明詩中事，至有四韻詩全用淵明詩者。又嘗言其詩有奇絕不可及之語，如「結廬在人境，……」，有詩人以來，無此句也。

其引人注目之處是，歐、王所看中的淵明詩文高境，乃以「問君何能爾，心遠地自偏」的「心遠」境界為精神旨歸。「心遠」並不意味著一定要「身遠」，在身心同構而造極兩端的人格與審美建構意識中，宋人賦予「平淡」美以兼綜儒、道並集成佛、老的精微機制。而蘇軾則是將這一精微機制闡發得最為透徹的人物。

蘇轍《子瞻和陶淵明詩集序》引蘇軾語曰：

> 吾于詩人無所甚好，獨好淵明之詩。淵明作詩不多，然其詩質而實綺，臞而實腴，自曹、劉、鮑、謝、李、杜諸人，皆莫及也。

　　這一論斷的顯要之處在於，連李白、杜甫都在陶淵明之下了。和前此梅堯臣「複想李杜韓」的意識相比，宋人在樹立陶淵明這一超越李杜的經典作家地位的同時，也就凸顯了自己試圖超越李杜——也就是超越唐人的思想意識。治蘇詩者無不津津樂道其「和陶詩」，或從相似處著眼，或從不似處著眼，或者闡發於似與不似之間，儘管諸説紛紜，但有一點是始終一致的：蘇軾因此而以身體力行的方式確認「平淡」美為詩人之理想國。蘇軾何以選中陶淵明？當然與其特定的人生經歷有關，在《與程全父書》裏，蘇軾將陶淵明及柳宗元的文集看作是自己的南遷「二友」，這就充分説明南遷的遭遇正是其與陶、柳精神同構的現實契機。作品中大量出現對陶淵明其人其詩的吟歎，是從黃州時期開始的，當時得陶集而「每體不佳，輒取讀，不過一篇，惟恐讀盡後，無以自遣耳」（《書淵明〈羲農去我久〉詩》）。此足見愛慕之切之深。其《江城子》詞曰：

夢中了了醉中醒。只淵明，是前生。走遍人間，依舊卻躬耕。

而其《和陶讀〈山海經〉》詩又云：

愧此稚川翁，千載與我俱。畫我與淵明，可作三士圖。

　　在遭逢人生挫折之後，尤其是在飽經社會風波之後，陶淵明躬耕自給而怡然自適的人生意志，無疑是一種經典性的風範。這就像辛棄疾也是在貶退後每以陶淵明自況一樣。[6]

6　參看王水照：《蘇、辛退居時期的心態平議》，《文學遺產》1991年第2期。

　　但是，柳宗元也曾被其視為南遷「二友」之一，蘇軾卻沒有去追和柳宗元，而只是「細和淵明詩」（黃庭堅《跋子瞻和陶詩》），這又是為什麼呢？難道柳宗元所遭受的人生波折還不夠嗎？或者，蘇軾感覺自己與陶淵明的經歷更相像？當然不是。問題更有深入於人生遭際者在。《東坡題跋》卷二有《評韓柳詩》道：

　　柳子厚詩，在陶淵明下，韋蘇州上；退之豪放奇險則過之，而溫麗靖深不及也。所貴乎枯淡者，謂其外枯而中膏，似淡而實美，淵明、子厚之流是也。若中邊皆枯淡，亦何足道。佛云：「如人食蜜，中邊皆甜。」人食五味，知其甘苦者皆是，能分別其中邊者，百無一二也。

　　體會其中語意，只能是説在「中邊皆甜」上柳宗元不及陶淵明。於是，問題的癥結就在於佛家所謂「中邊皆甜」了。
　　為了能「分別其中邊」，又須從蘇軾與佛禪的因緣説起。蘇軾有《送參寥師》詩云：

　　上人學苦空，百念已灰冷。
　　劍頭惟一映，焦谷無新穎。
　　胡為逐吾輩，文字爭蔚炳？
　　新詩如玉屑，出語便清警。
　　退之論草書，萬事未嘗屏，
　　憂愁不平氣，一寓筆所騁。
　　頗怪浮屠人，視身如丘井，
　　頹然寄淡泊，誰與發豪猛？

細思乃不然，真巧非幻影，

欲令詩語妙，無厭空且靜：

靜故了群動，空故納萬境。

閱世走人間，觀身臥雲嶺。

鹹酸雜眾好，中有至味永。

詩法不相妨，此語當更請。

這裏所討論的，不僅是詩美與禪機的通會問題，而且是人生意識的辯證─超越建構問題。在前引《江城子》詞中，蘇軾有「走遍人間，依舊卻躬耕」之句，而在這裏，又道是「閱世走人間，觀身臥雲嶺」，顯然比以「躬耕」為歸宿者又超然了一層，並且有著鮮明的內省──超越意識。從思維理性上分析，這裏實際上有兩個自我的分辨與整合，現實的經驗的人生內容，與理想的理念的人生意志，有一種宋代理學所謂「月映萬川」的關係。舉凡心理、道理、物理、事理等，一理相通，一心相求；一旦道理貫通，則心外無物，理在心中。所有哲學與審美中所謂的主、客之分，物、我之分，情、理之分，形、神之分，言、意之分，都將在此兩極互動的「兩行」境界中彼此交織交融。而所謂「中」「邊」之辨者，恰恰與「兩行」境界相對應。

吉藏《二諦義》道：

二是偏，不二是中。偏是一邊，中是一邊，偏之與中，還是二邊，二邊故名世諦。非偏非中，乃是第一義諦也。

有學者認為，相對於西方哲學的辯證法，佛教哲學在這裏則是奉

行著一種相反的雙遣法。[7]

《大藏經》第四十八冊〈壇經〉〈付囑品〉云：

舉三科法門，動用三十六對，出沒即離兩邊。說一切法，莫離自性。忽有人問汝法，出語盡雙，皆取對法，來去相因。究竟二法盡陳，更無去處。

又云：

若有人問汝義，問有將無對，問無將有對，問凡以聖對，問聖以凡對。二道相因，生中道義。

《大智度論》〈釋集散品第九下〉云：

離是二邊行中道，是為般若波羅蜜。

必須認識到，佛教哲學是一種帶有東方色彩的宗教哲學，其謹嚴周密的思辨體系最終是為其虛無性的終極教義服務的，因此，當我們面對如此一種「中道」思維時，必須和當年蘇軾他們援佛入儒而解決「心性」課題一樣，務必不能唯「中道」論，否則，一切都將被化解，連同這裏所要討論的問題。而一旦出現那樣的情況，我們就掉進佛教思維的陷阱了！比較理性的態度，實際上也就是蘇軾他們的態度，所謂「詩法不相妨」，亦如宋人嚴羽所謂「以禪喻詩，莫此親切」（《答出

7　參看陳沛然：《佛家哲理通析》，（臺灣）東大圖書公司1993年版，第76頁。

繼叔臨安吳景仙書》），詩與禪，畢竟是兩回事！什麼叫「不相妨」？什麼叫「莫此親切」？其大前提正好是承認詩與禪為兩回事。作為兩回事，各有各的規律規範，但這規律規範之間又可以有一個對雙方都有利的格局─現在叫作「雙贏」。不言而喻，「雙贏」一詞帶有鮮明的現世與現實色彩，與佛家「義在空明」的宗旨是背道而馳的。然而，當蘇軾引入禪理以說明其人生意志和美學觀念時，同樣只是借用其法而已。且就所謂「二道相因」的「中道」來說，由於一分為二的思維方法是最基本的方法，而且可以將某一事物無限地分析下去，比如分「心」「物」為兩體，那麼偏言「心」或「物」者就都是「偏」，只有不偏於「心」或「物」者才是「中」，這是第一層；接著，又須認識到，非「心」非「物」的「中」，實際上和偏於「心」或「物」的「偏」一樣，都是「邊」，在如此層面上思考，仍然是「世諦」，這是第二層；就其思維方法論的積極意義來說，這實質上是提醒人們不要以不偏不倚為終極目的，既然如此，就有一個如何避免或超越不偏不倚的問題，換言之，我們既不能固受一端，也不能在兩端之間取不偏不倚的態度，那麼，實質上唯一可取的方法就是「非偏激」也「非不偏不倚」的雙重否定。正確地理解此雙重否定─所謂「雙遣法」──的哲學意義，意味著賦予「不偏不倚」以變動不居的性質，也就是使兼顧相容成為充滿活力的創造性過程。如蘇詩所言「閱世走人間，觀身臥雲嶺」，這裏的「走」和「觀」，不僅各自都是動態性的，而且彼此間的互動也是無限性的，若以時間為度，則此時之「走」非彼時之「走」，因為此時「觀身」有得而攝引其「走」，則「閱世」的眼光已非昔日可比了，如此「閱世」與「觀身」相互促進，在互為因果的動態過程中不斷更新，在整體性自我揚棄中永葆生命的新鮮。這─就是以思維方法的「雙遣」而獲得生存意義的「雙贏」。

　　用上面討論的這種思想方法，具體面對「平淡」美與陶淵明詩的課題，又將意味著什麼呢？蘇軾是針對韓愈草書之論而發揮的，我們當然需要先就韓愈之論來作分析。韓愈《送高閑上人序》云：

　　往時張旭善草書，不治他伎，喜怒窘窮，憂悲愉佚，怨恨思慕，酣醉無聊，不平有動於心，必於草書焉發之。觀於物，見山水崖谷，鳥獸蟲魚，草木之花實，日月列星，風雨水火，雷霆霹靂，歌舞戰鬥，天地事物之變，可喜可愕，一寓於書。故旭之書，變動猶鬼神，不可端倪。以此終其身，而名後世。

　　這是典型的「聖賢發憤」與「不平則鳴」論，而且此所謂「不平」者，不僅有世事不平，而且有感物激動。凡此間所言種種，其共同點恰在於：都非「平淡」之美。不過，若因此而認為韓愈否定「平淡」之美，則未免淺解了韓愈。其《送高閑上人序》接著寫道：

　　今閑之於草書，有旭之心哉？不得其心，而逐其跡，未見其能旭也。為旭有道：利害必明，無遺錙銖，情炎於中，利欲鬥進，有得有喪，勃然不釋，然後一決於書，而後旭可幾也。今閑師浮屠氏，一死生，解外膠。是其為心，必泊然無所起；其于世，必淡然無所嗜。泊與淡相遭，頹墮委靡，潰敗不可收拾，則其於書，得無象之然乎？

　　另在《送王秀才序》中韓愈又道：

　　吾少時讀《醉鄉記》，私怪隱居者無所累於世，而猶有是言，豈誠旨於味邪？及讀阮籍、陶潛詩，乃知彼雖偃蹇不欲與世接，然猶未能

平其心，或為事物是非相感發，於是有托而逃焉者也。

當然，韓愈是旗幟鮮明的「不平則鳴」論者，唯其如此，對佛徒之流在「頹然寄淡泊」的境界裏居然可以照樣富於藝術激情，他是難於理解的。儘管難於理解，但他還是在作理解的努力：一方面，因此而有對陶潛等「猶未能平其心」的判斷，其理論意義在於，人們將因此而意識到，超然遺世者其實仍然具有一顆激動的心，他即使不再與世相接，卻不能不與物相接；另一方面，他儘管認為「泊與淡相遭」則無法再有創作衝動，但是，「得無象之然乎」？佛老「大象無形」的境界，在韓愈這裏並沒有被封殺，在表示了自己的看法以後，畢竟為淡泊境界留下了一片與疑問同在的價值空間。也正因為如此，所以，從韓愈到蘇軾，實質上是一個從疑問到解答的美學文化史過程。

蘇軾對「泊與淡相遭」之際藝術創作主體精神境界和思維機制的分析，近而言之，與世間風行的禪宗機趣密切相關；遠而言之，又與佛家空靜義理相關；更遠而言之，則與老子「滌除玄鑒」以來的水鏡清鑒意識相關。總之，它顯然是對相關理論思考的一次歷史綜合和總結。「靜故了群動，空故納萬境。」既然有「了」與「納」二字，則此「動」與「靜」、「空」與「境」，就不是絕對對立的兩組概念。既相對立，又相統一，關鍵自然就在兩者的關係上，而對此蘇軾講得再清楚不過：第一，「鹹酸雜眾好，中有至味永」，誠所謂至味無味而兼有眾味，這個意義上的「至味」，是一種無所偏好的寬廣、寬容襟懷，是審美世界裏百花齊放的自由的「無為」境界，須知，那「至味」就在「眾好」之中，從而就是一種無所不在而處處在的無為自由精神；比如，你盡可以表現為奇崛壯偉，但在這奇偉景象的背後，卻有一種並不以此為滿足的精神，也就是說，對任何一種格調的表現都體現出自我揚

棄的精神，任何一種風格都不是自我封閉的，都具有向對立風格生成的潛在趨勢。第二，「真巧非幻影」，「詩法不相妨」，由於實質上彼此不相妨礙的機制只能是兩極並生並存的機制，因此，即便是禪宗所謂「二道相因」，其實質也在於以否定一元論為大前提的二元論哲學觀；二元論不同於一元論的一分為二，它在哲學本體上就承認兩極並存為終極狀態，從而才可能以二元並行為一切實踐行為之基本原則；比如，在對詩歌藝術的形而上的思考上，完全隨著佛家「一切有為法，如夢幻泡影」（《金剛般若波羅蜜經》〈應化非真分第三十二〉）的思路走，從而萬有皆空，一片虛無，就談不上二元論，談不上「二道相因」，只有自由地往返於此岸與彼岸之間，不僅能舍筏登岸去彼岸，而且能將登岸本身看作只是一個過程，而並非終點，這樣一來，就有了形而上與形而下的「來去相因」，就有了此岸與彼岸的「來去相因」，當然，最終就有了「空」、「靜」與「萬境」、「群動」的「來去相因」；在審美風格上，就有了「淡泊」與「豪猛」的「來去相因」。綜合上述兩點，一是不主一格的自我超越，二是兩極相因的二元機制。有此兩點，則所謂「中」、「邊」之辨者，就是一個充滿辯證運動的無限的意義生成過程。

回到蘇軾對陶淵明的評說，所謂「質而實綺，癯而實腴」，所謂「外枯而中膏，似淡而實美」，即使從字面意義上來看，對單純的平淡，他實際上是並不歡迎的，甚至還表現出某種程度的不滿，比如「似淡而實美」這樣的話語，就多少含有「淡」者不美的意思。也正是因為如此，他才會說：

> 大凡為文，當使氣象崢嶸，五色絢爛，漸老漸熟，乃造平淡。（周紫芝《竹坡詩話》引）

　　若用這樣的眼光看陶淵明及其詩，韓愈所發現的「猶未能平其心」的感發之處，蘇軾定然也會發現，甚至連「金剛怒目」的神情都能夠體會出來。不過，就像上面的分析所試圖說明的那樣，蘇軾的「似淡而實美」實質上是不能理解作「平淡」則不美的，而應該理解作能自我超越的「平淡」才是美的，應該理解作「平淡」與「絢爛」、「平淡」與「崢嶸」是彼此生成的。一言以蔽之，蘇軾與宋人所一再加以闡發的「平淡」美論，本來就不是針對作為各種風格之一的那種「平淡」而言的，而是在闡發一種具有豐富內涵和同樣豐富的風格形態的「平淡」美理想。毫無疑問，這樣的「平淡」美，實際上不可能是一種具體的審美風格，而更接近於確認一種創造各種風格的創造機制。也就是說，從梅堯臣開始的宋人有關「平淡」美的研討，與其說是在確認一種具體的審美風格，不如說是在探討一種具有藝術史整合性的創作思想，而這一思想的基本建構原理，就是「叩其兩端而竭焉」。梅堯臣的「唯造平淡難」又「複想李杜韓」，蘇軾的「質而實綺，臞而實腴」，等等，最終無不可將其思考問題的方式概括為「叩其兩端」。唯其「叩其兩端而竭焉」，所以，總是在兩個彼此對立的作家風格之間進行比較權衡，如蘇軾之論「韓柳」詩。「叩其兩端」的思維方式，實際上是由一分為二和合二而一兩步完成的，但後一個「一」絕不是前一個「一」的重複，如果說後一個「一」實際上就是「平淡」美的理想，那麼，前一個「一」則是藝術現實和歷史這一整體，也因此，蘇軾他們的「平淡」理想，是一個涵蓋了藝術的全部現實和全部歷史的整合理想。整合性的理想風格，必然不是多樣化中的特殊個體，而只能是普遍貫注於多樣世界之中的原理和機制，從而，它本身也必然是具有多樣表現形態的。鑒於這樣的認識，我們需要指出，隨著對陶淵明作為「平淡」美典型的確認而展開的美的哲學思考，其富於自我超越的二元機制，

又是以「叩其兩端」的思維方式為機杼的。以「叩其兩端」的方法看陶淵明，陶淵明就未必是歷史上的那個陶淵明暸。王若虛說得在理：「渠亦因彼之意以見吾意雲爾，曷嘗心競而較其勝劣邪！」（《滹南詩話》卷中）而在此「彼」「吾」之間，難道不可以有一種「叩其兩端」的思考嗎？

第三節 「美在鹹酸之外」
——蘇軾「平淡」美思想透視之二

在關於「平淡」美的理論思考問題上，蘇軾對晚唐司空圖的賞識，是一個不容忽視的現象。不過，現在來談這個問題，已經不如以前那麼順利了，因為隨著學界有人出來質疑司空圖《二十四詩品》的著作權[8]，司空圖在詩學史上的地位正在受到懷疑。是否除了《二十四詩品》這一正受到懷疑的作品，司空圖的詩學思想就不值一提了呢？即便蘇軾《書黃子思詩集後》一文中所提到的「二十四韻」，並非《二十四詩品》，以蘇軾之「叩其兩端」的眼光，是否同樣可以揭示出意義深遠的詩學道理呢？如此等等，可以討論的空間其實還是很大的。

任何討論都須有一個「話題」，都須有一個「語境」。涉及司空圖《二十四詩品》著作權問題的有關論述，見蘇軾《書黃子思詩集後》一文，為此，我們需要全面而準確地閱讀此文。

該文第一段談的是書法美學問題。其論云：

8　由陳尚君、汪湧豪提出的《二十四詩品》非司空圖作這一論點，本人認為不失為一家之言。相關討論，學界已經很熟悉，此處不必再多囉唆了。

予嘗論書，一謂鍾、王之跡，蕭散簡遠，妙在筆墨之外。至唐顏、柳，始集古今筆法而盡發之，極書之變，天下翕然以為宗師。而鍾、王之法益微。

這一番論述的基本意思，其實並不那麼單純，其間潛臺詞頗多，需要人們細心領會。且先說唐人顏、柳，所謂「集古今筆法而盡發之，極書之變」，本身已經賦予其書法以集大成的美學地位了，這一點在語意語氣上是很清楚的，不會有任何疑問。但是，關鍵是蘇軾並沒有對此集大成之美表示由衷的讚美，反倒表示出一種深沉的遺憾和憂慮，即所謂「而鍾、王之法益微」。這樣，至少有一點是毋庸置疑的，蘇軾的美學思考，是基於已經有了集大成境界這一事實的，並因此而努力去發現集大成境界的不足之處。於是，也就不難理解，蘇軾實際上是以集大成的顏、柳和「妙在筆墨之外」的鍾、王為其書法美思之「兩端」的，而他要「叩其兩端而竭焉」！

由書法而推導開去，於是有了相應的詩論。該文第二段云：

至於詩亦然。蘇、李之天成，曹、劉之自得，陶、謝之超然，蓋亦至矣。而李太白、杜子美以英瑋絕世之姿，凌跨百代，古今詩人盡廢；然魏晉以來，高風絕塵，亦少衰矣。

和論書法時有所不同，這裏只說「魏晉以來」，卻沒有具體到詩人個體，從而，就為詩學「兩端」論中的另一端——相對於盛唐李、杜的另一端的出現，留下了餘地和空間。接下來該文又說道：

李、杜之後，詩人繼作，雖間有遠韻，而才不逮意。獨韋應物、

柳宗元發纖穠於簡古，寄至味於淡泊，非餘子所及也。

連繫論書法時所講的「蕭散簡遠」，此間「簡古」、「淡泊」分明與之相通，既然如此，韋、柳詩風，就是所謂「魏晉以來，高風絕塵」之傳統的承傳者無疑了。請注意，這裏的一個重要理論資訊是，無論書法還是詩歌，唐人集大成境界為一端，而另一端或在唐前魏晉以來之世，或者在盛唐以後時代。如果說這不過表現了到盛唐以外去「叩問」的思想意識，那麼，再連繫在《評韓柳詩》中對兩家的辨識和抑揚，就可以發現，那處於盛唐以外之另一端的書法或詩歌之美，就是「平淡」之美。不言而喻，這裏的「平淡」是所謂「蕭散簡遠，妙在筆墨之外」和「高風絕塵」、「發纖穠於簡古，寄至味於淡泊」的濃縮語。

正是在以上這樣的「話題」和「語境」中，司空圖在下文中被提到了：

唐末司空圖崎嶇兵亂之間，而詩文高雅，猶有承平之遺風，其論詩曰：「梅止於酸，鹽止於鹹，飲食不可無鹽梅，而其美常在鹹酸之外。」蓋自列其詩之有得於文字之表者二十四韻，恨當時不識其妙，予三複其言而悲之。

首先是對司空圖本人詩歌創作的評價，不管實際如何，蘇軾的評價應該這樣來理解：正因為身處末世動亂時代，而值此之際作者多怨尤悲苦之辭，所以司空圖「猶有承平之遺風」者恰恰表現了「高風絕塵」的精神。和我們習慣上每每會責其脫離時代者不同，蘇軾值此卻是在首肯超然世外的平和心態和澄澈心境。儘管我們都知道蘇軾絕不是一個不問世事或缺乏勇氣的人，但其指導人生實踐的哲學觀，誠如

「閱世走人間，觀身臥雲嶺」的詩句所表述，最終是一種超然旁觀與積極參與的「兩端」論。唯其如此，他對司空圖的如此評價，其實質就在肯定那種不一味歎苦抒憤而能自我超越的藝術精神，而這也正是文章中「猶有」二字的意蘊所在。這就像蘇軾在《送參寥師》詩意中借韓愈論張旭草書一事而發揮自我意見一樣，此地也是借司空圖而表述其不一味走「不平則鳴」之路的思想，這一點是無論如何也不能忽略的。

從這裏出發，才可以真正理解蘇軾為什麼要如此地讚賞司空圖的詩學觀念，以至於連他列舉的詩句都加以肯定。蘇軾「三複其言而悲之」而「恨當時不識其妙」的論詩文字，指的是司空圖的《與李生論詩書》，在這篇文章中，司空圖所表述的詩學思想，確有其耐人尋味的內容。首先，「古今之喻多矣，而愚以為辨於味，而後可以言詩也」的「詩味」論的核心，恰就是「知其鹹酸之外，醇美者有所乏耳」。在理解這以味喻詩而主張「美在鹹酸之外」的思想觀念時，關鍵是要領會其喻旨之所在。司空圖認為：

　　詩貫六義，則諷喻、抑揚、渟蓄、溫雅，皆在其間矣。然直致所得，以格自奇。前輩諸集，亦不專工於此，矧其下者耶！王右丞、韋蘇州澄淡精緻，格在其中，豈妨於遒舉哉？（《與李生論詩書》）

和該文接下來「近而不浮，遠而不盡，然後可以言韻外之致」的話語比起來，上引這段文字實際上已經表述得很清楚了，在傳統的「六義」之外，司空圖不僅提出了「直致」之「格」，也不僅提出了「澄淡精緻，格在其中」，而且提出了如此境界之「豈妨於遒舉」。如是，這裏就包含著兩個問題：其一是「六義」傳統與「直致」之「格」的關

係；其二是「澄淡精緻」與「遒舉」的關係。對此，是需要細心加以
分析的。

關於前者，需要參照司空圖的另一篇詩學論文《與極浦書》，其中
寫道：

> 戴容州云：「詩家之景，如藍田日暖，良玉生煙，可望而不可置於
> 眉睫之前也。」象外之象，景外之景，豈容易可譚哉？然題紀之作，目
> 擊可圖，體勢自別，不可廢也。

美學界圍繞著「象外之象」沒少作文章，一般總是由這裏的「象
外之象」推演到「得意忘象」和「得意忘言」，但卻很少特別去注意「景
外之景」，其實，司空圖原文講得再清楚也沒有了，那戴容州言下的
「詩家之景」，就是司空圖接下來所說的「景外之景」，既然如此，那
麼，司空圖所特提出的「目擊可圖」者相對就應是「畫家之景」了。
這一點非常關鍵，因為蘇軾以「詩中有畫」、「畫中有詩」來評價王維，
其實是受了司空圖的啟發的。不僅如此，司空圖此處實際上已經有「詩
家之景」與「畫家之景」彼此包含的意思，而這與宋初梅堯臣「狀難
寫之景，如在目前；含不盡之意，見於言外」分明是一脈相通的，當
然實際上只能是司空圖啟發於梅堯臣了。

關於後者，同樣需要連繫司空圖其他的詩學論文，如《與王駕評
詩書》，其文曰：

> 國初，主上好文雅，風流特盛。沈、宋始興之後，傑出于江寧，
> 宏肆于李、杜，極矣！右丞、蘇州趣味澄敻，若清風之出岫。大曆十
> 數公，抑又其次。……

　　值得注意的是，在沈、宋與李、杜之間，他特意提到王昌齡，此中意蘊頗費琢磨。《新唐書》〈文藝下〉：「昌齡工詩，緒密而思清，時謂王江寧雲。」這裏的一個「清」字，恐怕不能輕易放過。另一個值得注意的地方是，在王、韋「趣味澄夐」之外，其次則提到「大曆十才子」等，也就是明明白白地將著意寫景而占盡青山白雲的大曆詩風納入其所謂「趣味澄夐」的範圍之內。如果説這正説明司空圖之詩美理想是在澄淡清遠一路，那麼，他在《題柳柳州集後序》中的論述則又告訴我們，這裏的澄淡清遠絕非那種水清無魚式的清淺單純，該文有道：

　　愚觀文人之為詩，詩人之為文，始皆系其所尚，既專則搜研愈至，故能炫其功於不朽。亦猶力巨而鬥者，所持之器各異，而皆能濟勝以為勍敵也。嘗觀韓吏部歌詩累百首，其驅駕氣勢，若掀雷揭電，奔騰於天地之間，物狀奇變，不得不鼓舞而徇其呼吸也。其次，《皇甫祠部文集》所作，亦為遒逸，非無意於深密，蓋或未遑耳。今于華下方得柳詩，味其搜研之致，亦深遠矣。……

　　誠然，此文所論，有一個詩、文互通的問題，但相比之下，文中重複出現的「搜研」概念也許更為關鍵。「搜研」，即搜求而研究，就像戰鬥者不能只有力量而沒有武器一樣，詩文創作也不能只有興趣而沒有功夫，作為藝術上的濟勝之器的功夫，無論是「遒逸」還是「深密」，都是藝術之深入探尋和多方嘗試的結晶。司空圖之所以講詩、文之相通，正是在這一點來講的。理解了這一層，才會明白他為什麼要用「澄淡精緻」來概括其理想的風格，要知道，那「精緻」正是「搜研」而至於「深遠」的結果。不僅如此，「搜研」之功，必然表現為藝術境

界的多變而奇，千奇百怪，精密複雜，都是題內應有之義了。

　　綜上所述，司空圖的詩學思想顯然具有一定的歷史整合價值和理論原創意義。提綱挈領地說，司空圖的詩學思維是由兩條邏輯線索交織而成的，即：通過詩、畫藝術的整合而追求語意表達與視覺聯想的互動互補，通過情趣上清澈淡泊與藝術上鑽研探索的整合來追求簡淡與精深的統一。前者直接通向蘇軾的「詩中有畫」、「畫中有詩」，宋人熱衷於討論丹青與吟詠的互補互倚，而為其導夫先路者就是司空圖。後者不僅涉及美學上「淡」與「濃」、「平」與「奇」、「簡」與「繁」的辯證關係，而且推論而至於「天然」與「人巧」相濟而不相妨的藝術思想。兩條邏輯線索交織而進，構成為具有極大張力的理論體系，其理論的深度恰好為後來者提供了廣闊的闡釋空間，這，正是蘇軾「三複其言」而慨歎當時不識其妙的原因所在。也正是因為如此，我傾向於認為，即使《二十四詩品》斷定非司空圖所作，他在詩學史上的地位也不會受到太大的影響。

　　蘇軾是有眼光的，也是用意深遠的。我們必須把他對司空圖詩說之妙的感歎，同他對「鍾、王之法益微」的感歎，以及對「魏晉以來，高風絕塵，亦少衰矣」（《書黃子思詩集後》）的感歎連繫起來，這樣，一種可以表述為「魏晉風度」與「晚唐風韻」的精神期求就凸顯出來了。也許，我們不妨這樣想，蘇軾之追慕陶淵明，與他歎賞司空圖，應該是一體之兩面吧！

　　「美在鹹酸之外」，也就是蘇軾所說的「妙在筆墨之外」和「高風絕塵」，其本質性的規定恰在那個「外」字。司空圖在《與李生論詩書》中道：

　　　近而不浮，遠而不盡，然後可以言韻外之致耳。……

……倘複以全美為工，即知味外之旨矣。

其所重申者，正是對「韻外」、「味外」境界的追求。如果説我們
已經習慣了古人對「韻味」美的講求，那麼，現在可是在講求「韻味
之外」的美境界了。倘若再連繫到所謂「全美為工」，則蘇軾以再闡司
空圖論旨而發揮的美學思想，顯然就是一種完美意義上的「平淡」美
境界，是超越於濃、淡之對立的「平淡」美理想，是超越於藝術史所
有既定風格的整體原創性構想。無論是詩歌藝術還是書畫藝術，前此
所具有的一切經驗，都需要在吸納中被揚棄了！但是，這種超越於藝
術史的理想追求，卻又在藝術史中確定了自己的經典，並在對經典的
創造性闡釋中將理想境界具體化。這真應了不知是否為司空圖所説的
那句《二十四詩品》中的話：「超以象外，得其環中。」

曾季貍《艇齋詩話》云：

東坡《黃子思詩序》，論詩至李、杜，字畫至顏、柳，無遺巧矣，
然鍾、王蕭散簡遠之意，至顏、柳而盡；魏晉詩人高風遠韻，至李、
杜而亦衰。此説最妙。大抵一盛則一衰，後世以為盛，則古意必已
衰。物物皆然，不獨詩字畫然也。

又道：

前人論詩，初不知有韋蘇州、柳子厚，論字亦不知有楊凝式。二
者至東坡而後發此秘。遂以韋、柳配淵明，凝式配顏魯公，東坡真有
德於三子也。

　　説前人論詩不知有韋、柳，顯然不妥，司空圖就是知韋、柳者。不過，以韋、柳配淵明者卻正是蘇軾。至於「一盛則一衰」的道理，的確是深刻的見解。在討論美學規律時，我們既要關注橫向層面上「清」與「濁」、「濃」與「淡」的對立、相倚、互補和交織，也要關注縱向層面上它們彼此間的消長和互動，而後者恰恰是人們往往所忽略的，以此而需要特別記取曾季貍的「一盛則一衰」理論。如果說美學史的發展確乎存在著此消彼長的規律，那麼，蘇軾在這裏分明有超越於這種盛衰消長之循環的思想意識。他絕不是瞧不上李、杜的詩和顏、柳的字，也絕不是要抑盛唐而揚魏晉、抑李杜而揚韋柳，而是要超越於那種非此即彼的鐘擺式的歷史運動方式。當然，為了使這種超越性的努力不流於空談，必須有一個切實的切入方式，那就是於盛唐氣象之後復興魏晉風韻（實際上是「魏晉風度」與「晉宋風韻」的結合）。

　　儘管我們不能拔高司空圖在詩學美學史[9]上的地位，卻有必要再次提醒人們，需要把眼光從《二十四詩品》上移開一下了。既然很多學者已經認為蘇軾所說的「其詩之有得於文字之表者二十四韻」，就是司空圖在《與李生論詩書》中羅列的自家詩句，那麼，為什麼不細心領會一下此「二十四韻」之「美在鹹酸之外」的妙處呢？茲列其詩句如下：

　　1.「得於早春」者

　　草嫩侵沙短，冰輕著雨消。
　　人家寒食月，花影午時天。

9　因為司空圖的詩論具有詩畫互補而兼勝的特色，所以，僅僅稱其為詩論是不妥的。

雨微吟足思，花落夢無繆。

其中第二韻有原注提供上句云：「隔穀見雞犬，山苗接楚田。」將此上句與作者自列之下句作比較，顯見得上句雖有作者所謂「題紀之作，目擊可圖」（《與極浦書》）的好處，卻沒有「詩家之景，如藍田日暖，良玉生煙，可望而不可置於眉睫之前」的妙處，而後兩句就顯得「近而不浮，遠而不盡」了。再看「草嫩」兩句，試比於韓愈《早春》詩的「天街小雨潤如酥，草色遙看近卻無」，韓詩凸顯了人的直覺感受，主觀性其實是很強的。而司空圖詩則有不動聲色的味道，似乎只是純客觀的描寫，而將人們必有的早春情緒留給讀詩之際的聯想，這，是否就是所謂「含不盡之意，見於言外」呢？

2.「得於山中」者

坡暖冬生筍，松涼夏健人。

川明虹照雨，樹密鳥沖人。

不得不承認，這確是情景交融之作。冬寫向陽山坡，夏寫松林清涼，不僅宜人，而且宜物，在物與人相得益彰的境界裏，這山中景色的描寫不也隱含著一點「眾鳥欣有托，吾亦愛吾廬」的襟懷嗎？至於「川明」兩句，一者空明融朗，一者具體真切，其佳處就在引人入勝而使有身臨其境之感。

3.「得於江南」者

戍鼓和潮暗，船燈照島幽。

曲塘春盡雨，方響夜深船。

夜短猿悲滅，風和鵲喜靈。

看得出，司空圖是不肯作尋常寫景抒情之語的，他自以為得意的筆下江南風光，帶著明顯的幽深清冽之感，而遣詞造句時的風格，也確實有他自己詩論所謂「精緻」、「搜研」的特點。

4.「得於塞下」者

馬色經寒慘，雕聲帶晚饑。

此即作者《塞上》詩句。我以為，寫塞上苦寒之狀，此詩可謂一字千金。「馬色」一句，兼寫人物行役之色，「雕聲」一句，尤傳出荒古境界，令人怵然。這兩句詩讓人想到歐陽修與梅堯臣討論詩章之工時所舉賈島詩句「怪禽啼曠野，落日恐行人」，從而體會到司空圖與宋人藝術情趣上的相近。

5.「得於喪亂」者

驊騮思故第，鸚鵡失佳人。

鯨鯢人海涸，魑魅棘林高。

前例以華貴語寫喪亂情景，僅不落俗套而已；後例狀流離驚恐情景，構思頗見奇崛。但相形之下，不如其他詩句為有高興遠韻。

6.「得於道宮」者

棋聲花院閉，幡影石幢幽。

棋聲、幡影，重在傳達道宮中人的神情意態，於石幢之幽外，更寫出幾分閒散和從容。

7.「得於夏景」者

地涼清鶴夢，林靜肅僧儀。

此當是第一等好詩句。「地涼」、「林靜」不過一般夏日宜人境界，但與瑞祥之鶴、脫俗之僧相伴，意蘊就不同凡響了。更何況，鶴棲清涼夢清遠，僧居清靜轉肅穆，雖只寥寥十字，卻將夏日清涼、深林幽靜、古寺肅穆、僧師神清、白鶴意閒，乃至於令人於清靜自在中體悟莊嚴悠遠之旨的情景意趣都涵蓋在內，的確是「狀難寫之景，如在目前；含不盡之意，見於言外」。

8.「得於佛寺」者

松日明金象，苔龕響木魚。

解吟僧亦俗，愛舞鶴終卑。

前例見《上陌梯寺懷舊僧》詩，後例見《僧舍貽友人》詩。兩作都是佛意情趣的表現。後者寓意顯豁，有力戒俗趣而神存清古的意味。前者最得「境生象外」之妙，而妙就妙在「松日」、「苔龕」這兩個意象上：王維《過香積寺》有「泉聲咽危石，日色冷青松」的名句，推測司空圖或許由王詩句意中生發而來，但他卻是創造性的生發，使

松日的幽冷與佛像的輝煌相映生趣；佛龕本是寺廟中之常見物，但「苔龕」就平添了許多時光積累的厚重，並又在一聲聲的木魚聲中化為一片空明。

9.「得於郊園」者

　　遠陂春旱滲，猶有水禽飛。

原注提示其上句為：「綠樹連村暗，黃花入麥稀。」詩題作《獨望》。此詩獨到之處就在切題中那個「望」字，一派村野春望景象，是司空圖所謂「題紀之作，目擊可圖」者。還用司空圖的話，如此之作「體勢自別，不可廢也」。

10.「得於樂府」者

　　晚妝留拜月，春睡更生香。

大約晚唐人心目中的「樂府」詩，已經和倚聲之詞相近，從而又與六朝宮體有緣了。春睡生香，不免綺靡，但晚妝拜月，傳達出女子盛妝祈禱的鄭重神情，豔麗中透出純情的誠摯，別具風情。

11.「得於寂寥」者

　　孤螢出荒池，落葉穿破屋。

此乃《秋思》一詩中的句子。用力太顯，刻畫著痕，不見高明。

12.「得於恬適」者

客來當意愜，花發遇歌成。

此詩的好處，不外好事成雙、錦上添花的思路。不過，若往雅意上去琢磨，則另有一番妙處：前句寫出會客訪友之道的理想境界，且暗含著客分好惡、時唯乘興的意蘊；後句有心物感應而中存天機的意思，非僅寫巧合之趣也。

此外，司空圖還列舉了《山中》詩：「逃難人多分隙第，放生鹿大出寒林。」《退棲》詩：「得劍乍如添健僕，亡書久似憶良朋。」《光啟四年春戊申》詩：「孤嶼池痕春漲滿，小欄花韻午晴初。」《華下》詩：「故國春歸未有涯，小欄高檻別人家。五更惆悵回孤枕，猶自殘燈照落花。」《元日》詩：「甲子今重數，生涯只自憐。殷勤元旦日，歌舞又明年。」其中《山中》詩兩句深得諷喻之旨，而又含蓄層折，言下有譏諷當權者只放生以博虛名而無意于民生疾苦的意思，讀來感慨萬千！《華下》一詩，頗有李後主故國明月之思，以小欄高檻對殘燈落花，意象鮮明，令人品挹不盡。

總之，我們之所以不厭其煩地一一將其例詩列舉出來，並加以簡約評述，目的當然在於讓人們具體感受一下司空圖自己所認可的也是自己所實踐的「韻外之致」、「味外之旨」。無論如何，當年蘇軾是表示欣賞的！而且蘇軾的欣賞和首肯應是同時針對「美在鹹酸之外」的論點和「自列其詩」之詩的。儘管對上列詩句可能會有不同的評說，儘管其中詩句的水平也是參差不齊的，但我們不得不承認，在總體上，它們確實有講求「韻外」、「味外」之美的特徵，而且具有一種整體的平和淡雅風格。這，也就是蘇軾所說的「承平之遺風」吧！

中國古代的美學思想，完整表現於系統理論者並非主流，倒是往往散布在品評作品的「說話」（詩話、詞話，都是「話」）中。直到王

國維，不仍在用「畫屏金鷓鴣」、「弦上黃鶯語」來品評溫、韋詞風嗎？
所以，像司空圖「自列其詩」的這些詩句，理應視為其詩學思想的有
機組成部分。而如此一來，蘇軾所有意要宣導並有志於復興的「魏晉
以來，高風絕塵」之精神風度和「妙在筆墨之外」的藝術造詣，就絕
不僅僅是一種觀念形態的內容，實際上也是一種對具體藝術家及其藝
術品的特殊興趣和感情。《書黃子思詩集後》一文，就這樣把司空圖其
人及其論其詩納入到「魏晉以來，高風絕塵」的人格系列和「妙在筆
墨之外」的藝術境界裏了，從而，自然也就賦予司空圖所謂「澄淡精
緻」以「高風絕塵」的精神內涵與「妙在筆墨之外」的藝術造詣。如
前文已經論證過的那樣，這種精神內涵和藝術造詣，具有在橫向與縱
向上同時超越「濃」、「淡」之對立與消長的絕對的理想性。然而，微
妙處恰在於，如此具有絕對性的美學理想，居然並不全然是純粹抽象
的思辨和推論，反倒落實在那樣具體的詩意的領會之中！既然如此，
我們又怎能只在幾個概念之間尋找其理論的奧妙呢？

　　蘇軾關於「妙在筆墨之外」的美學思想，真是所在多見，隨處流
露的。《書鄢陵王主簿所畫折枝二首》云：

論畫以形似，見與兒童鄰。
賦詩必此詩，定非知詩人。
詩畫本一律，天工與清新。
邊鸞雀寫生，趙昌花傳神。
何如此兩幅，疏淡含精勻！
誰言一點紅，解寄無邊春？

瘦竹如幽人，幽花如處女。

　　低昂枝上雀，搖盪花間雨。

　　雙翎決將起，眾葉紛自舉。

　　可憐采花蜂，清蜜寄兩股。

　　若人富天巧，春色入毫楮。

　　懸知君能詩，寄聲求妙語。

　　蘇軾此詩曾引起過頗為熱鬧的爭論[10]，但一味在所謂「形似」、「神似」問題上做文章者，實在不得要領。其實，就如蘇軾在《王維吳道子畫》一詩中曲終奏雅而道出的那樣：「吾觀二子皆神俊，又於維也斂衽無間言。」詩畫相通，形神兼備，小中見大，虛處寫實，藝術風格本自多樣，但其最為理想者，卻在疏淡精勻，清瘦幽雅。請看詩中對畫境內容的描摹，分明是極其生動的形象，「幽花如處女」的花，其幽雅中該藏著多少婀娜！「雙翎」兩句所形容者，又令人聯想到蘇軾《題陳直躬畫雁詩》裏的話：

　　君從何處看，得此無人態？

　　眾所周知，蘇軾在論述人物肖像畫的《傳神論》中，曾提出過「欲得其人之天，法當于眾中陰察之」的觀點，可見他意下所謂「天巧」，是很尊重客觀真實的。亦唯其如此，這裏的「精勻」，就與司空圖所說的「精緻」相通，是需要下一番「搜研」功夫的。正是因為這樣，司空圖所謂「澄淡精緻」，蘇軾所謂「疏淡精勻」，與畫學史上所標舉的元人寫意之草草「逸筆」，終究不是一回事。一言以蔽之，司空圖已有

10　王水照《蘇軾選集》第188頁於此詩注解中便有扼要引述，可以參看。

合「詩家之景」與「畫家之景」（所謂「目擊可圖」者）為一體的意向，蘇軾更是主張「詩畫本一律」，「味摩詰之詩，詩中有畫；觀摩詰之畫，畫中有詩」。（《東坡題跋》卷五）從詩意有畫境和畫境有詩意這種「出位之思」的意義上去領會，所謂「妙在筆墨之外」，就是詩歌之妙恰在詩意之外，繪畫之妙恰在畫境之外，超越其外，才能秘響旁通，也因此，所謂詩畫互補，並不是簡單地專作詩意畫或專寫題畫詩[11]。

同樣道理，「澄淡」也罷，「疏淡」也罷，都有一個從「韻外之致」、「味外之旨」上去體味的問題。也就是說，你先須「閱世走人間」，飽嘗人間況味，並且具有「鹹酸雜眾好」這種絕無偏嗜的襟懷，然後又須「觀身臥雲嶺」，自我反觀而在內在精神上實現超越，從「眾好」中發現「中有至味永」，悟解「大音希聲」非琴上無弦的道理，於是不把「妙在筆墨之外」誤解作不要筆墨技巧和筆墨傳統，不把「論畫以形似，見與兒童鄰」誤解作不重形似，不把「賦詩必此詩，定非知詩人」誤解作不必切題，如此等等。在終極意義上，蘇軾通過再闡司空圖「其美常在鹹酸之外」一說而表現的美學思想，可以提煉為曲盡體式之妙與超越以求創造的辯證統一。

尤其是當人們只從美學風格論的角度來討論問題時，更需要注意這裏的內在原創性辯證機制。哲學的辯證思維，如果不以原創性為大前提，是很容易流於折中調和甚至無所是非的。而在美學風格論的領域裏，「澄淡」、「疏淡」作為風格美之辯證分析中的一極，不能沒有其相對的另一極，在此兩極之間，蘇軾絕非作折中調和之論者，當然也

---

11 當然，宋代文人題畫詩的蔚然成風，的確推動了詩畫互補這一文藝潮流，並且也正體現了他們追求詩意、畫境之「通感」的藝術精神。不過，在理論上，我們卻必須明確，「詩中有畫」，「畫中有詩」，最終是一種超藝術媒介的美學思想，是一種藝術本體論上的「出位之思」。

不是以偏愛「平淡」一極的立場出現，就像他不是以偏愛「豪猛」的面目出現一樣。其《與魯直》云：

> 凡人文字，當務使平和，至足之餘，溢為奇怪，蓋出於不得已爾。

作為首要之義而提出的，正是「平和」，難怪他要稱讚司空圖「崎嶇兵亂之間，而詩文高雅，猶有承平之遺風」。所謂「務使平和」，其實已經暗含著「平和」非為易事的潛臺詞，而對於什麼樣的人來說「平和」非為易事呢？當然是那些性情豪放者了，正是因為如此，「務使平和」一說實際上具有防止人們偏走豪放一路的理論意義。而對於性情平和的人來說，事情就正好相反了，於是同一個蘇軾在《與姪論文書》裏就強調：「凡文字少小時須令氣象崢嶸，彩色絢爛，漸老漸熟，乃造平淡。」針對不同性情而提出不同要求，看似沒有一致的目標，實質卻是在確認著「平淡之外」與「絢爛之外」的美學思路。如果我們只是一般性地滿足於在理論上自圓其說，那麼，「辯證統一」四字便是無往而不勝的制勝法寶。如果我們是想認真地解釋一些問題，那麼，就必須尋找到這所謂「辯證統一」的具體理論形態是怎樣的。其實，蘇軾「至足之餘，溢為奇怪，蓋出於不得已爾」的論述已經明確告訴我們，那是一種水滿自溢的「自然」狀態。只不過，這裏的「自然」不是無所作為的消極的「自然」，而是富於原創性的積極的「自然」。唯其如此，作為美學理想的「平淡」，最終是超越於「平淡」與「絢爛」之兩極對立的更高層次上的「自然」境界。

任何故作姿態和裝腔作勢的「澄淡」或「崢嶸」，所有刻意為之或力不從心的「絢爛」與「平淡」，一切拙劣拼湊和機械組裝的「濃淡相間」或「剛柔相濟」，都非蘇軾所認可的。不僅如此，「出於不得已」

的論點，實際就是在凸顯審美創作中客觀必然的制約，如《跋蒲傳正、燕公山水》云：

> 畫以人物為神，花卉禽魚為妙，宮室器用為巧，山水為勝；而山水以清雄奇富、變態無窮為難。

他自己入廬山而作《棲賢三峽橋》有云：

> 清寒入山骨，草木盡堅瘦。

胡仔評曰：

> 精研絕韻，真他人道不到也。（《苕溪漁隱叢話》後集卷二十九）

紀昀也讚歎說：

> 十字絕唱。（紀昀評點本《蘇文忠公詩集》卷二十三）

若論詩意格調，蘇軾這裏的絕唱兩句顯然接近於江西詩派的瘦硬風格，恐難以平常人們所理解的「平淡」之美來品評，但由於這是出於「求物之妙」的創作精神，是對山水客觀真實的準確表現，所以，是「出於不得已」者，即使再顯得崢嶸奇崛、千奇百怪，也是「自然」境界，也是「疏淡」之美。而正是在這種意義上，「疏淡」之美意味著筆墨句法的簡要傳神。不要忘了，蘇軾在論及書法鐘、王之跡時，是用「蕭散簡遠」來形容的！

蘇軾《書吳道子畫後》有云：

　　……故詩至於杜子美，文至於韓退之，書至於顏魯公，畫至於吳
道子，而古今之變，天下之能事畢矣。道子畫人物，如以燈取影，逆
來順往，旁見側出，橫斜平直，各相乘除，得自然之數，不差毫末，
出新意於法度之中，寄妙理於豪放之外，所謂遊刃餘地，運斤成風，
蓋古今一人而已。

　　在《書王維吳道子畫》一詩中，他分明講過「又於維也斂衽無間
言」，而這裏又說吳道子是「古今一人」，怎麼如此矛盾？殊不知，表
面的矛盾背後是本質的通會：他所稱讚的吳道子畫之能「得自然之數」
的「自然」，分明是與其「新意」及「妙理」相統一的，也正是因為如
此，其人之創新意識和豪放風格，便都是出於對客觀之「數」的體會
和表現，其「豪放」之外有「妙理」，又豈是一味豪放者？這樣一來，
不就與心契王維者相一致了嗎？

　　在上一節裏，我們論證了蘇軾所具有的以「叩其兩端」為機杼的
美學思維風格，現在，我們進一步可以將蘇軾的美學思想提煉為「叩
其兩端，歸於自然」。其《文說》云：

　　吾文如萬斛泉湧，不擇地而出，在平地滔滔汩汩，雖一日千里無
難。及其與山石曲折，隨物賦形而不可知也。所可知者，常行於所當
行，常止於不可不止，如是而已。其他雖吾亦不能知也。

　　其《答謝民師書》再次強調了這種「行雲流水」般的「文理自然」
的價值，並進而論道：

求物之妙，如系風捕影，能使是物了然於心者，蓋千萬人而不一遇也，而况能使了然於口與手者乎？是之謂辭達。辭至於能達，則文不可勝用矣。

這樣一來，其「自然」者，既「文理自然」之謂也，亦「自然之數」之謂也。講「文理自然」，妙在以行雲流水為喻，將千變萬化歸於隨物賦形這樣一種無適不可的主體意態；講「自然之數」，深刻就深刻在將其歸於以「求物之妙」為宗旨的「辭達」觀，從而使無適不可者成為無所不達；這就是又一層意義上的「叩其兩端」了。如果藝術家的性靈真能如行雲流水那樣「自然」，仿佛主體已化為無形，卻又具備萬千形態，它無意於任何一種格調，卻又可以具備種種格調，那麼，一般所說的「平淡」與「絢爛」的對立，寫心與體物的對立，就失去了意義，而如此「自然」境界，又恰恰體現出無為而無不為式的平淡自然風格。

一句話，蘇軾意下之「平淡」，兼「心」、「物」之兩妙，主「有」「無」之相生，得陶潛之超然，挹表聖之澄清，若行雲流水，似山高水深，「其美常在鹹酸之外」，故萬萬不可將其所謂「平淡」視為或鹹或酸之品味！

第四節　「山高水深」與「水月鏡花」
——江西詩派與嚴羽之間的詩美辨思

宋代詩壇最富影響的流派江西詩派，其領袖人物黃庭堅有一句極其形象生動的關於「平淡」美境界的品評語言：「平淡而山高水深。」這句話又將杜甫詩的藝術造詣與「平淡」理想連繫了起來。

　　杜甫詩歌，在蘇軾的理論框架裏，與吳道子的畫、顏真卿的字、韓愈的文章一起，是集古今之大成的藝術典範。然而，以上的討論卻又告訴我們，蘇軾認為，這種集大成的境界似乎缺少「妙在筆墨之外」的「韻外之致」、「味外之旨」。黃庭堅仿佛是在接著蘇軾的話題發揮──當然是互補性的發揮，指出杜甫詩、韓愈文到後來已經有著自我超越的新氣象。黃庭堅《與王觀複書》云：

　　觀杜子美到夔州後詩，韓退之自潮州還朝後文章，皆不煩繩削而自合矣。

　　顯而易見，「繩」者繩墨之謂，「削」者斧削之謂，繩墨意味著規矩標準，類比分析，也就意味著書畫之「筆法」、詩文之「句法」（章法）。有煩繩削，自屬筆墨之內事；而「不煩繩削」，當然就是「妙在筆墨之外」了。這樣一來，蘇軾論中所謂杜詩、韓文、顏字、吳畫所缺少的「高風絕塵」、「筆墨之外」的妙處，黃庭堅卻在杜詩、韓文中找到了。初看去，蘇、黃之間，幾乎針鋒相對，其實是互相補充的。問題的癥結在于，黃庭堅強調的是杜、韓後期自我變創的境界。

　　依據黃庭堅論述中的自我邏輯，既然後期的杜詩、韓文「皆不煩繩削而自合」，那麼，其人前期的詩文當然就是必須繩削而後合的了。不僅如此，由於「不煩繩削」之「合」同「必煩繩削」之「合」只能合於一個標准，而這個標準當然只能是「繩削」的內在依據，所以，這裏並不存在標准的變化，而只是一個「繩削」的「漸老漸熟，乃造平淡」。很清楚，在黃庭堅這裏，暗藏著對藝術創作由刻意塑造到自然而然的企求。也許是同樣一種風格，如江西派之瘦硬奇崛，卻有一個刻意與否的問題，若真能無意於奇崛而自然奇崛，那就是「蕭散」式

的奇崛了。以是，黃庭堅《與王觀複書之二》云：

> 但觀杜子美到夔州後古律詩，便得句法簡易，而大巧出焉。平淡
> 而山高水深，似欲不可企及，文章成就，更無斧鑿痕，乃為佳作耳。

　　從最基本的意義上去推求，「簡易」的反面當然只能是「煩瑣」，但「句法」之「簡易」絕非句子之「簡易」，也因此，「句法簡易」實有文理精通的意思，所以才說「大巧出焉」。毫無疑問，精通意義上的「簡易」，有以簡馭繁的藝術哲學意味，而就大巧若拙來說，又含有返璞歸真的意思。於是，我們可以說，黃庭堅言下之所謂「平淡」，已然離開風格選擇的層面而深入到普遍的風格生成論的層面了。

　　長期以來，由於我們總是持一種輕視藝術技巧的觀點，總是因此而認為一切講求藝術技巧的理論都是形式主義，所以，在審美風格論的問題上，又總是從主體情感和主題內容的角度去解釋風格的形成，至於藝術技巧在審美風格之形成過程中的作用，當然就理所當然地被忽略了。也由於同樣的原因，黃庭堅從「句法」角度對「平淡」美的闡釋，其意義很少得到正面的闡發和肯定。現在應該來澄清這一問題了。必須認識到，任何藝術都不能沒有技巧，用黃庭堅的話來說，「百工之技亦無有不法而成者」（《宋黃文節公全集》別集卷一一《論作詩文》），換言之，技巧問題實質上就是方法論問題。而黃庭堅「平淡」美論的真正意義，恰恰在於指明了這樣一層道理：只有化作主體自由的方法才是最成功的方法。所有的藝術都有自己的形式規定，而此一形式規定同藝術家創作自由的辯證結合，又是一個積澱成法與變創出新彼此推動的歷史過程。黃庭堅告訴人們，儘管你必「須少入繩墨乃佳」（《與王觀複書》），但真正的成功氣象，卻是「不煩繩削而自合」，

顯然，這就是一個入乎其中而又出乎其外的過程，而那理想的境界則是出乎其外的境界。接下來的問題是，出乎其外者也有一個如何出乎其外的方法和途徑問題，於是，理論思考便又一次被提到新的層面上，而在這裏，後期的杜詩、韓文是被確認為典範的。既然像杜甫、韓愈這樣的人物都是在到了後期才自我變創乃造「平淡」，那一般後學又豈能求其速成呢？因此，黃庭堅的思想未嘗不與吳可的《學詩詩》相通：

> 學詩渾似學參禪，竹榻蒲團不計年。
> 直待自家都了得，等閒拈出便超然。

而這也就意味著，後來的嚴羽，雖然批評蘇、黃不遺餘力，但在美學理想上，卻與他們暗相貫通。《滄浪詩話》〈詩法〉曰：

> 學詩有三節：其初不識好惡，連篇累牘，肆筆而成；既識羞愧，始生畏縮，成之極難；及其透徹，則七縱八橫，信手拈來，頭頭是道矣。

以此處議論，連繫於其《詩辨》中所謂「盛唐諸公唯在興趣，羚羊掛角，無跡可求。故其妙處透徹玲瓏，不可湊泊，如空中之音，相中之色，水中之月，鏡中之象，言有盡而意無窮」，分明可以看出，盛唐氣象乃是「透徹」境界，但卻需要從「識好惡」、「識羞愧」處來。不言而喻，「好惡」也罷，「羞愧」也罷，都是與一定的「規矩」、「繩墨」相連繫的，也因此，嚴羽之論，實可以轉寫為「識繩墨」、「識規矩」然後可至於「透徹」境界。

當然，嚴羽「空中之音」諸喻，說到底只是一種比喻，不管是馮班的《嚴氏糾謬》還是錢鍾書的《談藝錄》，都未免疏解於這一個「喻」字！實際上，怎見得如「水中之月」、「鏡中之象」者就只能是王維、孟浩然他們呢？在《詩辨》中，嚴羽分詩之品為九，曰：高、古、深、遠、長、雄渾、飄逸、悲壯、淒婉。而在《答出繼叔臨安吳景仙書》中，他又道：

> 又謂：盛唐之詩，雄深雅健。僕謂此四字，但可評文，於詩則用健字不得。不若《詩辨》雄渾悲壯之語，為得詩之體也。

此足見在嚴羽心目中，詩國盛唐氣象只能以「雄渾悲壯」來概括。而真正能當得起這四個字的盛唐詩人，當然就是李白、杜甫了，所以，嚴羽總是李、杜並提的。其實，不管是「雄深雅健」，還是「雄渾悲壯」，在意義聯想上都通於黃庭堅的「山高水深」，可見在對盛唐氣象的總體感受上，他們原是一致的。而問題的癥結更在於，嚴羽此間的「於詩則用健字不得」，與其所謂「詩有別材」「詩有別趣」說有關，本著「唯在興趣」的原則，有「唐人尚意興而理在其中」的分析，足見詩體之本乃在一個「興」字，於是「雄渾悲壯」氣象的詩意表現，實際上正是「水中之月」「鏡中之象」式的。用嚴羽自己的語言來說，就是「透徹而雄渾悲壯」──這不是很有點神似於黃庭堅的「平淡而山高水深」嗎？

在這裏，有一個需要大家多多留意的關鍵字之間的互相發明，那就是「透徹」與「平淡」的底蘊會通。

任何時代的文藝理論或美學思想，都免不了要使用一些流行的話語，而任何時代的流行話語，都有著未見得能夠浮出歷史水面的話語

環境，唯其如此，切不可膠柱鼓瑟而固守話語表面的意義。上述討論其實已經告訴人們，黃庭堅言下之「平淡」之所以可以相通於嚴羽言下之「透徹」，就因為兩者都是別有所指—共同指向「夫學詩者以識為主」的學詩方法論。毫無疑問，學詩方法論意義上的「平淡」，與詩學風格論意義上的「平淡」，畢竟是兩回事。

在學詩方法論的層面上，嚴羽的「透徹之悟」與黃庭堅的「句法簡易」又有著分異而互補的理論價值。如果説黃庭堅「平淡而山高水深」的喻象，是在比喻「句法簡易」的「文章成就」氣象，「大巧出焉」而具有大巧若拙的意味，那麼，嚴羽以「空中之音」、「鏡中之象」諸意象所喻示的，則另指一種對義理學問之詩意化的追求。如果説黃庭堅的「平淡」境界頗有今人毛澤東「萬水千山只等閒」的「等閒」意味，是對藝術技巧達於化境的一種理論描述，其中自然含有舉重若輕的輕鬆、熟能生巧的巧妙、大巧若拙的拙樸等方法論因素，通俗地講，就是「不在話下」而勝任有餘；那麼，嚴羽的「透徹」境界則是在喻説由「讀書」、「窮理」的積澱過程躍遷到詩意化世界之際的完整和圓滿狀態，其所謂「透徹」即非「一知半解」的闡説，分明就是在講這一道理，「空中之音」、「鏡中之象」、「水中之月」的多項比喻，説到底，也正是為了讓人們體會到此材此趣與別材別趣之審美轉化的徹底與圓滿，儘管這裏不再是藝術技巧上的勝任有餘問題，但同樣有一個轉化上的勝任有餘問題，如何作詩存在一個「大巧出焉」的方法論理想境界，如何化非詩內容為詩意世界依然有一個「大巧出焉」的方法論理想境界；既然如此，兩相會通就是情理中事了。

如何作詩總是同對「什麼是詩」這樣的認識相連繫的，而「什麼是詩」這樣的問題又往往總是被轉化為「好詩是什麼樣的」一類的問題，也因此，在宋人那裏，學詩方法論、詩意別境論、詩美典範論，

乃有三合為一的理論建構態勢。在此三合為一的意義上來談論「平淡」問題，大概是需要一點禪機的。

嚴羽道：「大抵禪道惟在妙悟，詩道亦在妙悟。」（《滄浪詩話》〈詩辨〉）又曰：「妙喜自謂參禪精子，僕亦自謂參詩精子。」（《答出繼叔臨安吳景仙書》）在嚴羽的理論話語中，「熟參」與「妙悟」乃是可以相互置換的一對概念，唯其如此，「一味妙悟」，就相通於蘇軾的「漸老漸熟」，因為《滄浪詩話》〈詩辨〉裏講得清清楚楚：

> 先須熟讀《楚辭》，朝夕諷詠以為之本；及讀《古詩十九首》，樂府四篇，李陵、蘇武、漢魏五言詩皆須熟讀，即以李、杜二集枕藉觀之，如今人之治經，然後博取盛唐名家，醞釀胸中，久之自然悟入。

你看他反反覆覆地強調「熟讀」，又特意標出「久之」，足見其所謂「頓門」實質上是會通於「漸門」的，難怪潘德輿《養一齋李杜詩話》卷一道：

> 滄浪論詩，以禪為喻，頗非古義，所以來馮氏之攻。然謂李杜二集枕藉觀之，如今人之治經，則吻合朱子之論，不可攻也。

的確，不僅是吻合朱熹之論的問題，也有吻合蘇、黃之論的問題，更有共同體現宋人思維走向的問題。一旦我們不再糾纏於枝節分異，一旦我們不再著眼於門派紛爭，一條清晰的思路就將呈現於面前：黃庭堅的「句法」、「平淡」論，嚴羽的「別趣」、「妙悟」論，最終是會通於對老練而精熟、積澱而躍遷、刻意而無意、有法而無法、有師而無師等諸般辯證境界的體認和闡發了。

　　宋人的美學思維是總結性的。如果說他們對「平淡」的宣導具有絢爛之極而返璞歸真的歷史意義的話，必須同時認識到，「平淡」又意味著人們對「絢爛」的藝術追求由刻意努力到本能自發的自我超越。這樣就很清楚了，無論就藝術風格而言，還是就審美理想而言，或者是就創作及批評方法而言，它都顯得是某種追求之上的追求，其間有一個辯證超越和內化實現的機制，這一點，人們萬萬不可大意而忽略！黃庭堅的「平淡而山高水深」，嚴滄浪的「水中之月」、「鏡中之象」，都是極富理論暗示的話語，我們固然可以連繫其有關論述來作一定程度上的推論和闡發，但這絕不可能是最後的結論──準確地說，這充其量只是就其理論思維的走向作出判斷而已。不過，有一點卻是很清楚的，那就是「山高水深」或「水月鏡花」的喻象告訴我們，宋人意中之「平淡」，實在是一點也不平淡！

第五章

藝業「逸品」理念

　　在中國文藝美學史的發展歷程中，由書畫美學界所提出的「逸品」理念，是無論如何也繞不過去的一個理論癥結。從宋人黃休複提出「神」、「妙」、「能」、「逸」四品之說以來，其餘三品受重視的程度遠遠不及「逸品」，此中奧秘，是很值得所有從事文藝美學理論研究的人們去深思鑽研的。伍蠡甫先生在其一九八三年七月出版的《中國畫論研究》[1]著作中，專有《文人畫藝術風格初探》及《董其昌論》兩文，討論所及，正涉及文人書畫思想中的「逸品」理念，已為我們提供了一個可貴的參照系。另者，在學界相關的研究中，已經發現「逸品」之美是一種浸潤在詩、文、書、畫之多種藝術生活中的精神品格，而且是一種更多地體現於創作實踐與鑒賞實踐中的價值追求，因此，從概念到概念的純理論分析，能否真正把握到它的精髓，實在是值得反

1　該書為「文藝美學叢書」之一種，北京大學出版社出版。

思的。也正因為如此，這裏我們的探討將採取理論與實踐相結合的角度，以期在前人所見的基礎上能夠多少有一些新的發現。

第一節　董其昌：大雅平淡，關乎神明
——藝術風格背後的文化精神籲求

　　董其昌所在的明代社會，在一般文化思想史與文學藝術史的描述中，乃是復古與浪漫相交替的。倘若將浪漫主義看作是對復古思潮的否定，則董其昌的藝術思想只好列入浪漫主義藝術家的行列，實際上他也確有著「日與陶周望望齡、袁伯修中道遊戲禪悅」（薑紹書《無聲詩史》）的生活經歷。但是，問題在於，「遊戲禪悅」所折射出來的公安性靈風度及其背後的「童心」思想理念，既然被人們確認為有明浪漫主義思潮，就說明其精神實質具有思想解放與性情解放的傾向，而此一傾向又是如何與「逸品」這樣的美學理念連繫在一起的呢？

　　董氏《詒美堂集序》云：

　　撰述之家，有潛行眾妙之中，獨立萬物之表者，淡是也。世之作者，極其才情之變，可以無所不能。而大雅平淡，關乎神明。非名心薄而世味淺者，終莫能近焉，談何容易！《出師二表》，表裏《伊訓》，《歸去來辭》，羽翼〈國風〉。此皆無門無徑，質任自然，是之謂「淡」。乃武侯之明志，靖節之養真者何物，豈澄練之力乎？

　　這裏以諸葛亮與陶淵明兩人為典範，是值得探討的。眾所周知，諸葛亮無論如何也不是一個淡泊事功的人物。再說，《尚書》〈伊訓〉之所闡發者，也絕對不是超然物外的精神追求！值此，我們首先倒是

不妨從宋人辛棄疾的一些詞句切入當下的話題：

賀新郎

把酒長亭說。看淵明、風流酷似，臥龍諸葛。

水龍吟

……誰識稼軒心事？似風乎、舞雩之下。回頭落日，蒼茫萬里，塵埃野馬。更想隆中，臥龍千尺，高吟才罷。

　　明眼人一看便知，辛棄疾與董其昌之間，是有著靈犀相通之處的。且看辛棄疾詞意所表，涉及三位歷史文化人物：孔子、諸葛亮、陶淵明。辛棄疾所心儀之孔子，乃是「吾與點也」的孔子，在宋人，尤其是道學家的文化闡釋中，孔子「吾與點也」之趣，是一種能將道德人格的修養同山林江湖之趣融合為一的情趣，是一種關注道德性情但不一定熱衷功名事業的境界，從而，就是一種兼得儒家濟世與道家遺世之旨的人文襟懷。正因為有這樣而非那樣的一個前提，所以，諸葛亮才能與陶淵明相協調。身在山林而心存天下，或心存天下而又不忘山林，所謂「看淵明、風流酷似，臥龍諸葛」，換句話說，也不妨就是「看孔子、風流酷似，逍遙老莊」，其相容會通的文化精神是必須有所領會的。由這裏出發來分析董其昌的議論，那將諸葛亮的前後《出師表》與陶淵明的《歸去來兮辭》並舉的文化心理，自然就是意味深長的了。特別是《出師表》，歷來是被定位在「鞠躬盡瘁，死而後已」這樣的人生價值座標上的，《出師表》的一個「出」字，《歸去來兮辭》的一個「歸」字，再清楚不過地表露出這「出」與「歸」兩者兼顧的價值追求。

　　兼顧兩者，自然就與「達則兼濟天下，窮則獨善其身」的傳統人格規範相一致。但問題在於，董其昌值此卻又將《尚書》〈伊訓〉和《詩經》〈國風〉引入話題，於是就顯出對傳統人格規範的獨到闡釋了。眾所周知，《尚書》〈商書〉中的〈伊訓〉一篇，乃是太甲嗣位之際伊尹作書以訓導的訓導之詞，為使董氏用心能被讀者所體會，我們還是有必要引述一下其中的主要內容的：

　　……我商王布昭聖武，代虐以寬，兆民允懷。今王嗣厥德，罔不在初，立愛惟親，立德惟長，始於家邦，終於四海。

　　嗚呼！先王肇修人紀，從諫弗咈。先民時若，居上克明，為下克忠，與人不求備，檢身若不及，以至於有萬邦，茲惟艱哉！

　　敷求哲人，俾輔於爾後嗣。

　　制官刑，儆於有位曰：敢有恆舞于宮，酣歌于室，時謂之巫風；敢有殉於貨色，恒于游畋，時謂淫風；敢有侮聖言，逆忠直，遠耆德，比頑童，時謂亂風。惟茲三風十愆，卿士有一於身，家必喪；邦君有一于身，國必亡；臣下不匡其刑墨，具訓于蒙士。

　　嗚呼！嗣王祇厥身念哉！聖謨洋洋，嘉言孔彰。惟上帝不常，作善降之百祥，作不善降之百殃。爾惟德罔小，萬邦惟慶。爾惟不德罔大，墜厥宗。

　　如果說這就是董其昌心目中的「大雅平淡」，那麼，可以肯定地說，這裏有著對自上古以來儒家文化所闡發並維護的「公理」道德的深刻體會與闡釋，此處之「平淡」顯然遙遙呼應於先儒之所謂「惟清惟直」的道德政治觀念，尤其是其中的「忠直」概念，由於是與災異譴告的文化意識相溝通的，所以，就具有了超越於現實的意義，從

而，董其昌所說的「關乎神明」，就不能理解作神秘主義的空言了。也正是因為如此，其所謂「名心薄而世味淺」，非但不是在強調忘卻世事，實際上更是在強調對功利及勢利之心的超越和否定。換言之，功名心淡薄，並不意味著不關心時事，不熱心公益事業，不講求「國家興亡，匹夫有責」，而只是籲求對庸俗官場習性及社會心理的懺悔和批判，這裏面包括對昏聵君主和殘暴帝王的道德譴責。所有這些，的確是「談何容易」！可見，董其昌的「談何容易」是發自內心的感歎！

有了對如上內容的闡發，所謂「《歸去來辭》，羽翼〈國風〉」的說法，才顯得不難理解。筆者以為，董氏此處之所謂「國風」，寓有民間在野的意思，表露出一種在野布衣卻非不關國事的特殊意識。在這一點上，他人所論，頗可參照。黃本驥《癡學》卷五云：

歐陽公曰：「晉無文章，惟陶淵明《歸去來辭》一篇而已。」餘謂陶公胸懷淡遠，妙處尚在語言文字之外。《歸去來辭》直是曾點沂水春風一段注腳，即謂超越秦漢，上接風騷可也。

吳淇《六朝選詩定論》卷一一曰：

……首二句喚起一篇之勢，最有力。一行作吏，田園便蕪，固是實賦，然亦有朝廷不治之意，此《歸去來》之緣起也。

要點之一是：陶淵明「歸去來」之志乃可以體現孔子「吾與點也」之旨。要點之二是：陶淵明「歸去來」之志隱含「朝廷不治之意」。也許，正是因為有著這兩個要點的彼此會通，所以，才有「上接風騷可也」的論斷。而這也就說明，在長期的士人闡釋中，陶淵明的人格與

詩境已經接壤於諸葛亮之人格及其意志，一種兼得於出世與入世、儒家與佛老、事功與心性的人格理想與文藝理想，已然呼之欲出了！

董其昌的「大雅平淡」，就是對此一理想的理性概括。

從具體的歷史文化背景方面去考慮，此「大雅平淡」應該與明代理學家所謂「性氣」追求相關。「《書》前有《易》心能悟，刪後無詩句獨謠。」（薛瑄《讀邵康節擊壤集》）通過對邵雍人格詩風的企慕，明代一些理學之士表露出合心性修養與藝術娛樂於一體的精神追求，即便是與董其昌交遊密切的公安袁氏，在其後期所作的《敘㑇氏家繩集》中不也說：

> 凡物釀之得甘，炙之得苦，惟淡也不可造；不可造，是文之真性靈也。濃者不復薄，甘者不復辛，惟淡也無不可造；無不可造，是文之真變態也。

董其昌《隨筆》〈禪悅〉云：

> 邇見中郎手摘《永明宗鏡錄》與《冥樞會要》，校勘精詳，知其眼目不同往時境界矣。

的確，是不同往時境界了。但為什麼呢？「袁宗道的這一變化，在公安派的其他諸家，尤其是袁中郎的文論中，均有所體現。顯然，這不是一個人偶然的變更，而是一派共同傾向的轉移。」[2]既然是一派共同傾向的變更，就更值得去探詢其原因了。前期狂放，後期簡淡，

2　袁震宇、劉明今：《明代文學批評史》，上海古籍出版社1991年版，第461頁。

前期外遊，後期內遊，從一般心理和生理相結合的角度來講，無非就是一個「漸老漸熟，乃造平淡」的問題。只不過，這裏的「熟」，除卻生理上的成熟外，當更具有思想意識上的成熟的意義。比如，公安派以後的鐘惺在《簡遠堂近詩序》中就寫道：

> 詩，清物也，其體好逸，勞則否；其地喜淨，穢則否；其境取幽，雜則否；其味宜淡，濃則否；其遊止貴曠，拘則否。之數者，獨其心乎哉？

且將其中「清」、「逸」、「淨」、「幽」、「淡」、「曠」數語揀出，不分明就是歷來人們在分析書畫「逸品」時所常常要列舉的範疇嗎？眾所周知，以鐘惺為代表的竟陵派是作為公安派之歷史反動而登上舞臺的，董其昌與公安派中人交遊甚密，情趣投合，而其所標舉之「逸品」卻與竟陵派所主張者相合，豈非咄咄怪事！但若瞭解了公安派人後期的集體旨趣轉移，這裏的一切就一點也不奇怪了。和性靈的張揚相比，作為「清物」的詩、書、畫等文人藝術，乃是時代與人都沉靜下來後的追求啊！在這個意義上，董其昌雖生活在明代後期，雖然他生活上的「禪悅」夥伴是公安派中人，但他顯然與前前後後的文化思潮有著血肉的連繫，從而，其標舉「逸品」、「士氣」的藝術思想，在一定程度上，不妨說，是對整個文化藝術史的總結。

「大雅平淡」，從上文分析來看，就是用「吾與點也」之樂來貫注於風騷傳統之中，就是用「忠直」之道支撐於閒散放逸之間，其無論出入世間，其無論做人還是從事藝業，都講求一個性氣與風格的統一，而這個統一點，就是可由自「清」之核心範疇處生發出來又可歸結於一個「清」字的價值空間。「大雅平淡」，其美在「清」乎！「清」

之美藝，是為「逸品」！

　　董其昌的書畫藝術是以書法藝術為基礎然後達到書畫貫通於「筆法」的。他自己曾經說過：

　　餘年十八學晉人書，得其形模便目無吳興。今老矣，始知吳興書法之妙。[3]

　　這裏的關鍵是「學晉人書」。就其崇尚晉宋雅人高致這一點來說，是完完全全繼承了蘇軾的，從而，「魏晉以來，高風絕塵」，當就是「逸品」之精神所在。關鍵既明，便須注意到另一個問題：其於元書家趙孟究竟是一個什麼態度呢？《容台集》有云：

　　自元人後，無能知趙吳興受病處者，自餘始發，其膏肓在守法不變耳。

　　《畫禪室隨筆》又曰：

　　古人作書，必不作正局。蓋以奇為正，此趙吳興所以不入晉、唐門室也。

　　如果像許多書法史著作所表述的那樣，元代趙孟頫與明代董其昌都可以被概括在復古主義或古典主義風格的範圍之內，那麼，至少有一點是毋庸置疑的：董其昌屬於創新的復古主義或求變的古典主義。

3　董其昌為信孺題，刊於臺灣《故宮歷代法書全集》卷二十八。

問題在於，如同法古太甚則有不化之病一樣，變古太多則有非古之嫌，「奇」與「正」之間的關係，永遠是辯證的，得與失，常常在幾微之間。比如，董其昌《容台集》又説過：

> 吾書往往率意。當吾作意，趙書亦輸一籌，第作意者少耳。

他對「率意」的強調，恐怕與倪瓚的繪畫筆墨精神相通，或者正是元人書畫精神之所在。「率意」者必不「守法」，從而富有變創精神，但變創太多，完全沒有了對「古法」的敬意，那還叫什麼古典主義？所以，就像袁宏道他們晚年悟到了「惟淡也不可造」、「惟淡也無不可造」的道理一樣，董其昌晚年也悟到了率意而不失古法的重要，從而才有「今老矣，始知吳興筆法之妙」的話頭。説起來，師法古人與新創規範的矛盾是一個常談常新的問題，其間的關鍵無非就是分寸感問題，而分寸感恰恰是需要在自身的實踐中去體會領悟的，所以，往往要到「漸老漸熟」以後才有收穫，董氏晚年所歎，實在是意味深長啊！

尤其重要的是，董其昌《畫禪室隨筆》嘗道：

> （陸儼山）雖率爾應酬，皆不苟且，常曰：「即此便是寫字時須用敬也。」吾每服膺斯言。……今後遇筆墨，便當起矜莊想。

從這裏所獲得的思想資訊，遂使其書畫藝術觀念與理學心性講求發生了關係。我們從這裏的「用敬」二字可以自然推導出「大雅平淡」的精神境界，的確，那是一種集合了道家的清虛無為、佛家的隨緣自在與儒家的忠直誠信，並使之融洽為一派蕭散飄逸風度的精神境界。若用明代公安派的話語來説，那該是禪悦而不流於狂怪的性靈與理性

的有效結合。再進一步，恐怕是「童心」與「天理」的某種交融狀態！

換言之，這實際上就是藝術性靈的自由和人文理念之規範的歷史性結合。「逸品」也罷，「士氣」也罷，都須在上述這樣的文化語境中去作領會。而只有在如此體會之後，才可以去分析董其昌所謂畫界南北二宗的有關表述。

董其昌《畫旨》云：

禪家有南北二宗，唐時始分；畫之南北宗，亦唐時分也，但其人非南北耳。北宗則李思訓父子著色山水，流傳而為宋之趙幹、趙伯駒、伯驌，以及馬、夏輩；南宗則王摩詰始用渲淡，一變鉤斫之法，其傳為張璪、荊、關、董、巨、郭忠恕、米家父子，以及元之四家，亦如六祖之後，有馬駒、雲門、臨濟兒孫之盛，而北宗微矣。要之，摩詰所謂雲峰石跡，迥出天機；筆意縱橫，參乎造化者。東坡贊吳道子、王維畫，亦云：「吾於維也無間言。」知言哉。

文人之畫，自王右丞始，其後董源、巨然、李成、范寬為嫡子；李龍眠、王晉卿、米南宮及虎兒，皆從董、巨得來；直至元四大家黃子久、王叔明、倪元鎮、吳仲圭，皆其正傳；吾朝文、沈，則又遠接衣鉢。若馬、夏及李唐、劉松年，又是大李將軍之派，非吾曹當學也。

必須指出，對這麼多的前代畫家以及當代畫家作出分派別流的評述，實在需要相當的膽識。由於在這樣的問題上，難免存在個性趣味以及自家眼光的偏好，所以，就此進行批駁，似乎沒有太大的意義。問題的癥結，恐怕在於深入去領會董其昌為什麼要如此分派別流？伍蠡甫先生對此早有意見：

　　董其昌用「南北二宗」說來論述，評價山水畫的發展和成就，只是造成種種矛盾，難以言之成理的。[4]

　　但我倒是願意給董其昌幾分理解。他應用蘇軾評價吳道子、王維畫的話語，即所謂：「吾觀二子皆神俊，又於維也斂衽無間言。」也就是在一致欣賞的大前提下再表示特殊的偏愛。董其昌之評價意態，大約也是如此。這就等於說，在所謂「南北二宗」的問題上，董其昌不是截然兩分的斷然派，而是兩分且又會通的辯證派，伍先生所謂其「自亂其說」[5]的自相矛盾處，其實未嘗不是其彼此會通處。不僅如此，從他所述「南宗」派中的人物系列來看，更可以發現「逸品」——「文人畫」的涵蓋之廣及精神張力之大。

　　具體的分析是必不可少的。這裏的關鍵是「荊、關、董、巨」，或曰「董源、巨然、李成、范寬為嫡子」。在這裏所列出六大家之間，原來是存在一定的師承關係的。米芾《畫史》云：

　　范寬師荊浩。……丹徒僧房有一軸山水，與浩一同，而筆幹不圓；于瀑水邊，題「華原范寬」。乃是少年所作。卻以常法較之，山頂好作密林，自此趨枯老；水際作突兀大石，自此趨勁硬。信荊之弟子也。

　　又，《宣和畫譜》卷十一曰：

4　　《中國畫論研究》，北京大學出版社1983年版，第155頁。
5　　《中國畫論研究》，北京大學出版社1983年版，第154頁。

（范寬）始學李成，……

元人湯垕《古今畫鑒》亦云：

（范寬）畫山水，初師李成。

從口氣上看，仿佛是在重複《宣和畫譜》的話。而黃賓虹《古畫微》道：

寬於前人名跡，見無不模，模無不肖。

如此說來，其所師承者就非一家一派了。總之，當董其昌將此諸位大家總列入「南宗」系列時，按理是應該考慮到其人之間本來就有之師承關係的。不過，師承並不是問題之全部。更為重要的是作品本身的氣象和風格。南宋周密的《雲煙過眼錄》曰：

范寬雪景五幅，闊景甚偉。

壯闊雄偉的氣象和風格，原本就是荊、范畫境的特色所在。戴熙《習苦齋畫絮》就有「洪穀子（荊浩）之精神，范中立之氣象」的說法，看來這種說法是大有來頭的。宋徽宗時韓拙的《山水純全集》嘗載云：

偶一日於賜書堂，東掛李成，西掛范寬。先觀李公之跡云：「李公家法，墨潤而筆精，煙嵐輕動，如對面千里，秀氣可掬。此觀范寬所

作，如面前真列，峰巒渾厚，氣壯雄逸，筆力老健。此二畫之跡，真
一文一武也。余嘗思其（王晉卿）言字之當，真可謂鑒通骨髓矣。

　　儘管范寬是學過李成的，但最終師其師而變其格，出文入武。在
這一點上，就像董其昌書法精神之學古能變那樣，他所讚賞的人物也
應是師承而有所變創的。變創而至於出文入武，推此理以闡發「南宗」
旨趣，其「逸品」境界又豈是一味清淡者！尤其是那個「武」字，多
少剛烈英武之氣，竟也是「南宗」中人物呢！就憑這一點，也須要細
心領會董其昌「南宗」畫說中以「逸氣」而含納「英氣」的文化底蘊。

　　當然，也有另類式的說法，比如蘇軾。其《東坡題跋》在評說宋
漢傑時一方面說：「近歲惟范寬稍存古法，然微有俗氣。」另一方面又
說：「漢傑真士人畫也。」言下之意，當然是說范寬夠不上真正的「士
人畫」了。不過，對范寬還是基本肯定的，因為他「稍存古法，然微
有俗氣」。蘇軾的美學情趣，我們是知道的，「魏晉以來，高風絕塵」，
「蕭散簡遠，妙在筆墨之外」，由此推斷，是覺得范寬繪畫雖然有簡約
之風，但還有點流於精細與工致。蘇軾在《王維吳道子畫》一詩中寫
道：

　　……

　　吾觀畫品中，莫如二子尊。

　　道子實雄放，浩如海波翻。

　　當其下手風雨快，筆所未到氣已吞。……

　　摩詰本詩老，佩芷襲芳蓀。

　　今觀此壁畫，亦若其詩清且敦。

　　……

　　吳生雖妙絕，猶以畫工論。

　　摩詰得之於象外，有如仙翮謝籠樊。

　　吾觀二子皆神俊，又於維也斂衽無間言。

　　其間語氣，與評說宋漢傑及范寬時一模一樣，並不是斬釘截鐵、愛憎分明，而是躊躇兩端、留有餘地。為什麼會是這樣呢？須知，從蘇軾開始，對所謂「士人」格調的追求，實際上又可以分作兩派：一派即如蘇軾，包括後來的董其昌，他們對「士人」格調的追求，是以對繪畫形象本身必須傳神寫照的基本理念為大前提的；另一派則屬於唯尚「士氣」者，但求筆墨情趣，簡淡格調，而不太講求繪畫形象本身是否傳神寫照。比如，在宋人中特具「文人」風格的米芾，其《畫史》嘗曰：

　　李成淡墨，如夢霧中，石如雲動，多巧少真意。范寬勢雖雄傑，然深暗，如暮夜晦暝，土石不分；物像之幽雅，品固在李成上。……范寬山水，業業如恒岱。遠山多正面，折落有勢。晚年用墨太多，土石不分。本朝自無人出其右。溪出深虛，水若有聲。其作雪山，全師世所謂王摩詰。

　　從米芾的李、范比較中，分明可以看出，范寬山水畫具有墨色濃重、形象逼真、構圖雄偉的特點。按一般的推理，自己就是「逸品」標本式的人物，他及兒子米友仁所創的「米家山」畫法，潑墨點頓，逸筆草草，絕非范寬那種正面逼真的山水寫照，再說「文人」之「逸品」書畫，歷來講的就是簡淡蕭散，其表現於墨色，自然也是貴清淡而疏濃重，為什麼米芾反而讚賞既不草草亦不清淡的范寬呢？其中關

鍵，恰恰就在於以下兩點：

其一，正是對「真意」的追求在起著制約作用。誠然，董其昌嘗言：

唐人畫法，至宋乃暢，至米又一變耳。

詩至少陵，書至魯公，畫至二米，古今之變，天下之能事畢矣。（《容台別集》）

這說明米芾他們是代表著一種「變」的藝術思潮的。然而，此所謂「變」則又是求真寫真的「變」，非一味於筆墨間弄巧趣也。於是，同樣是董其昌，則又說道：

朝起看雲氣變化，可收入筆端。吾嘗行洞庭湖，推篷曠望，儼然米家墨戲。（《容台別集》）

清代唐岱《繪事發微》亦云：

凡畫雨景者，須知陰陽氣交，萬物潤澤，而以晦暗為先；次看雲腳風勢，總要陰晦氣象。歷觀往跡，余為米海嶽首屈一指焉。

如此來說，「米家山」分明就是專門化的陰雨煙雲圖景了。作為一位畫家而專門化到如此程度，應該說，是未免於單調了！但是，專門化的繪畫境界乃對應於特定的自然景觀，筆墨雖饒變化，內容仍是寫真！只不過其寫真的方法不再是一絲不苟，而是約略傳神就是了。其實，也正是在追求藝術寫真這一點上，范寬的正面寫實而逼真雄奇，

得到了從米芾到董其昌的一致肯定。

但是，董其昌在《丙申跋董源〈瀟湘圖〉》中又說道：

> 以境之奇怪論，則畫不如山水，以筆墨之精妙論，則山水絕不如畫。

也就是說，他們是寫真與筆墨相兼論者。但問題在於，寫真與筆墨之間，並不是只有一種彼此統一的關係，反倒是往往互相矛盾。一般說來，凡注重寫真者必然重視寫生，否則，寫真就是一句空話。然而，清代陳焯《湘管齋寓意編》卷五有載：

> （沈德符）嘗憶董太史謂餘云：「寫生非大家所宜留意。」

不留意於寫生者將如何達到寫真的藝術效果呢？董其昌他們的理論勢必面臨著挑戰！而最終的結果，只能是證明其理論本身具有內在的迴旋餘地。一個最典型的例證就是，董其昌明確地將范寬列入「南宗」一系，但他又同樣明確地說：

> 吾畫無一點李成、范寬俗氣。（《容台別集》）

如果說雅俗之別主要在於所謂「筆墨」的話，那麼，董其昌他們對范寬之難免「俗氣」的批評——這種批評從蘇軾就開始了，實際上無非表露出文人畫派對寫意筆墨的特殊愛好而已！比如，范寬的正面真山，相比於米芾的煙雨圖景，在寫真這一點上應該是相同的，所以，從米芾到董其昌都對其表示肯定，並以此而將其列入「南宗」行

列；然而，講到「筆墨」，則范寬與米芾比起來，自然沒有「米家山」那種「墨戲」的寫意風格，從而難免要受到文人派的某種指摘了。不過，儘管董其昌他們崇尚「寫意」的筆墨風格，並因此而主張凡大家都不宜留意於「寫生」，但在大前提方面，又無不肯定「寫真」、「真意」的價值，最終，關於「寫真」與「寫意」，我以為，在董其昌及其他文人畫派理論家那裏，是一個大前提與小前提的問題。正因為「寫真」是為大前提，所以，一些被認為筆墨難免「俗氣」的畫家，同樣被列入「南宗」行列。以往許多議論，總認為董其昌等人陷入自我矛盾，其實是沒有發現其原來具有大小前提之分這一理論內涵的緣故！

其二，就不能不來說說「大雅」的問題了。

在長期的文藝理論的詮釋中，從有宋一代蘇軾那裏開始，綿延而至於明代董其昌，所謂文人畫派的藝術追求，簡言之，率意平淡而已。率意，不管怎樣解釋，總會有一點隨意、草率、快捷、輕便乃至於瀟灑等等諸如此類的意思吧！於是，就和人們尋常所理解的相近，也恰如米芾夫子自道：

> 又以山水古今相師，少有出塵格者，因信筆作之，多煙雲掩隱，樹石不取細意，似便已，知音求者，只作三尺橫掛、三尺軸。惟寶晉齋中掛雙幅成對，長不過三尺，標出不及椅所映，人行過，肩汗不著。更不作大圖，無一筆李成、關仝俗氣。（《畫史》）

儘管一概而論地說文人畫派自此便再沒有高軸大幅之作，難免有點武斷，但其藝術情趣偏向於小幅構圖，卻是不爭的事實。於是，就有一個理論上的難題出現：為什麼往往被人們稱之為「大寫意」的作品，卻要以小幅的形式出現呢？能不能以大幅的構圖去表現「大寫意」

的筆墨風格呢？本來，畫幅之大小，並不決定繪畫本身的價值，但文人畫派的偏向小幅卻讓人不得不正面這一問題了。至少，在我看來，米芾所說的「樹石不取細意，似便已」，透露了某種秘密。換言之，就是忽略細節真實以方便畫家自己。再換句話說，「寫真」與「寫意」的矛盾統一，就是用這樣的方式——或曰代價——換來的。

不僅如此，董其昌《容台別集》有道：

老米畫難於渾厚，但用淡墨、濃墨、潑墨、積墨、焦墨，盡得之矣。

雲山皆依側邊起勢，不用兩邊合成，此人所不曉。近來俗子點筆，便自稱「米家山」，深可笑也。元暉睥睨千古，不讓右丞，豈可容易湊泊，開後人護短徑路耶？

細心體會此間之所論述，當不難發現，它與宋代黃庭堅論杜甫後期詩時所謂「平淡而山高水深」是有點近似的。在看似簡單的筆墨中間，實際上蘊藏著深厚的藝術用心和形象內容。在董其昌的上述議論中，一是關於墨色的豐富多變，二是構圖的側邊起勢，都值得細心去體會。如果我們將「米家山」的「側邊起勢」，與馬遠之所謂「馬一角」、夏圭之所謂「夏半邊」連繫起來，或許能有所悟。在這種看似偏重一邊的構圖中，正然隱含著畫家虛實相補以表深遠之致的藝術匠心，尤其是通過不對稱的結構來造成一種審美活動中的動感，從而于簡淡中藏渾厚。再者，米芾父子的「米家山」，誠如時人之所評說，多是煙雨圖景，雲煙風雨之際，一片迷茫，正好是只見大輪廓，不見小細節，從而說明，米芾的「不取細意」未嘗不是一種「寫真」精神的體現！不過，米芾自己既然都說了是「似便已」，我們就不必一味替他

尋找理由了。要之，這裏的「便已」，應該就是方便寫意的意思。由於人為地忽略了一些自然山水的細節真實，所以，儘管有著「寫真」的大前提，畫家仍然具有自由揮灑筆墨的餘地。特別需要指出的是，正是在對諸如煙雨圖景這一特殊題材的偏好，以及對取大遺小這一藝術風格的偏好中，畫家及其作品本身都獲得了那種隱約含蓄而又深遠渾厚的美學特徵，而這正就是所謂繪畫藝術境界的「大雅」之美！

比如，米芾在評說李成與范寬山水境界之不同時就曾指出，李成是「淡墨」，而范寬是「雖雄傑，然深暗」，從而，就像當時人曾稱李、范之作為「一文一武」那樣，其實二人也是一淡一濃，一明一暗。問題恰就在於，正是范寬的這種「深暗」，給人以深沉含蓄和渾成幽雅的感覺。不僅如此，像范寬《溪山行旅圖》那樣的沉雄高古的巨石山岩，又是以濃重幽暗的筆墨寫出，自然就能化細節刻畫為整體寫意，這其實正是范寬被視為筆墨簡淡的緣故。同理，米芾的點染山水，其小幅儘管不能與范寬的巨幀相匹，但在筆墨的渾厚幽雅上，卻有著「靈犀一點通」的地方啊！

綜上所述，我們通過董其昌列范寬為「南宗」中人這一線索，梳理並辨析了董氏所謂「大雅平淡」的獨到追求。和人們習慣上的理解和闡釋不同，我們發現，作為宋元以來「文人畫」的代表人物，董其昌所標舉的「逸品」書畫之美，原來與宋人所謂「平淡」一脈相承，乃有「徜徉兩端」的極大張力。兩端，既可以是大小兩端，也可以是濃淡兩端，既可以是文武兩端，也可以是南北兩端，如此等等。唯其徜徉於兩端，所以看似矛盾重重，但如果我們以此矛盾為依據而認為其人其論不能自圓，就未免來得有些淺薄了。

接下來要問的問題是：像董其昌他們這樣的「文人」，何以會如此鍾情于「大雅平淡」之美呢？董其昌自己作了最簡明的回答：「關乎神

明。」

還用董其昌的話來說，所謂「關乎神明」的核心，就是「名心薄而世味淺」，換言之，精神超越——超越名利心、超越世俗情而已。超越名利者必然講求義理，超越世俗者必然追求高雅。只是，此一義理，此一高雅，從宋元以來，早被賦予了明心見性的哲學意味以及「潛行眾妙之中，獨立萬物之表」的神秘色彩。從而，僅僅用「超越」二字來概括是遠遠不夠的。

董其昌曾在評說王洗時道：

（王）與蘇（軾）、米（芾）、山谷輩為友，自然脫去畫史習氣。

問題是：什麼是所謂「畫史習氣」呢？筆者以為，千言萬語，一句話可以總結，就是繪畫職業自覺。就像傳統所說「左史記言，右史記事」一樣，同時還存在著「畫史圖形」的傳統。從這一傳統中所生發出來的，首先是古代社會正統的繪畫功能觀。唐代張彥遠《歷代名畫記》卷一《敘畫之源流》有云：

以忠以孝，盡在於雲台；有烈有勳，皆登於麟閣。見善足以戒惡，見惡足以思賢。留乎形容，式昭盛德之事；具其成敗，以傳既往之蹤。記傳所以敘其事，不能載其容；讚頌有以詠其美，不能備其象；圖畫之制，所以兼之也。……是知存乎鑒戒者圖畫也。

如果完全從這樣的傳統規範出發，就會如明代吳寬《匏翁論畫》所言：

　　古圖畫多聖賢與貞妃烈婦事蹟，可以補世道者。後世始流為山水、禽魚、草木之類，而古意蕩然。

　　真要按著這位吳寬的說法，那專意於山水意境的董其昌就只能落得個「古意蕩然」的評價了。好在中國傳統文化是儒、道互補的，又是佛、老會通的，所以，在此「畫史」用心之外，遂有了另一種「神明」所寄的世界。於是，同樣是張彥遠的《歷代名畫記》卷六《宋》〈王微〉曰：

　　圖畫者所以鑒戒賢愚，怡悅情性，若非窮玄妙于意表，安能合神變乎天機？宗炳、王微皆擬跡巢、由，放情林壑，與琴酒而俱逝，縱煙霞而獨往。各有畫序，意遠跡高，不知畫者，難可與論。

　　這裏的「玄妙」、「天機」，當然是既關性情又關自然了。昔王維《山中與裴迪書》就提出「非子天機清妙者，豈得以此不急之務相邀」的問題，可見此與山水境界相關的性情，並非常人常情，而是關係到一種對造化奧秘的特殊體會。但必須指出，「天機」之所謂「天」，既是「天人合一」之「天」，也是「天人合一」之「人」，用現在的話語來講，「天機」是同時指心外宇宙與內心宇宙的。蘇軾《傳神論》所謂「欲得其人之天，法當于眾中陰察之」的「其人之天」，分明就指的是個性化精神狀態，即內心宇宙。正因為「天機」之「玄妙」實際上是在指稱「我心」與「宇宙」相通的奧秘，所以，「關乎神明」者，就成為一項最為神聖的事業了。一方面，有如清代王昱《東莊論畫》所云：

　　學畫所以養性情，且可滌煩襟，破孤悶，釋躁心，迎靜氣。昔人

謂山水家多壽，蓋煙雲供養，眼前無非生機，古來各家享大耄者居多，良有以也。

另一方面，此「煙雲供養」之際所迎來的「靜氣」，則又被闡發為人品人格塑造上的「清高」境界。《佩文齋書畫譜》載宋代歐陽修《試筆》云：

蕭條淡泊，此難畫之意，畫者得之，覽者未必識也。故飛走遲速，意近之物易見，而閒和嚴靜，趣遠之心難形。

同時郭若虛《圖畫見聞志》卷一《論氣韻非師》亦道：

竊觀自古奇跡，多是軒冕才賢，岩穴上士；依仁遊藝，探賾鉤深，高雅之情，一寄於畫。人品既已高矣，氣韻不得不高，氣韻既已高矣，生動不得不至，所以神之又神而能精焉。

後世接踵而論者不絕，如元代楊維楨《圖繪寶鑒序》云：

故畫品優劣，關於人品之高下……

明代李日華《紫桃軒雜綴》云：

姜白石論書曰：「一須人品高。」文徵老自題其米山曰：「人品不高，用墨無法。」……「筆墨小技耳，非清操卓行則不工。」

清代王昱《東莊論畫》云：

學畫先須立品。立品之人，筆墨外自有一種正大光明之概；否則，畫雖可觀，卻有一種不正之氣，隱約毫端。文如其人，畫亦有然。

清代松年《頤年論畫》云：

書畫清高，首重人品。

人品以外，兼重書卷之氣。如清代方亨鹹有言道：

繪事，清事也，韻事也。胸中無幾卷書，筆下有一點塵，便窮年累月，刻畫鏤研，終一匠作耳，何用乎？此真賞者所以有雅俗之辨也。（清代周亮工《讀畫錄》）

清代盛大士《溪山臥遊錄》云：

古人讀破萬卷，下筆有神，謂之詩有別腸，非關學問可乎？若夫揮毫弄墨，霞想雲思，興會標舉，真宰上訴，則似有妙悟焉。然其所以悟者，亦有書卷之味，沉浸於胸，偶一操翰，汩乎其來，沛然而莫可禦，不論詩文書畫，望而知為讀書人手筆。若胸無根底，而徒得其跡象，雖悟而猶未悟也。

這就已經不僅是強調讀書破萬卷，更在強調沉浸其中而有所悟解了。尤其不可忽略的是，為什麼如此看重「讀書人手筆」呢？難道世

上還有不讀書的畫家嗎？其實，不是讀書不讀書，而是多讀書還是少讀書。清代邵梅臣《畫耕偶錄》道：

> 少讀書，少行路，又少見先輩真跡，以雲能畫，斯亦妄矣。

不過，多讀書也並非只是一個數量問題。清代袁枚《隨園詩話》卷十三云：

> 或問：「詩既不典，何以少陵有讀破萬卷之說？」不知「破」字，與「有神」三字，全是教人讀書作文之法。蓋破其卷而取其神，非團圖用其糟粕也。蠶食桑，而所吐者絲，非桑也；蜂采花，而所釀者蜜，非花也。讀書如吃飯，善吃者長精神，不善吃者生痰瘤。

用今天的通俗語言來說，就是吸收消化並轉化為另一種能量。總之，誠如近代著名畫家吳昌碩所言：

> 讀書破萬卷，行道志不二。（《徐天池畫冊為木公》）
> 讀書最上乘，養氣亦有以。氣充可意造，學力久相倚。（《勖仲熊》）

如果說其中的多讀書多明理的理念，早有宋代的嚴羽提出，並得到人們的普遍認可，那麼，「學養」與「養氣」的相提並論，儘管在思想文化的要素淵源上講是其來有自的，但就其作為一個理論命題或思想信念而言，卻是新出的。而所有這些內容，又無非體現出一種整合性的文化性質，它提示我們，「逸品」藝術境界背後的文化籲求，實際

上不能不是一種帶有歷史集合性和思想綜合性的精神追求。其中，特別需要指出的是：

第一，「讀書最上乘」的觀念，必須從文化心態的角度去作理解，這裏面，顯然有著視書畫藝術為「讀書人」之專利的特殊心理因素在起作用。而之所以會有這樣的心理，我以為，是由於自宋元以來，隨著城市化程度的提高，[6]體現市民生活情趣的都市化民間藝術大為發展，出現了一大批來自民間的藝人，他們是城市文化生活的營造者，如果説在原生農耕文明的基礎上，所謂藝術雅俗之分，多少帶有朝市與田野的區別，那麼，在新興的都市文明的背景下，所謂雅俗之分者，就有了全新的內涵，即「文人」與「藝人」的區別。恰好，也正是從宋代開始，才有了關於「文人」書畫的議論，才有了「文人畫派」。這一切都在説明，「讀書最上乘」的觀念，説穿了，無非是在新的文化語境中強調雅俗之辨，也就是説，「讀書」是為「雅人高致」所在，「書卷氣」乃是書畫藝術所以體現出「大雅」之美的主體要素，因此，「大雅」——「書卷氣」——「讀書」就成了一條內在的推理邏輯了。

不言而喻，如此這般的藝術美理念，不能不具有與市民文藝情趣相對峙的性質。不管這種對峙的客觀效果怎樣，其對文人藝術本身的影響是非常深刻的。後期中國書畫藝術——包括詩文藝術在內，都有推崇「逸品」之美的傾向，應該説，就是這種影響的表現。因為要自覺地與市民——藝人的藝術劃清界限，所以，從理論觀念到創作技藝，都努力別走一端，雅俗之疆，於是猶如涇渭之分明，大體而言，

6　關於這個問題，近來有大量著作論述，請參看李春棠《坊牆倒塌以後——宋代城市生活長卷》，湖南出版社1993年版。

文人寫意，藝人工筆，文人水墨，藝人青綠，文人簡淡，藝人繁複，文人拙朴，藝人工巧，等等。雖然也有彼此交融會通之處，但在文人這一端，那種不願與藝人情趣同流的意識，實在是非常強烈的。也正是因為如此，所以才生出了這許許多多的議論。

第二，當「行道」與「養氣」成為一種追求的不同方面而又被同時提出來時，其文化意義就不同一般了。清代張式《畫譚》有云：

> 言身之文，畫心之文也。學畫當先修身，身修則心氣和平，能應萬物。未有心不和平而能書畫者！讀書以養性，書畫以養心，不讀書而能臻絕品者，未之見也。

本來，修身、齊家、治國、平天下，那是傳統儒家道德人格修養的內在理路。現在，經過援引佛老思理而加工改造——宋明理學於此貢獻最大，「修身」遂與「養氣」相整合而成為「養性」一說，而「養性」一說實際上又暗度陳倉為「養心」一說，向所謂「心性」之學的烙印真是太明顯了！因為注入了「養氣」而「養心」以「養性」的思想精神要素，而且又是與佛老思想相關的，所以，這裏的「養性」「養心」之心性境界，就不能不偏向於空明靜寂一路，於是，上文所論述過的「大雅」之求，就因此趨向於「平淡」一路了。

這樣，才會有董其昌的「大雅平淡，關乎神明」。

第二節　逸筆草草，不求形似，聊以自娛
——倪瓚現象的文化解讀

董其昌論畫，實際上是推倪瓚（字元鎮，號雲林子）為最高境界

的。其論有曰：

迂翁畫在勝國時可稱逸品。昔人以逸品置神品之上，歷代惟張志
和、盧鴻可無愧色。宋人中米襄陽在蹊徑之外，余皆從陶鑄而成。元
之能者雖多，然秉承宋法，稍加蕭散耳。吳仲圭大有神氣，黃子久特
妙風格，王叔明奮有前規，而三家皆有縱橫習氣，獨以雲林古淡天
真，米癲後一人而已。（《容台集》）

看來，董其昌心目中的「逸品」理想人物，就只兩人，第一是米
芾，其後就是倪瓚。兩家獨到之處，一是「在蹊徑之外」，二是沒有
「縱橫習氣」，前者關乎筆墨造詣，後者關乎主體精神。

《雲林遺事》載道：

雲林遺像，在人間者甚多，大抵皆形似。上有張伯雨題贊。雲林
古衣冠坐一連床，據梧幾，握筆伸紙，搜吟於景象之外。幾上設酒尊
一，硯山香鼎各一。床倚畫屏，藉以錦茵，置詩卷盈束。一蒼頭持長
柄塵拂立幾側。一女冠左持古銅洗，右持爽鬥水器及巾悅之具。

阮元《石渠隨筆》道：

內府藏張雨題元鎮小像卷，其目左眇，據床獨坐，翹然絕俗，然
似有癖者。

所記很有趣，究竟是什麼「癖」呢？不得而知。不妨透過倪瓚自
己的心聲來作些判斷。其《述懷》詩云：

嗟餘幼失怙，教養自大兄。
勵志務為學，守義思居貞。
閉戶讀書史，出門求友生。
放筆作詞賦，覽時多論評。
白眼視俗物，清言屈時英。
貴富何足道，所思垂令名。

其《雲林齋居》詩又云：

池泉春漲深，徑苔夕除滿。
諷詠紫露篇，馳情華陽館。
晴嵐拂書幌，飛花浮茗盌。
階下松粉黃，窗間雲氣暖。
石樑蘿蔦垂，翳翳行蹤斷。
非與世相違，冥棲久忘返。

　　如果說從這些詩句中我們所感受到的，乃是一位承傳了魏晉名士風度的林下居士的精神風貌，乃是一位具有阮籍一樣的越名教而任自然之意識，以及王維一樣起居於雲林煙水之間的獨特襟懷的人物，那麼，倪瓚下面這首《素衣詩》，將給你更深入一層的啟示。其詩序云：

素衣內自省也。督輸官租，羈繫憂憤，思棄田廬，斂裳宵遁焉。

其詩云：

素衣涅兮，在彼公堂，載傷迫隘，中心怔營。

彼苛者虎，胡恤爾氓。視氓如豕，宵靡尤詬。

禮以自持，省焉內疚。雖曰先業，念毋蕩失。

守而不遷，致此幽鬱。身辱親殆，孝違義屈。

蔚蔚荒塗，行邁靡通。雍雍鳴鳳，世莫之逢。

夕風淒薄，曷其有旦。籲嗟民生，實罹百患。

先師遺訓，豈或敢忘？簞瓢稱賢，樂道無殃。

予獨何為，淒其悲傷？空穀有芝，窈窕且廓。

爰宅希靜，菽水和樂。載弋載釣，我心不怍。

安以致養，寤寐忘憂。修我初服，息焉優遊。

　　讀過這樣的詩篇，心中油然生出一片敬意，於是，那習慣中所認為的「墨戲」式的瀟灑，就被蕭然的敬重感所替代了。這樣來討論倪瓚，或許才能真正進入其精神世界。對於中國古代的士大夫文人來說，遭逢王朝更替，離亂動盪，或者仕途坎坷，屢遭貶謫，或者家道中落，少小饑寒，因此上心灰意冷，寄意江湖，乃是所在多見，而不足為奇的。但是，在這一一般化的人生模式裏，倪瓚的經歷以及其因此而形成的精神人格，卻有以下幾點值得注意：

　　第一，是否親身經歷過猛如虎豹的苛政，畢竟是不同的。身當元末動亂之世，親身感受過「視氓如豕」的官吏的兇狠，在「羈縶憂憤」中所產生的「內自省」之自我反思，因為外來衝擊的猛烈，必然造成其反思的深入與徹底。須知，經歷過苦難和沒有經歷過苦難，真是太不一樣了。杜詩作為「詩史」的深沉內容，只有後來親歷了亡國之痛的文天祥最為理解，所以他才集杜詩而成「文山詩史」。「籲嗟民生，實罹百患」，千萬莫要小看了此一番生活經歷對倪瓚人格塑造的實際作

用。

第二，當年的陶淵明就屢屢以「先師有遺訓，憂道不憂貧」的精神感召來鼓舞自己，如今的倪瓚也是這樣，從而，在有意無意之間，已經以具體的精神行為凸顯出一種特定的傳統。值得回味的是，倪瓚詩句有曰：「先師遺訓，豈或敢忘？簞瓢稱賢，樂道無殃。」逃避禍患的生活心理，與安貧樂道的人格追求，就這樣水乳交融了，前者的存在為後者提供了現實基礎，從而使「安貧樂道」不再是一種邈遠的目標，恰恰是這種看上去難免有點被動的精神狀態，反倒顯得現實和可信。

第三，倪瓚詩句云：「安以致養，寤寐忘憂。修我初服，息焉優遊。」安身養命，就是修身養性，道家養生之旨，同構於屈原「初服」之志，這不僅與元代佛教與道教——主要是全真教大為流行的社會背景有關，而且也與元代後期整個社會對道德倫理的籲求相關。在這裏，人們依稀可以感到，當非漢族的統治政權已經顯出沒落景象時，人們對政治的新期望實際上已經帶有鮮明的漢族傳統文化色彩了。

既然如此，倪瓚所有之「癖」，與其簡單地看作是同米芾相似的「潔癖」之「潔」，不如綜合上面的分析而將其概括為「清遠」之「清」。

「清」之獨立人格，自上古伯夷起，綿延不絕。到元代倪瓚這裏，對其具體的時代內涵和歷史影響的確認，不能脫離當時之實際和日後之情勢而架空虛論。

作為倪瓚前輩的元散曲大家馬致遠有《撥不斷》曲云：

酒杯深，故人心。相逢且莫推辭飲，君若歌時我慢斟，屈原清死由他怎。醉和醒爭甚？

　　而大致與倪瓚同時的鐘嗣成有《清江引》曲云：

　　采薇首陽空忍饑，枉了爭閒氣。試問屈原醒，爭似淵明醉？早尋個穩便處閒坐地。

　　和這種幾乎消解是非的清濁混沌的意識相關聯，元人自始就表現出傾向于退隱自適的文化心態。隋樹森在《全元散曲簡編》〈導言〉中就曾説過：

　　在元人散曲裏面，描繪辭官後的閒適、閒樂生活的作品，實在太多了。張養浩的《雲莊休居自適小樂府》，歌頌辭官歸隱的作品，多得不勝枚舉。而且只看其書名《休居自適》幾個字，書的內容也就大體可以想見。又如汪元亨有《歸田錄》一百首，主要的思想就是要「辭龍樓鳳闕，納象簡烏靴」，結知心朋友，追歡詩酒，流連光景，「南畝歸耕，東臯舒嘯，看青山終日飽」。不少曲家還歌頌「歸來樂」，他們要「吩咐與風月煙霞，準備著歸家來耍耍」。[7]

　　正因為存在著這種普遍的厭棄政治而嚮往退隱閒居的文化心理，所以，其時清濁混沌的無是非意識，未見得就是真正的放棄是非，而顯然是一種憤激態度的表現，是對歷史本身缺乏公道的反感和不滿！也正是因為如此，其清濁混沌的背後，實際上恰恰是對「清」與「醒」的肯定，只不過，他們不再是用正面的方式去肯定就是了。

　　非正面的肯定，自然就是反面式的肯定──消解而放棄式的講

7　《全元散曲簡編》，上海古籍出版社1984年版，第27頁。

求。於是，在精神世界的建構裏，人們必然就傾向于放散任誕式的生活了。

當倪瓚其時也，正值元代後期，士人於前途渺茫之際頗有放誕風流之心。有顧阿瑛者，「年四十，以家產副其子元臣，卜居玉山草堂，園池、亭榭、氣館、聲伎之盛，甲於天下。四方名士若張仲舉、楊廉夫、柯九思、李孝光、鄭明德、倪元鎮，方外若張伯雨、于彥成、琦元璞輩，常主其家，日夜置酒賦詩」。[8]據楊維楨《玉山記》所述，「玉山草堂」之中所營構的風景社區，有「釣月」、「芝雲」、「可詩齋」、「讀書舍」、「種玉」、「小蓬萊」、「小遊仙」，以及「碧梧翠竹」、「柳塘春漁莊」等等，總其名曰「玉山佳處」。而四方名士流連其中的生活，當然離不開歌舞宴飲、賦詩作畫了。這樣的名士生活，在中國古代歷史上並不少見，從魏文帝的西園游宴，到石崇等的「金穀園」，再到唐代以來的宅園池林文會，大多都是以清雅相提倡的，元代的「玉山草堂」之會，要說，也就是一種傳統的歷史延續而已，在這個意義上，對其文化意義不宜強調過分。但是，相對於一個非漢族政權的統治而言，這種以放浪任誕形式出現的名士文會之盛，實際上意味著某種文化的回歸，或曰復古。

復古，總是與時尚相背反的，不管其所崇尚和模仿者為哪家哪派，只要是復古，最基本的一條就是講求簡樸天真，因為文明的自然進程是與日俱增──越來越複雜和繁華，越來越細緻和精密，所以，但凡復古，就必然要逆其潮流而動了。元人之追求「古意」也正是這樣。

由於是反面式的肯定，由於是消解式的建構，由於是復古式的講

8　見顧嗣立：《元詩選》初集，四庫全書本，第2321頁。

求，所以，在價值世界的最終結構上，他們所做的就不是加法，而是減法──絕不僅是在筆墨上去繁就簡的減法、去密就疏的減法，更是在人格與思想上回歸簡樸天真的減法。

以上，便是本文所謂「倪瓚現象」的人文背景所在。

「倪瓚現象」是一個整體現象。包括他自己的夫子自道，其實也代表著整體的思想意識和精神追求。只要認真領會一下就不難發現，元代名士所追求的人格境界和藝術境界，不管是被表述為什麼，都已經不再是單純意義上的了，比如屈原的「清」，分明還積澱在倪瓚的「初服」之志中，但是，它又分明經歷了一番「屈原清死由他愁」的歷史性思考──反向的思考！此時之「初服」，當然已非屈原當時之「初服」了。其實，就和董其昌提倡「大雅平淡，關乎神明」一樣，倪瓚所表述的人生志向，所謂合修身、養生、養性於一體的人格理念，就可以看作是儒家倫理政治和心性哲學同道家養生、佛家養心相結合的歷史文化成果。到了這樣一種境界，已經很難說它是哪家思想哪家傳統了。要之，就只能說是「士人」──文人傳統！而且是經過宋元歷史錘煉的文人傳統！

自秦漢一統以來，也只有到了元代，才是第一個真正的非漢族政權對中國大地實行全面統治，宋元之際，因此就成為很特別的歷史時期。誰也無法否認，元代時「文人」的社會心理，除了其他內容以外，必然會含有一些民族心理的因素，尤其是元朝後期的文人心理，其頹廢放誕或蕭散閑適的深層，未嘗沒有些保持或承傳民族本根文化的思想因素。儘管像「蕭條淡泊之意，閑和嚴靜之趣」這樣的藝術精神規範[9]，在宋初歐陽修那裏就已經很明確了，儘管蕭散之意趣也是宋明理

9　這方面的材料實在太多，凡是研究唐宋以來文學藝術精神，以及與此相關之思想文化

學家所首肯的精神狀態，以至於像明代「性氣詩」那樣的文學現象，也絕不是無源之水，但這一切在元代特殊的政治文化背景下，在元代文人因此而具有的特殊文化心理的基礎上，就會有一種更加透脫的表現。

同樣的簡樸天真，同樣的蕭散放達，甚至同樣的「墨戲」藝術，儘管都是從宋人那裏傳遞而來，而且可以上溯到「魏晉以來，高風絕塵」的魏晉風度，但在其表現為「倪瓚現象」時，卻分明帶有某種顯著的透徹性和通脫性。

於是，倪瓚作為藝術家的心聲就不再是難以理解的了。其題自畫墨竹云：

餘之竹聊以寫胸中逸氣耳！豈複較其似與非，葉之繁與疏，枝之斜與直哉？或塗抹久之，他人視以為麻為蘆，僕亦不能強辯為竹，真沒奈覽者何！

又有畫跋云：

僕之所謂畫者，不過逸筆草草，不求形似，聊以自娛耳。

在筆者看來，倪瓚實在是話裏有話的。「僕之所謂畫」，這是什麼意思？難道還有不被看作是畫的畫嗎？當然有了。須知，什麼是繪畫的問題，在當今時代就是一個很微妙的問題，當現代攝影與攝像技術高度發達以後，當攝影與攝像技術大面積向藝術領域滲透以後，繪畫

背景的研究著作，都會列舉許多這方面的材料。人們盡可參看，而此處就從略了。

在追求逼真的藝術方向上眼看著已經沒有什麼前途了，於是才有當代以來——尤其是中國改革開放的新時期以來的筆墨復興思潮。新思潮中一個引人注目的現象就是繪畫向書法的靠近，一面講求繪畫的書寫性，一面巧妙地吸收西方現代藝術——比如抽象藝術的元素，漸漸成了一種氣候，尤其是在中國畫領域。如果可以大膽地作出概括，那麼，一般人用俗語所表達的繪畫的本質，已經由「像不像」（這裏的「像」絕對包括「形似」與「神似」兩個層次）這樣的客觀反映論，轉化為「有味與否」這樣的主觀表現論了。歷史的奧妙恰恰在於，而今所發生的這些現象，似乎古代就發生過似的。且看倪瓚所説，不就是典型的主觀表現論嗎？只是，問題在於，當時根本還沒有什麼攝影攝像技術，物質文明根本還沒有提供否定繪畫逼真美的現實基礎，因此，這種看似否定繪畫逼真美的藝術心理或藝術思想，就只能出於另外的原因，那就是刻意地強調「逸氣」！本來，「逸氣」闡發過程中被確認的「蕭條淡泊」、「閑和嚴靜」，其深層裏都講求順應自然而無為，那是從莊子開始就反覆強調過的，任何事情，只要刻意為之，頓失自然之妙。按著這一古老而經典的原則，「逸氣」之美，也只能是自然而然之美，如果一味講求，刻意表現，實際上是大有違於道家無為與佛家清靜之義的。但如倪瓚等「逸品」代表人物，實際上正是刻意為之的，在理性的分析面前，可以斷言道：「逸品」人物之「聊寫胸中逸氣」，已經到了走向「逸品」之精神本真反面的地步！如果事實真是這樣，其藝術價值和文化價值就要大大地受到懷疑了。

好在倪瓚只是一種意氣化的表述。其他許多「逸品」人物也往往是這樣。何以如此斷言呢？不妨看其作品本身。倪瓚山水畫最具個性特徵的構圖模式，無疑就是那種高度空明的畫境設計，在畫幅的下方作為近景的，往往是平坡一抹，上面數枝雜樹，一間茅屋而已，然後

就是作為遠景的景物，畫在畫幅上方，也不過矮坡低山而已，比近景更為簡略，至於大面積的中景，則一任空白，在讀畫者想像中，應是一派湖水。有很多研究者認為，這種構圖是倪瓚晚年生活在太湖達二十年之久所致，恰恰是對太湖風景特徵的集中表現。如此來說，他何嘗不講求自然真實之美？再就具體景物內容看，倪瓚畫樹，非常美妙，筆墨乾擦濕浸，側行寓力，不斷增添，簡樸之中藏著豐富，畫出來的樹木秀麗而勁峭，軀幹蒼勁，枝條秀榮，而且有一種生生不息的筆墨意趣。要說，這是很逼真的山水樹木，當然又是高度筆墨藝術化了的山水樹木。既然如此，「聊寫胸中逸氣」的自我表白，就不能完全落實為繪畫內容本身的講求，而應該更多地到畫外去尋味。

本來，自宋人提倡丹青與吟詠其妙處相資以來，不僅在藝術思想上有了詩歌與繪畫的會通理論，而且在實踐中促成了諸如題畫詩的繁榮，也因為如此，正所謂詩情畫意，相得益彰，「逸氣」的精神內涵，是應該參照相應的題跋文字來領會的。如倪瓚最著名的《六君子圖》，黃公望題詩云：

遠望雲山隔秋水，近看古木擁坡陀。
居然相對六君子，正直特立無偏頗。

詩中所講的「正直特立」，無疑應該成為倪瓚所謂「逸氣」的精神內容。又如《松林亭子圖》倪瓚自題詩是：

亭子長松下，幽人日暮歸。清晨重來此，沐髮向陽晞。

另，《虞山林壑圖》倪瓚自題詩云：

陳蕃懸榻處，徐孺過門時，
甘冽言游井，荒涼虞仲祠。
看雲聊弄翰，把酒更題詩。
此日交歡意，依依去後思。

另，《梧竹秀石圖》倪瓚自題詩云：

高梧疏竹溪南宅，五月溪聲入座寒。
想得此時窗戶暖，果園撲栗紫團團。

從上述詩中不難看出，一種高潔正直的人格，一種荒寒清遠的境
界，還有一種真摯濃郁的情思，還有一種自然生息的生意，融合而成
一氣，是之謂「逸氣」。

關於這樣的「逸氣」，筆者以為有兩點需要特別的說明：其一是山
水境界的「荒遠」，其二是歷史感受的「荒涼」。

山水境界的「荒遠」，宋人已經提出此意，而明清兩代畫學最為關
注。明代李日華《紫桃軒雜綴》云：

繪事必以微茫慘澹為妙境，非性靈闊徹者未易證入，所謂氣韻必
在生知，正在此虛淡中所含意多耳。其他精刻逼塞，縱極功力，於高
流胸次間何關也。王介甫猘急樸鄙，以為徒能文耳，然其詩有云：「欲
寄荒寒無善畫，賴傳悲壯有能琴。」以悲壯求琴，而以荒寒索畫，不可
謂非善鑒者也。

清代邵梅臣《畫耕偶錄》亦云：

蕭條淡泊，是畫家極不易到功夫，極不易得境界。蕭條則會筆墨之趣，淡泊則得筆墨之神。

清代惲壽平《南田畫跋》也有云：

如此荒寒之境，不見有筆墨痕，令人可思。

惲壽平《甌香館集》卷十二《畫跋》又云：

畫家塵俗蹊徑，盡為掃除，獨荒寒一境，真元人神髓。所謂士氣逸品，不入俗目，惟識真者，乃能賞之。

不須再多列舉。總之，尤其是宋元以後，不僅在書畫界，包括詩文領域，在提倡所謂「逸品」、「神韻」的時候，都免不了會提到「荒寒」意境之美。對此，幾乎所有的詩歌美學、繪畫美學、書法美學乃至於文人心態研究都有所涉及和論述，相關材料，也大都來去引證，早為世人所熟悉了。問題在於怎樣來解釋這種現象！在這裏，我的看法是：我們必須在宋元以來都市市民文化逐漸發達的大前提下來考慮這一問題，也就是說，傳統的以農耕文明為大前提的文學藝術觀念以及文學藝術心理，在遭受到都市市民文化的有力衝擊以後，只有刻意突出自己絕對不同於都市市民藝術情趣的特色，才可能因其獨到的價值而繼續存在，如果說在前此時期它實際上是具有相容性與廣容性的話，那麼，此後它就更多地表現出排他性與獨立性了。在這個意義上，都市市民文化越發達，比如由勾欄瓦舍中興起的說書、雜戲逐漸發展為通俗性的體現一般市民情趣的小說、戲曲等，人們的文學藝術

情趣也就隨著表現出世俗化、通俗化的傾向，並且在總體上展現出追求故事與熱鬧的特點──民間確實是追求熱鬧的，就連顏色也總是傾向於大紅大綠的色調搭配。正因為存在著這樣一條都市市民文化的通俗化走向，所以，另一條與此相對的文學藝術情趣的走向，也便相應地越來越強化自己的非通俗化的特徵，而那與都市熱鬧相反的藝術情趣走向，自然就是「荒寒」了。

與此同時，長期以來「隱逸」文化的積澱也不容忽略。在年長月久的積累中，「隱逸」，一方面成為淡泊名利，從而遠離朝廷──政治中心──的文化選擇，甚至具有某種政治上採取不合作態度的意思，比如，元人就很有這樣的意態；另一方面，則成為厭棄塵俗，從而遠離鬧市──商業中心──的文化選擇，甚至連帶遠離、厭棄所有的都市文藝，比如，元人同樣就有這樣的精神傾向。「隱逸」文化，在思想意識層面上，主要是受老莊之學、佛陀之學的影響，而在其彼此交匯的意義上，虛無、空靜之義，冥思、神想之法，根絕了現實中的情趣生意，拋棄了真實中的欲望追求，一心嚮往於邈遠到絕無人煙的自然──精神境界，於是，只有「荒寒」二字能夠用來形容其意境了。

值得注意的是，對宋元以來的中國文人來說，更有一種深入骨髓的歷史荒寒感。我們需要提問：為什麼偏偏是在元人這裏有了如此強烈的歷史荒寒感？比較合理的回答是，正因為外族政治統治實行民族歧視的現實政策，打擊了中國文人的從政熱情，限制了他們的政治出路，所以，就為他們提供了一種歷史的心理距離，促成了特定的間離效果，使元代的中國文化人能夠用比其前輩更為透徹的眼光和語言來透視並評述政治問題和政治人物，尤其是來透視和評述歷史上一系列悲劇性人物的人格價值，用那種特有的方式表示出對政治理想本身的虛無感。失去了理想的政治世界，必然是一個荒涼的政治國度，是一

種荒涼的政治感覺，從而也就樂意去表現那種透出荒涼意味的藝術世界，這，不是「荒寒」意境，又是什麼呢？

如此看來，由倪瓚表現出來的典型的元人文化心理，確實是具有深厚的歷史內容的，唯其如此，那「逸品」書畫之美，在書畫意境之外，需要深入領會其中的歷史文化底蘊。

關於倪瓚的畫，明人王世貞《藝苑卮言》評述道：

元鎮極簡雅，似嫩而蒼。宋人易摩，元人難摩；元人猶可學，獨元鎮不可學也。

何以至於如此？何謂之「似嫩而蒼」？董其昌的說法是：

作雲林畫畫須用側筆，有輕有重，不得用圓筆，其佳處在筆法秀峭耳。（《畫禪室隨筆》）

且以倪瓚最著名的《六君子圖》為例，從整體構圖的角度看，畫面確乎非常簡略，豎軸的下方為一面平坡，上面是六棵樹木，畫幅的上方作為遠景者，仍然是一面平坡，由於遠近平坡的中間是大面積的空白，且平坡並不作陡峭奇崛之勢，所以視野開闊，平遠無際，具有極強的空間透視的廣遠度。也正是因為如此，那迎面站立的六棵樹木就非常顯眼和突出，何況他們佔據了畫面的中心位置，實際上已經將山水畫變作林木畫了。倪瓚題畫最好「雲林」二字，其實這「雲林」也就是他的繪畫中心意象。而需要注意者恰在於，倪瓚的畫面構圖雖然十分簡略，但所畫土坡樹木卻非常精美，絕不是他自己所講的「逸筆草草」！《六君子圖》中的六棵樹，分別是松、柏、樟、楠、槐、

榆，樹的形體意態各不相同，都畫得非常精細，側筆運行，卻並不一筆到底，而是在間斷與連續的兩可之間，表現出筆意生生不息、不斷增添的意趣，無論樹幹還是枝條，都沒有刻意凸顯畫家意志的痕跡，而是完全順應著樹木本身的長勢和姿態，筆跡細膩而秀娟，只因為側鋒本身的拙澀感，再加上畫家絕不放筆縱恣，故而暗藏著一種蒼勁虯曲的力道。讀倪瓚如此畫境，久久而入神，你定會感到那種歷盡滄桑後的平靜和淡泊，那種大大省略後的精緻和完美，那種秀氣儒雅中的骨鯁與氣節，那種不著彩色中的豐潤與燦爛。倪瓚境界，確實是不好學啊！

倪瓚雖然自道其藝術旨趣是「不求形似，聊以自娛」，但他的山石雲林卻真正是形神兼備。倪瓚說是「豈複較其似與非，葉之繁與疏，枝之斜與直」，實際上卻是很尊重自然之真實的。由此可見，那種看似無所顧忌的自娛意態，恰恰需要從「逸氣」的意義上去理解，在其畫與其言之間，有著不可簡單對應的微妙關係：或者，那種夫子自道乃是對自己繪畫境界的另一種闡釋，兩者間構成特定的兩極開張的態勢，因此而生出極大的張力空間；或者，那正是這些具有「逸品」品格的人物所特有的幽默感，是他們在筆墨話語之外的另一種藝術話語，其意義在畫外，不當於畫中求之。不管是兩極開張，還是畫外話語，都在證明著一個越來越清晰的結論，「倪瓚現象」絕不僅僅是畫壇現象，甚至不僅僅是文壇現象，而分明是一個具有歷史文化整合性的大文化現象。只不過，在強調上述結論的同時，我們又必須說明，這一大文化現象並沒有絲毫損壞倪瓚繪畫藝術的獨到造詣，也正是在這個意義上，倪瓚筆墨，又是純粹的畫學課題。

綜上所述，既是純粹之畫學筆墨的追求，又是畫外之文化意蘊的積澱，分行而對峙，背向而互攝，此中原理，大有可領會闡發之處。

如果想出之以美學概念的表述，似可用「古淡」、「疏簡」、「清峭」、「雅潤」等來概括，而其中的關鍵尤其在於「古淡」、「疏簡」與「豐潤」、「空靈」的辯證統一。畫風深受倪瓚影響的石濤曾說：

> 倪高士畫為浪沙溪石，隨轉隨注，出乎自然，而一段空靈清潤之氣，冷冷逼人，後世徒摩其枯索寒儉處，此畫所以無遠神也。（《大滌子題畫詩跋》卷一）

這裏的問題其實恰在於，為什麼後世模仿者只能學得「枯索寒儉處」呢？如果雲林畫境本身絲毫沒有「枯索寒儉」氣象，後世學者又是從何處模仿到這種景象的？當然，早年蘇軾在《評韓柳詩》一文中就講過「外枯而中膏，似淡而實美」，石濤所論自然也有沿著既定思路發揮的地方。但更為關鍵者顯然另有所指，那就是提醒人們注意倪瓚自言「逸筆草草」中的自然與精美。比如上文所述倪瓚《六君子圖》中的樹，看似簡率，實則精細，筆墨添生之際，多少豐潤，多少意態！真是令人想像無窮。若要求其美學原理之所在，恐怕只能用下面這句話來表述：筆墨上的簡率疏淡與綿密精緻之所以具有相生互補的審美機制，最終是因為中國特定的思想文化傳統為人們提供了相應的思維方式；與此同時，畫壇上的「逸品」風格，作為文人藝術家的共同追求，反過來又助長了人們對那特定思維方式的執著。

從老子的詩性哲學那裏，就有一種向時間和空間的來源處無限探詢的精神，同「小國寡民」的社會理想比起來，其詩性哲學意義上的遠古意境更其深邃，同中國人往往通過稱自己為炎黃子孫來表達一種歷史文化的歸屬感一樣，宋元以來——尤其是元代以來，文人們往往合「古」「淡」為一詞而稱「古淡」，實際上就含有歷史文化歸屬感的

成分，並且是與認同於中國最原始的詩性哲學意境相一致的。在某種
意義上，對這種「古淡」意境的追求，也可以看作是文化藝術領域裏
的返祖歸根現象，看作是一種極端的懷舊情趣，看作是徹底疏離於現
實的精神走向，其藝術及文化的意蘊是多方面多層次的。其中，與現
實中流行風格的背道而馳是不可忽略的一種內容。如比倪瓚早生約半
個世紀的趙孟頫，就曾經深有感慨地説：

> 作畫貴有古意。若無古意，雖工無益。今人但知用筆纖細，傅色
> 濃豔，便自謂能手。殊不知古意既虧，百病橫生，豈可觀也！吾所作
> 畫，似乎簡率，然識者知其近古，故以為佳。此可為知者道，不為不
> 知者説也。（明・張醜《清河書畫坊》酉集）

　　從純粹藝術美學的角度來説，纖細與粗率，濃豔與淡泊，都是相
對的，都是可以並行與互補的。再從與時變化的角度講，若當下流行
纖細濃豔，則簡率是為復古；若當下流行簡率呢？很清楚，「古意」二
字，是絕不能離開特定的歷史文化背景和歷史文化環境來討論的。而
在趙孟頫與倪瓚他們的話語語境中，此只可為知者道的「同志」式的
藝術精神導向，其實是對流行風尚的一種反動。只不過，這裏所謂「反
動」又不能忽略了其藝術筆墨上的認真講求，否則，「簡率」就將變為
「粗率」！就以趙孟與倪瓚的書畫藝術來説，其「簡率」中分明就含著
精美的細緻。只有在充分考慮到這一點的基礎上，那對「近古」的復
古主義的繪畫文化認同感才有真正積極的意義。
　　就是這樣，一切都似乎是從最古老的理念中生發出來的，卻又處
處打著特定時代的社會烙印，一切都似乎是某種思想精神的體現，卻
又時時顯露出作為純粹藝術講求的痕跡……也正是因為如此，所以本

文以「倪瓚現象」為題來展開論述。回顧並總結以上的探討分析，我認為，董其昌所謂「古淡天真」，倪瓚自己所謂「逸筆草草」，以及他人所謂「簡率」，其實不妨用「清約古淡」來概括最是恰當。在整體宏觀的意義上，「倪瓚現象」無疑應屬於中國「清」美文化傳統，而在具體的藝術追求上，它又屬於自魏晉以來就有的「清省」美論系統，並直接與宋代蘇軾等人所宣導的「高風絕塵」境界相連接。從單純山水畫的角度看，倪瓚的「逸筆草草」不妨看作是對宋人實寫真山風格的一種簡約化，但簡約絕不等於不寫真，筆墨的簡率絕不等於走抽象藝術的道路，也正是因為這個緣故，所以倪瓚「不求形似」的話，是需要辯證地去領會的。

當然，無論如何，倪瓚風格，確實有藏豐潤精細於簡率荒寒之中的意趣，面對雲林畫境，真是一派荒遠，豈止有遠離鬧市之感，簡直是遠走荒原，四望空遠，但在荒涼清冷之中，卻有令人心動的生命在展現其端莊而又娉婷的美姿美態。「逸品」中的理想境界，就這樣充滿著藝術筆墨的奧妙，也充滿著人文精神的奧妙。

第三節　王漁洋詩論與「清遠」詩情畫意
——關於「神韻」說的通識與偏見

任何討論「逸品」美的話題，都不可能繞開王漁洋（王士禎號漁洋山人）這一人物以及他的「神韻」理論。

有關王漁洋「神韻」論的一般資料，這裏完全可以省略，因為近年來的文學批評通史類著作很多，大都對此有清晰的描述。其中，人們已經注意到王漁洋論詩而從畫學切入這一點，這是很要緊的。就藝術史之演進軌跡而言，詩學自覺中浸潤著畫學精神，其實絕非自蘇軾

論王維的「詩中有畫」、「畫中有詩」開始，其先晚唐司空圖就有明確的表述，所謂「目擊可圖，體勢自別」，分明在說詩境如畫而寫生傳神的美學價值是不可忽略的。[10]待到宋代繪畫藝術極度繁榮，詩畫互補成為時人通識，題畫詩成為流行體式，詩情畫意之美一體言之，早就是題內應有之義了。也正是因為這樣，王漁洋自畫學切入詩學並不稀奇，問題在於他到底是怎樣切入的。

《跋門人程友聲近詩卷後》云：

> 昔人稱王右丞詩中有畫、畫中有詩，詩畫二事雖不相謀，而其致一也。門人程友聲工詩畫，名久噪江淮間，近以其七芙蓉閣詩寄予論定。予嘗聞荊浩論山水，而悟詩家三昧矣。其言曰：「遠人無目，遠水無波，遠山無皴。」又王楙《野客叢書》有云：「太史公如郭忠恕畫天外數峰，略有筆墨，意在筆墨之外。」詩文之道大抵皆然。友聲深於畫者，固宜四聲之妙，味在酸鹹之外。其更以前二說參之，而得吾所謂三昧者，以直臻詩家之上乘，凤世詞客當不令輞川獨有千古矣。

人們想必已經發現，漁洋對「詩家三昧」的悟解，首先是從「遠人無目，遠水無波，遠山無皴」的「遠」境審美經驗中得到的，也就是說，問題的關鍵就在那一個「遠」字。嚴格說起來，漁洋實際上是將相傳為王維所作《山水論》中的話語與荊浩《山水節要》中的論述整合為一體而作自我之闡發了。王維《山水論》原說云：

> 遠人無目，遠樹無枝；遠山無石，隱隱如眉；遠水無波，高與雲

齊。此是訣也。……凡畫林木，遠者疏平，近者高密。

很清楚，王維在這裏是講繪畫透視問題，他其實並沒有特意突出「遠」境美的價值。不僅如此，僅從「遠者疏平，近者高密」的林木畫法就可以判斷，王維實際是深通定點透視原理的。至於荊浩，其《山水節要》中原是這樣說的：

遠山無皴，遠水無痕，遠林無葉，遠樹無枝，遠人無目，遠閣無基。雖然定法，不可膠柱鼓瑟。

同樣清楚，荊浩所論並沒有超出王維的思想範圍。要之，在王維、荊浩這裏，所強調者正是與西方並無二致的繪畫透視——而且是定點透視原理。從唐代王維、曆五代荊浩到北宋李成，甚至到南宋的馬遠、夏圭，對定點透視的原理其實都是深有悟解並身體力行的。

但同時也出現了另類的思想意識，比如北宋的沈括與郭熙、郭思。沈括有云：

又李成畫山上亭館及樓塔之類，皆仰畫飛簷，其說以為自下望上，如人平地望屋簷間，見其榱桷。此論非也。大都山水之法，蓋以大觀小，如人觀假山耳。若同真山之法，以下望上，只合見一重山，豈可重重悉見？兼不應見其溪谷間事。又如屋舍，亦不應見其中庭及後巷中事。若人在東立，則山西便合是遠景；人在西立，則山東卻合是遠景。似此如何成畫？李君蓋不知以大觀小之法，其間折高折遠，自有妙理，豈在掀屋角也！（《夢溪筆談》卷十七〈書畫〉）

沈括此論得到了絕大多數中國古代繪畫美學史研究者的認可和讚賞，並習慣性地將其說概括為「散點透視」——被確認為是中國繪畫之所以區別於西方的民族特色所在。殊不知，這中間需要探討的問題還很多呢！其中之一，誠如俞劍華所說：

關於仰畫飛簷並非始自李成，在敦煌的壁畫上，從初唐起已經在仰畫飛簷了。直到南宋的馬、夏還在仰畫飛簷。元四家以後，就無人再畫了。初期的山水畫因為是實地寫生，從下望上，所以仰畫飛簷，這與現在西洋畫寫生同法。[11]

如果說這中間只是一個是否實地寫生的問題，那倒簡單了。問題顯然在於，即使是「元四家」以後，雖然已不再仰畫飛簷，但實地寫生對山水畫家來說，恐怕也是題內應有之義吧！筆者倒是以為，沈括之論，關鍵是提出了兩個繪畫美學方面的問題，一個是如何使山水畫具有「重重悉見」的景象包容力，一個是如何具體運用「折高折遠」的折射透視原理。倘若不深入地涉及並探尋這兩個問題，一切貌似深沉的論述其實都是隔靴搔癢。因為沈括說得非常清楚，「豈在掀屋角也！」正常的透視原理，顯然是不能違背的，但畫家又不能被現實的空間所局限，於是，沈括想出一種「雙贏」的方案——以大觀小，這裏的「大」因此就不是一味主觀性、想像性的「大」，而應該是通過折射原理而擴大畫境視野的「大」。包括令人尊敬的宗白華老人，在這個問題上其實也是未曾深究的。既然如此，北宋沈括理論的提出，就未見得是對唐人定點透視畫法的否定，準確地講，實際上是一種增殖性

11　俞劍華：《中國畫論選讀》，南京藝術學院1962年油印本。

的改造，從而形成一種在筆者看來可以叫作「多重折射定點透視」的中國式繪畫透視方法。需要提請人們注意的是，這裏雖然沒有具體涉及對畫境「遠」趣的講求，但其以「折高折遠」而超越現實空間的藝術精神，卻是通於「遠」境之講求的。

郭熙、郭思的「三遠」說是人們所熟悉的。其《林泉高致》〈山水訓〉有云：

山有三遠：自山下而仰山巔謂之高遠，自山前而窺山后謂之深遠，自近山而望遠山謂之平遠。高遠之色清明，深遠之色重晦，平遠之色有明有晦。高遠之勢突兀，深遠之勢重疊，平遠之勢沖融而縹縹緲緲。

在郭氏「三遠」論的基礎上，當時韓拙在《山水純全集》裏又提出了「闊遠」、「迷遠」、「幽遠」這新「三遠」說，加起來就是「六遠」說了。和沈括之論不同，兩種「三遠」說的提出，顯示著中國繪畫美學對遠景透視的特殊關注。這樣，從王維、荊浩「遠山無皴」、「遠水無波」之論，到沈括的「折高折遠」、「重重悉見」和郭氏兄弟的「三遠」說，實際上有著自遠景隱約模糊之透視經驗的總結，到借助折射原理而實現遠近高低多重景觀組合的理論意識，再到於諸多畫境層面中偏愛「遠」境之美的畫學心理這樣一種發展脈絡。

王漁洋論詩而自王維畫學心得入手，其潛在的文化歷史背景，就是如此。

那麼，王漁洋究竟又是以上述哪種認識為自家理論之基礎呢？

筆者以為他是整合性地自畫學切入的，其中，既有對遠景隱約之妙的講求，也有對多重景象巧妙組合的欣賞，當然，還有對偏好遠景

之藝術情趣的認可。關於其認可偏好遠景之情趣，上引《跋門人程友聲近詩卷後》中「郭忠恕畫天外數峰，略有筆墨，意在筆墨之外」者便是證明。需要説明的是，恰恰是這種藝術趣味，使宋元以來「逸品」美學導引下講求筆墨簡略——所謂「逸筆草草」——的筆墨意識，獲得了繪畫透視實踐方面的經驗支持，因為在透視實踐中「遠」景本身就是隱約而簡略的。指出這一點絕非無關緊要，它説明中國的畫家與詩人在追求筆墨言語之簡略含蓄時，並沒有因此而犧牲對自然真實的把握。

如果説以上分析説明王漁洋之「神韻」説已有整合繪畫美學歷史之勢的話，那麼，當他打通詩畫界限而作理論闡發時，就已經將繪畫美學中關於空間「遠」境建構的理論同詩歌美學關於時間動態建構的理論彼此打通了。這一點，在他下面的論述中表現得非常清楚：

世謂王右丞畫雪中芭蕉，其詩亦然。如「九江楓樹幾回青，一片揚州無湖白」，下連用蘭陵鎮、富春郭、石頭城諸地名，皆遼遠不相屬。大抵古人詩畫，只取興會神到，若刻舟緣木求之，失其指矣。（《池北偶談》）

曾經有學者作過探討，關於王維之畫雪中芭蕉，並非集四時景物於一軸，而是另有關於佛學的深意在其中。但任何一位元讀過上面文字的讀者想必都會和筆者一樣，認定王漁洋此處之意，正在強調詩畫藝術對超越時空之審美思維的追求。其所謂「興會神到」，説到底，就是以藝術審美中的獨特感受為契機，超越既定時空的局限，以自由的審美想像建構更為遼遠深邃的藝術境界。在這個意義上，王漁洋之「神韻」概念的理論淵源也就不難尋覓了，要而言之，它就是當年劉勰所

謂「神思」與宋人如范溫所謂「韻」的有機結合而已。

眾所周知，劉勰當年的論述，與同時代畫家宗炳山水畫論中的「暢神」一說是相互同構的，都具有對人之思維活動可以超越現實時空這一特性的揭示。也正是在當時，繪畫美學中已經有了「氣韻」概念，將此「神思」與「氣韻」兩說結合起來，就能體悟到「神韻」之說其實是早就呼之欲出了。[12]到了宋代，又流行「韻」美概念，而范溫之「韻」論，更是著重指出「有餘」二字的奧妙[13]，從而使作者創作之際的審美自由，得與讀者再創作之際的審美自由融合為一，最終導致對審美自由的極致性追求。一旦對審美自由的追求成為極致性的追求，它就帶有鮮明的哲學意義上的終極關懷性質。王漁洋論「神韻」而終於引入禪機是明證。然而，所謂「禪機」的妙處，恰恰同這裏既講終極關懷又講透視經驗、透視方法者相通，無不是兼取於理念與直覺這一思想精神的體現。上文的分析論述已經說明，那對審美自由的極致性追求，並沒有流為純粹理性的抽象觀念，而是非常具體地表現為詩畫藝術創作和欣賞中的親切感受與直覺經驗，請看，王漁洋論「神韻」不就是從王維所謂「遠人無目」說起的嗎？從此以後，每當我們談論中國繪畫那有別於西方的透視方法時，就應該想到沈括的「折高折遠」，於是，便能感受到中國傳統藝術觀念實際上是同樣蘊含著藝術科學精神的。同理，從此以後，每當我們討論由王漁洋所著重闡發的「神韻」之美，在領會了其追求審美自由之極致境界的同時，還必須想到其對「遠」境效果的特殊興趣，如此，就不至於忽略其自由之極致的

12　有關中古時期詩畫美學中圍繞「神思」、「氣韻」以及其他相關範疇所展開的論述，學界已經有太多的論述，這裏就不多占讀者諸君的時間了。

13　請參看拙作《華夏審美風尚史》第六卷《徜徉兩端》第十一章第二節內容，河南人民出版社2000年版。

特定顯現形態了。

　　這種特定的顯現形態，就是「清遠兼之」的藝術情趣、創作風格和意象特徵。也許，説到此處，王漁洋「神韻」説與本書論題的關係才明朗化了，但其內在的連繫早就存在。其《池北偶談》卷十八有云：

　　汾陽孔文穀云：「詩以達性，然須清遠為尚。薛西原論詩，獨取謝康樂、王摩詰、孟浩然、韋應物，言：『白雲抱幽石，綠篠媚清漣』，清也；『表靈物莫賞，蘊真誰為傳』，遠也；『何必絲與竹，山水有清音』，『景仄鳴禽集，水木湛清華』，清遠兼之也。總其妙在神韻矣。」「神韻」二字，予向論詩，首為學人拈出，不知先見於此。

　　筆者要提醒讀者注意，這裏的「清遠為尚」，是以「詩以達性」為前提的，這一點千萬不要忽略。也就是説，「神韻」論所指定的主體性情，是以清遠為特徵的。如果不首先確認這一點，就可能出現下面的問題：從晚唐司空圖開始，其對「澄淡」詩美的推崇就具體體現在對王維、韋應物之風格的欣賞上，宋代蘇軾極力推崇陶淵明詩品人品，也沒有同時及於謝靈運，再説謝靈運之詩風，也不是可以用「清遠」二字所能概括的。而一旦確認了「詩以達性」的前提，那就一切都順理成章了，須知，謝靈運是一位真心向佛的人，是一位依佛理而明山居情趣的人，是一位作《辨宗論》而闡發頓悟原理的人，從而，就是一位在王維之前便有得於禪機的人。唯其如此，王漁洋他們將謝靈運與王、孟、韋等人並提，實在是意味深長的。

　　體會得這其中的意味，然後方可明白，「神韻」之所以具有「清遠兼之」的特徵，乃有佛性與禪機的作用。從純粹理論的角度分析，其傾向於「遠」景透視的詩畫「遠」趣，當其順著「遠人無目」式的經

驗模式而追求於筆墨言語的隱約簡略時，這種隱約簡略的格調，另一方面是又受到佛理與禪機的攝動的。

佛教固然是為外來之物，但那作為佛教中國化之產物的禪宗，卻有著本土的古老血脈，正所謂未有禪宗時，已有「禪機」在。王漁洋論「神韻」所標示的「清遠兼之」之「遠」，就是中國最初的詩性哲學中的範疇，《老子》之論「道」有曰：「大曰逝，逝曰遠，遠曰返。故道大，天大，地大，王亦大。」（《老子》〈二十五章〉。其中「王」字亦作「人」字，筆者以為作「王」字解可能更貼近老子的思想。）在這種顯然帶有某種直觀經驗之烙印的哲學闡釋中，參照孔子的「逝者如斯」之歎，中國思想家所特有的精神意態和思維方式，從一開始就具有對「遠」、「逝」而知「返」這種運動態勢的欣賞乃至於迷戀，在周而復始、物極必反的大循環論框架裏，卻是無限性的運動。實際上，也正是這種無限性意義上的「逝」而且「遠」，給予循環論以極大的內在張力，如果說人們不妨設想出一個迴圈運動的大圓圈的話，那麼，在真正符合老子原生思想的意義上，這個圓圈永遠是無法具體化的，因為「大方無隅」、「大象無形」，一個再清楚不過的思想事實是，「大」意義上的「遠」，是無限性的「遠」。切莫小看了這一個「遠」字，楚辭作品有《遠遊》，雖屬於仙遊境界，但照樣表現了人的精神逍遙之旅，後來陶淵明《歸園田居》詩句有云：「結廬在人境，而無車馬喧。問君何能爾，心遠地自偏。」真所謂心遠地自遠，仍然在強調精神逍遙而遠逝的價值和意義。既然「心遠地自偏」，那就不必非要追求行為上的「遠遊」，就其極端而言之，便有了「臥遊」山水一說，所謂「不下堂筵，坐窮泉壑」（郭熙《林泉高致》）者是也。無論如何，「心遠」，作為古代文人極有人格魅力的精神意態，因此就被歷史地積澱為漁洋「神韻」論之核心內容了。不僅如此，這種內容恰恰是所謂「禪機」的

妙理所在，因為結廬人境而心遠彼岸，分明就是「在世間」而又能夠「出世間」，分明就是蘇軾《送參寥師》詩所說的「閱世走人間，觀身臥雲嶺」，道心禪機，盡在其中。我們可以說蘇軾受到了禪宗的影響，但很難說陶淵明受到過禪宗的影響，尤其不可能說老子有禪宗的思想！唯一的結論是：就如同「清遠」之「清」乃是本土非常古老的思想範疇一樣，「清遠」之「遠」同樣是源遠而流長，正是此哲學上的「逝日遠」，賦予人們的「心遠」意志以追求並探尋宇宙生命之真諦的意義。王漁洋論「清遠」之「遠」，舉謝靈運「表靈物莫賞，蘊真誰為傳」詩句為例，說明他心目中的「遠」是絕不限於山水遠景之趣的，而那蘊含在山水景觀欣賞之際的「靈」性與「真」意，便是包含了無限生命意義在其中的終極關懷精神——當然，是在和面對遠山遠水一樣的淡泊、寧靜、空靈甚至荒古中去感悟那無限生命的意義。

　　當年，謝靈運曾以《山居賦》表明了依佛教經義而避喧就靜的山居人文意義，王漁洋論「神韻」之「清遠」而不忘謝靈運意趣，就充分說明這種人文意義乃是問題癥結所在。此癥結之所關，分明又涉及宋明理學家的「性氣」講求。本來，在諸如周敦頤、二程等道學人物的風度傳釋中，就多有其人「雅意林壑」的美譽，明代初年，更有所謂「性氣詩」的流行，作為一種理學文化傳統中的重要元素，就像從一開始就十分推崇夫子「吾與點也」的精神樂趣那樣，那被我們稱為心性哲學的思想傳統，在借鑒佛老思想機制的同時，實際上完成了儒、佛、道精神同構的自我塑造。也正是因為如此，王漁洋「詩以達性」之「性」，便多少有點「性氣」味道，而此一味道，自然是「乾坤清氣」（薛瑄《讀邵康節擊壤集》）的流露，從而就自然富有「清遠」氣象了。

　　一言以蔽之，王漁洋「神韻」詩論之所謂「清遠」，最終可以看作

是對前此詩畫美學理論與思想文化傳統的集成整合，只不過是帶著鮮明的「古淡」美風格就是了。

　　一部詩畫藝術史，一部思想文化史，彼此重合著而凸顯出一部中國文人心靈史的特殊軌跡：自晉唐過後，宋元以來，一以理學之心性課題為線索，一以禪學之感悟思維為線索，一以詩畫「逸品」之美為線索，彼此交織成一種文化詩學情趣，將「魏晉以來，高風絕塵」的人格魅力，與「妙在筆墨之外」的藝術奧秘，自然融入「古淡天真」、「蕭散簡遠」的藝術景象之中，通過多寫「遠」趣的詩畫境界，借助渲染「荒寒」的審美情調，傳達來自彼岸的終極消息。這一文人心靈史的軌跡是那樣的凸顯清晰，終於導致藝術美學的中心命題——「神韻」。

　　理解這種「神韻」，必須有一顆完全脫離塵俗的「心遠」之性。其實，不僅是「神韻」，很多中國古典美學的命題和範疇，無不具有合性情、學理、技藝於一體的特徵，如果完全按照西方學者那種純粹概念性推導的方法，是不大可能真正進入「神韻」世界的。比如，王漁洋《香祖筆記》云：

　　歐陽公云：「秋霖不止，文書頗稀；叢竹蕭蕭，似聽愁滴。」蘇公云：「歲雲暮矣，風雪淒然；紙窗竹屋，燈火青熒。時於此間，得少佳趣。」此等寂寥風味，富貴人所不耐，而予最喜之，正苦一年中此境不多得耳。二公蓋先得我心之所同然。

　　又，《古夫於亭雜錄》云：

　　故友山陽洗馬李貞與張虞山遊浙東，各有即事詩。一云：「西風落

葉無人徑，破廟山神對古松。」一云：「百年無與人間世，老死深山古木中。」今人穰穰人市者，不知世有此境。

　　對照現代社會人生，不僅「穰穰人市者」無法理解，就是熱心「荒涼」者恐怕也無法理解，究其原因，一句話，心裏太鬧，不能平靜。不僅要心靜如止水，而且要心死如枯木，也就是完全用一種超越了生死──生死一旦被超越，則其他都不在話下，從而才可能有徹底解脫般的自由──來顯現自我的真實以及與此相同的自然的真實。那句「富貴人所不耐」的話，很值得去品味！其間何止有「安貧樂道」的情懷，更有耐得住寂寞才能領悟真理、才能體驗真美的深刻道理。此非佛非道亦非儒，亦佛亦道亦是儒。

　　觀其詩句所描述，多是秋冬季節蕭瑟景象，多是深山古木無人境界，不僅秋雨綿綿、風雪蕭蕭，更有西風落葉、破廟山神，一派滄桑感慨，幾多荒涼寂寞，必須內心裏存有如此一片世界，方可與爾談論「神韻」之所以為「神韻」。這顯然不光是一個純理論問題，也不光是對某種藝術格調更感興趣的問題，這需要一種特殊的修養和積累，需要一種與中國傳統文化中最神秘的部分靈犀相通的文化詩學的習得經驗。

　　唯其如此，今人中真正理解者自然很少，即便在當時，產生誤解者也不在少數。其中，最值得注意者，乃是錢鍾書的見解。錢先生《談藝錄》[14]專有「神韻」一節，其中寫道：

　　人之骨肉停勻，血脈充和，而胸襟鄙俗，風儀凡近，則傖父堪供

14　錢鍾書：《談藝錄》，中華書局1984年版。

使令，以筋力自效耳。然尚不失為健丈夫也。若百骸六髒，賅焉不存，則神韻將安寓著，毋乃精氣遊魂之不守舍而為變者乎。故無神韻，非好詩；而只講有神韻，恐並不能成詩。此殷璠《河岳英靈集・序》論文，所以「神來、氣來、情來」三者並舉也。漁洋「三昧」，本諸嚴滄浪，不過指含蓄吞吐而言，《池北偶談》卷十八引汾陽孔文穀所說「清遠」是也。而按《滄浪詩辯》，則曰：「詩之法有五：體制、格力、氣象、興趣、音節。詩之品有九：高、古、深、遠、長、雄渾、飄逸、悲壯、淒婉。其大概有二：優遊不迫、沉著痛快。詩之極致有一：曰入神。詩而入神，至矣盡矣，蔑以加矣。惟李杜得之」云云。可見神韻非詩中之一品，而為各品之恰到好處，至善盡美。……滄浪獨以神韻許李杜，漁洋號為師法滄浪，乃僅知有王、韋；撰《唐賢三昧集》，不取李杜，蓋盡失滄浪之意矣。故《居易錄》自記聞王原祁論南宗畫，不解「閑遠」中何以有「沉著痛快」；至《蠶尾文》為王芝廛作詩序：始敷衍其說，以為「沉著痛快」，非特李、杜、昌黎有之，陶、謝、王、孟莫不有。然而知淡遠中有沉著痛快，尚不知沉著痛快中之有遠神淡味，其識力仍去滄浪一塵也。……後人因菲薄漁洋，而亦歸罪滄浪；塗說亂其皂白，俗語流為丹青，恐古人不受此誣也。翁覃谿《複初齋文集》卷八有〈神韻論〉三首，胸中未盡谿雲霾，故筆下尚多帶泥水。然謂詩「有于高古渾樸見神韻者，有于風致見神韻者，有於實際見神韻者，亦有於虛處見神韻者，神韻實無不該之所」云云，可以矯漁洋之誤解。惜未能為滄浪一白真相。[15]

另外，錢鍾書又比王漁洋為明代詩學流派中的竟陵派，或曰：

15　錢鍾書：《談藝錄》，中華書局1984年版，第40-41頁。

夫漁洋夢中既與滄浪神接，室中更有竟陵鬼瞰⋯⋯

或曰：

清人談藝，漁洋似明之竟陵派；歸愚祖盛唐，主氣格，似明之七
子；隨園標性靈，非斷代，又似明之公安派。[16]

錢先生確是明眼人，發現了王漁洋與竟陵派的詩心相通。鐘惺有
云：

詩，清物也，其體好逸，勞則否；其地喜淨，穢則否；其境取
幽，雜則否；其味宜淡，沉則否；其遊止貴曠，拘則否，亡數者，獨
其心平哉？（《簡遠堂近詩序》）

又曰：

予所謂荒寒獨處，稀聞渺見，孳孳栗栗中所得落落瑟瑟之物也。
古之人即在通都大邑，高官重任，而常有一寂寞之濱、寬閑之野存乎
胸中，而為之地，夫以是緒清而變存⋯⋯（《渚公草序》）

的確，王漁洋所謂「清遠」境界，與竟陵派所推崇的「清物」之
美以及「荒寒獨處」意趣，顯然是靈犀相通甚至一脈相承的。這也正
說明王漁洋「神韻」論乃其來有自，並非突發奇想。然而，錢先生在

---

16 錢鍾書：《談藝錄》，第110頁。

認定王漁洋與明代竟陵派有關以後，似乎就將其理論作為某一流派的主張來看待了，從而處處流露出不滿其以偏概全的意思。而且錢先生又時時流露出對嚴羽的認可，似乎王漁洋從嚴羽那裏竊得一點秘密，卻又不肯說明，反倒自神其說！這中間，錢先生多少有些情緒化的東西。其實，明代竟陵派合「靈」與「厚」而闡發的話語方式，以及潛藏在這一話語背後的思想意識，確是具有整合公安派之自我反省在內的理論意義的，也因此，至少在理論層面上，王漁洋承襲竟陵派而強調的「清遠」之美，其原生的理論指向，絕非淺薄空疏之境，亦非單薄偏狹之境。就像錢先生所舉例證一樣，王漁洋確實是追求著「沉著痛快」與「遠神淡味」之涵容為一的。不僅王漁洋如此，從宋初梅堯臣提出「作詩無古今，唯造平淡難」以來，整個中國古代社會後期文藝美學思想的核心課題之一，就是在堅持不懈地探尋著這看來彼此對立之兩極的互補涵容之妙。而恰恰對這一點，錢先生有些忽略了。也因此，他對漁洋的批評，多少是含有一點誤解在其中的。

此外，錢先生既然認為「神韻」者乃應是藝術「各品之恰到好處，至善盡美」，就等於認定它只是一個虛位概念，並不專指任何一種具體的風格品調，換言之，「神韻」可以體現為種種風格品調。這樣一種認識，本來是必然要與作《神韻論》而批評王漁洋的翁方綱達成共識的，但錢先生卻又極不滿於翁氏，這中間的奧妙究竟何在？現在看來，是錢先生自己的理論思考尚存缺欠。要而言之，這裏固有一種普遍性與特殊性的矛盾，有一種虛位概念與定指概念的矛盾，有一種普遍美學理想與士人特殊心態的矛盾，而「神韻」論之「清遠」宗旨，最終是想辯證地統一上述這些矛盾的。只要是真正尊重文化歷史的人，都不會不知道，自古以來，中國文人雅士對藝術理想的追求，總是同對人格理想的追求交織在一起的，無論是關於詩歌品格的討論，還是關於

繪畫筆墨的討論，最終無不落實到做人的道理上來，這就是文以載道，這就是道藝不二。亦唯其如此，隨著思想文化史的演進，當古代文人雅士逐漸明晰地確認了自己的人格理想範型以後，對各種藝術審美格調的品評，就必然會出現特定的偏向，這本是情理之中的事。但是，問題卻又在於，中國古代文人雅士在同時追求藝術理想和人格理想的過程中，又逐漸使這種本來屬於偏向的追求獲得了普遍意義，而且並不是靠強詞奪理，這就有點出乎意料了。有鑒於此，在討論這樣的問題時，的確需要一點超越性與辯證性共在的思維。尤其重要的是，諸如「詩乃清物」的美學觀念，絕非絕緣於「心遠地自偏」之人格理念，恰恰相反，他們正好是在相互生成的動態結構中雙雙形成的，而在這一雙向互動的過程中，一方面，遂有了高度的內在緊張性，也就是所謂張力，另一方面，則有了審美理想與人格理想雙雙走偏的現象，錢先生發現並且不能容忍者恰在於此。但在筆者看來，這本沒有什麼不能容忍的東西！說得絕對一點，一個沒有偏愛，或者不懂得偏愛、不願意理解偏愛的人，與藝術恐怕是有點隔膜的。在筆者看來，古今中外，所有的美學家無一例外都是在用自我偏愛的方式講述著普遍意義上的審美理想。王漁洋之論「神韻」當然也是如此。不過，馬上需要補充說明的是，所謂王漁洋的「清遠」偏愛，又何止是漁洋一家之偏愛呢？即使按錢先生所言，認定王漁洋室中有「竟陵鬼瞰」，那也正好證明了這一偏愛是一種傳統，何況，談到傳統，又豈止是竟陵派所首創！於是，最終，我們不能不認識到，對「清遠」美的偏愛本身，已經歷史地成為一種「普遍存在」了。這就是問題的複雜性和微妙處。

面對這種複雜性與微妙處，如果仍然視其偏愛為一家個體之偏愛，或者視之為一派門戶之偏愛，那就使自身陷入偏見的泥沼了。錢

鍾書先生博學而貫通，但智者千慮，或有一失！

要說自陷偏見之中，莫過於將「神韻」之美歸納為「含蓄吞吐」四字。道理非常簡單，「含蓄吞吐」的藝術境界，既不能含納「心遠」之精神意態，也不能含納「遠景」之審美意態。而繼續尋究，則又緣於將「神韻」一義歸結為「神」之一字。錢鍾書曰：

> 《文子》〈道德篇〉云：「上學以神聽之，中學以心聽之，下學以耳聽之。」……談藝者所謂「神韻」、「詩成有神」、「神來之筆」，皆指上學之神，即神之第二義……[17]

所謂「第二義」即其如下之論：

> 然而「神」有二義。「養神」之「神」，乃《莊子》〈在宥〉篇：「無搖汝精，神將守形」之「神」，絕聖棄智，天君不動。至《莊子》〈天下〉篇：「天地並，神明往」之「神」，並非無思無慮，不見不聞，乃超越思慮見聞，別證妙境而契勝諦。[18]

認真體會錢先生之所論證，大約可以看出，其於「神韻」之義，是從嚴羽《滄浪詩話》所謂「別趣」、「妙悟」處切入的，既有此獨家領悟在，則自然一切按此辨析，在痛快淋漓之際，已將他人問題轉移為自家話題而不自知了。值此，我以為，首先不能將「神韻」之「神」僅僅視為「神明往」之「神」，用錢先生「神」有兩義的說法，本來應

17　錢鍾書：《談藝錄》，中華書局1984年版，第43頁。
18　錢鍾書：《談藝錄》，中華書局1984年版，第42頁。

該是兩義兼顧的。其次，不能將「神韻」混同於「神來之筆」，如果是這樣，那杜甫「讀書破萬卷，下筆如有神」不就是「神韻」論了嗎？問題本來是很清楚的，王漁洋之「神韻」說既然有源出明代竟陵派的一面，那就說明其「神韻」之中是必然包含著性情修養與藝術修養兩個元素的，尤其是性情修養方面的「清遠」講求，本來有著一個源遠流長的精神傳統，其中包括老莊以來養神、養生的思想因素，但又絕不限於老莊一派，對此，上文已有論說，這裏不再重複。此地需要再加說明者，是如下這樣一個問題：自唐人李翱作《複性書》，繼而宋人大談心性之學，分辨性情之義，汲取佛教修行經驗，在分解未發為性、已發為情之際，提倡靜中體悟未發氣象，已經漸漸合養生、養神、養性為一體，而這樣一個思想過程，恰好與詩畫藝術之側重於研討風格品調並漸次凸顯「逸品」境界者相協調，其結果如何，難道還不明白？僅僅一例，就可說明問題，王漁洋曾明確將詩歌「神韻」之美比作畫中「逸品」，而眾所周知，畫中「逸品」，分明要突出所謂「士氣」，這又哪里僅僅是一個「含蓄吞吐」的問題？這又哪裡僅僅是一個「詩成有神」的問題？

　　綜上所述，舉當代大家錢鍾書以概括歷來之所誤解，本意是為了提醒人們注意「神韻」美論的複雜性與微妙性，對錢先生的學識，自然是非常佩服的。

　　回到「神韻」論本身，誠如上文所說，其固有涵蓋傳統詩美理想的意義層面，所謂「含蓄吞吐」，所謂「不著判斷」，所謂「自然天真」，等等，非一言所能道盡也。但是，此似乎可以集合詩美理想於一身的般般講求，卻又呈現出凝聚於「清遠」境界的跡象，從而體現出「逸品」式「神韻」論的特性，這是無論如何也不能忽略的。論述至此，可舉王漁洋《鬲津草堂詩集序》之說為證：

　　昔司空表聖作《詩品》凡二十四，有謂「沖淡」者曰「遇之匪深，即之愈稀」；有謂「自然」者曰「俯拾即是，不取諸鄰」；有謂「清奇」者曰「神出古異，淡不可收」。是三者品之最上。

　　總此三品而再言之，即以「清淡」為最上之品。不言而喻，王漁洋「神韻」之論因此上就是古代「清」美文化傳統的具體呈現，就是宋人「平淡」美論思想的歷史承傳，「平淡」與「神韻」，在最終意義上，乃是一種美學觀念的兩種表述而已。

　　當然，表述之新方式的發生機制和存在價值，也是不能忽略的。

　　之所以要對「清」美文化精神指導下的「平淡」美境界作出新的理論表述，當然絕不是只為了在用詞上不重複，其間固有著特殊的理論思維上的原因。關於這種原因，文學批評史的研究者和美學史的研究者，歷來是有所關注的，但這種關注大略都太注意於字面，比如將南朝謝赫《古畫品錄》中的「神韻氣力」，看作是王漁洋「神韻」論的來源之一，就是純粹就字面作出的判斷，殊不知，所謂「神韻氣力」者，不過是講「精神氣力」而已，當時之「神韻」與後世之「神韻」，字面相同，內容已自不同了。嚴格講來，所有類似的判斷，其實都和當年批評王漁洋的翁方綱犯著同樣的錯誤，那就是視「神韻」、「神」、「氣韻」、「精神」、「傳神」、「入神」等為一物，一言以蔽之，只要一看見「神」字，就往一塊兒拉扯。如翁方綱在其《神韻論》中就說過：

　　且杜云「讀書破萬卷，下筆如有神」，此神字即神韻也。杜云「熟讀文選理」，韓云「周詩三百篇，雅麗理訓詁」，杜牧謂「李賀詩使加之以理，奴僕命騷可矣」，此理字即神韻也。……然則神韻者，乃所以君形者也。

　　深入分析起來，杜甫「下筆如有神」的「神」，是指那種連自己都意識不到的駕輕就熟似的創作狀態，換用生活語言來講，便是「若有神助」。至於韓愈、杜牧所說的「理」，實際上接近於我們通常所說的「規範」，包括外在的格式與內在的理路，如句法、章法、思路、意向等等，而且在杜甫與杜牧之間，所謂「理」者也相去甚遠，怎麼能統統等於「神韻」呢？最後，在中國傳統的文化話語中，以人為喻而論文論道是一個非常典型的思維方式和闡釋方式，正因為如此，運用「君形者」乃是為「神」的話語習慣來解釋「神」這一概念，本是習以為常的，可問題在於，如此一來，「神」者就是形體與精神相對意義上的「神」，與「神韻」畢竟兩回事了。正因為翁方綱在概念運用上存在著明顯的混亂，所以，其批評於王漁洋者自然也就乏力。不料後於翁氏者仍舊常常犯類似的錯誤，實在有點令人遺憾！

　　不能把南朝謝赫畫品中的「神韻氣力」當作王漁洋「神韻」之本源，並不等於王漁洋「神韻」說不與南朝美論相關，對此，上文已有論述。需要再作補充的是：

　　其一，同為南朝畫學宗師的宗炳，其《畫山水序》所提出並加以充分闡發的「暢神」論，恰恰是王漁洋「神韻」論的精神來源，因為那種「閑居理氣，拂觴鳴琴，披圖幽對，坐究四荒，不違天勵之叢，獨應無人之野」的精神自適狀態，其既與「澄懷味象」的主體澄明境界相統一，又與四荒無人的荒遠境界相統一，此時「暢神」之「神」，已非一般意義上的精神意識，而是特指那種能夠體現清澄空明之精神向度的精神意識了，用王漁洋的話語來講，正就是「清遠兼之」。僅此一點，已經說明，早在南朝，「神韻」及「神」這類概念，已有著必須加以辨析的顯著區別。

　　其二，自晚唐司空圖論詩而援引大曆戴叔倫「詩家之景，如藍田

日暖，良玉生煙，可望而不可置於眉睫之前」(《與極浦書》)一說，便已經透出對含蓄隱約而又具「遠」觀之美的特殊愛好，而且對「王右丞、韋蘇州，澄淡精緻，格在其中，豈妨於遒舉哉」(《與李生論詩書》)之境界的推仰，更顯出以清遠澄淡為詩美極致的思想觀念，這分明是日後王漁洋「神韻」論的理論源泉。北宋蘇軾論詩，便明確點出對司空圖「辨乎味然後可以言詩」之觀念的讚賞，王漁洋也多次點到司空圖，儘管而今對《二十四詩品》是否為司空圖所著已有懷疑，但司空圖詩學思想的影響——哪怕是在帶有誤解的傳播中的影響，卻已是不爭的事實了。豈止如此，王漁洋實際上還有著一種向司空圖回歸的美學意向，其《分甘餘話》云：

東坡謂柳柳州詩，在陶彭澤下，韋蘇州上。此言誤矣。餘更其語曰：「韋詩在陶彭澤下，柳柳州上。」餘昔在揚州作《論詩絕句》有云：「風懷澄淡推韋、柳，佳句多從五字求。解識無聲弦指妙，柳州哪得並蘇州？」又嘗謂：陶如佛語，韋如菩薩語，王右丞如祖師語也。

表面看去，不過是對柳宗元詩的不同評價而已，實際卻涉及對最高境界的確認：一方面，否定了蘇軾的見解以後，就等於重申了司空圖視「王右丞、韋蘇州」為一體的觀點；另一方面，「風懷澄淡」、「無聲弦指」，將本土老莊與西來佛學所同構的精神彼岸指點得清清楚楚。而這樣一種思路，恰恰上接南朝宗炳的「暢神」宗旨。

其三，南朝美學的表述語言，有「神」有「韻」，而其中的「韻」，如「道人蓄馬，不韻」[19]，已作為獨立的美學範疇而存在。這一風習，

---

19 見《世說新語》〈言語〉。又可參看程千帆《古詩考索·陶詩「少無適俗韻」韻字解》，上海古籍出版社1984年版。

被宋人所發揚光大，據《清波雜誌》：

> ……時以婦人有標緻者為韻。曾叩故老，宣和間，衣曰「韻纈」，果曰「韻梅」，曲曰「韻令」。

　　一時間，便有「凡書畫當觀韻」（黃庭堅《題摩燕郭尚夫圖》）的觀念，於是乎，就有了范溫之「韻」論[20]。正是在此「韻」論中，范溫提出「古今詩人，惟淵明最高」的觀點，從而，此一獨立的「韻」論美學便又與自宗炳「暢神」論以來的「清遠澄淡」意向彼此匯合。

　　以上補充說明的內容，再次凸顯了「神韻」絕非「傳神」、「有神」、「入神」等習見意義的特殊講求，再次證明了漁洋「神韻」美論的雙重結構：無所不賅而又神寄清遠；諸品之恰到好處而又澄淡之逸品獨勝；入乎「傳神」、「有神」之境而又超乎其外，以神悟于大道終極之理。

　　自然，王漁洋之詩論，不限於「神韻」美論，但最富美學史意義者，無疑在於「神韻」美論。「清」美文化精神導引下的藝術美學思想譜系，儘管枝蔓繁複而又相互糾纏，但「逸品」美的講求，卻可以看作是這一譜系中的主脈。從老子的「滌除玄鑒」直到王漁洋的「清遠兼之」的「神韻」，主脈是凸顯而清晰的。這是整合了詩情畫意乃至於樂舞園藝的審美「逸品」理想，是整合了藝品與人品的「神韻」境界，是體現著「道藝不二」原理的價值體系。

　　紅塵滾滾，俗情滔滔，「逸品」者傾向於追求那種與「熱情」相反的「冷靜」、與「繁華」相反的「冷清」、與「熱衷」相反的「淡漠」、

20　關於范溫「韻」論之具體內容，可參看拙著《華夏審美風尚史》第六卷《徜徉兩端》第十一章第二節，河南人民出版社2000年版。

與「熱鬧」相反的「寂寞」；藝業多門，旨歸審美，它又傾向於追求那種與「刻意」相反的「無意」、與「絢爛」相反的「樸素」、與「豐滿」相反的「蕭疏」、與「巧妙」相反的「愚拙」；總之，它疏離於常情常例，而神寄於渺遠空明之域，它超越於藝術講求而心存於自然無為意態。

　　唯其如此，它就最終難免陷入一種理論思想的困境，因為它的最基本的思維機制，乃是對物極必反原理的最充分的展示。王漁洋《芝廛集序》云：

　　……又曰：凡為畫者，始貴能入，繼貴能出，要以沉著痛快為極致。予難之曰：吾子於元推雲林，於明推文敏，彼二家者，畫家所謂逸品也，所雲沉著痛快者安在？給事笑曰：否，否，見以為古淡閒遠而中實沉著痛快，此非流俗所能知也。予聞給事之論，嗒然而思，渙然而興，謂之曰：子之論畫也至矣，雖然，非獨畫也，古今風騷流別之道，固不越此，請因數言而引申之可乎？……入之出之，其詩家之舍筏登岸乎？沉著痛快，非惟李、杜、昌黎有，乃陶、謝、王、孟而下莫不有之。子之論論畫也，而通於詩，詩也而幾於道矣。

　　說王、孟詩境中有李、杜、韓愈的精神氣度，這顯然是在「幾於道」的意義上才能被理解的，否則，就是理論論說上的詭辯了。而其「幾於道」之「道」，明眼人一眼就看穿了，那只能是「大音希聲」之「道」，只能是「正言若反」之「道」，以及循此而援引佛家智慧以形成的禪機之「道」。一言以蔽之，非深悟東方思想智慧者，莫與之談論此「道」。莫與之談論此「道」者，當然也就無法與之談論「幾於道」的「神韻」美論了。

第六章

能出能入之思

　　以上，我們的檢索和梳理顯然是求其典型而不求其全貌的。通過
對這些典型的分析透視，我們顯然已經認識到，儘管人們可以本著對
立統一的思維方式將「清」與「濁」、「濃」與「淡」看作是彼此緊密
連繫的兩對概念，但這並不是中國古典美學思想體系之本體建構的真
實，不是其內在精神支撐 —— 特定文化傳統之價值追求的明確導向。
一個再簡單而明晰不過的事實就是，中華民族在辨別清濁的文化思維
過程中，最終是傾向於以「清」為旨歸的。而另一個再清楚不過的事
實又是，正因為有此「清」美文化的內在導引，所以，其在藝術審美
活動中的濃淡調協，最終是傾向於以淡泊、淡雅、簡淡、淡遠等「淡」
美系列為理想的。唯其如此，在宏觀意義上，中華民族的文化藝術精
神，確實有著鍾情於「清淡」之美的典型特徵。亦唯其如此，「清」與
「濁」，「濃」與「淡」，就不是對等、並列的美學範疇，尤其是當我們
深入探尋而觸及其思想觀念之本根時，其間的主從、主次關係，原是

不難發現的。當然，既然有深層淺層之分，既然有主從、主次之分，就證明如此這般的探討分析是應該分層次的。的確，我們完全有必要來劃分這樣一種層次性的建構模式：

其一，最高理念「清」的多維文化闡釋所導致的儒、道、佛整合性思想傳統。

誠然，與「清」並列的「淡」這一範疇，也具有原生的審美哲學的底蘊，但是，在文化涵蓋的廣度方面，在價值追求的整合性方面，它顯然不能與「清」並論。也正是因為這樣，所以，我們只說存在著「清」美文化傳統。

其二，主要受老莊道家思想的原生影響以及佛家思想的次生影響，作為一種偏走一端的審美觀念體系，其既在「清」美文化傳統的籠罩之下，又富有自己獨特的價值體系，這便是「清淡」──「淡」美理想境界。其三，處在一般性生活層面上的審美意識，以分辨多樣差異而在比較中展現一家趣味，這就是平行地比較「清」與「濁」、「濃」與「淡」了。也正是因為如此，相關的例證大多來自日常生活或反映日常生活的小說作品。

以上的層次劃分，當然只是為了提醒大家注意問題的多層次、多維度性，不要將立體的、動態的精神存在作機械的、平面的處理，至於這個劃分本身，充其量是那「拋磚引玉」之「磚」而已。儘管是「磚」，但相隨著就引出了一個問題：這種具有典型的中國本土思想特色的審美文化概念和命題，能否運用來自西方的邏輯分析方法來作描述和闡釋？如果不能，或者說不完全能，那麼，人們又該怎樣來作進一步的分析和闡釋？正是因為有鑒於此，我們在本書的結束部分，特意要來談論一下方法與話語方面的相關問題。

第一節　始貴能入，終貴能出
——漢語形式美學範疇與「折高折遠」式思維

　　雖說都是中國人，但一百多年以來的教育體制，卻使近幾代人的思維習慣和知識結構打上了鮮明的西方文化的烙印。西方文化所擅長的思維方式，按多年來人們的總結，或曰邏輯性思維，或曰科學性思維，或曰理性思維，大體上被認為是重分析、重推理、重程式的。不僅如此，人們在形成這種認識的同時，連帶著又形成了所謂邏輯只能是這樣的邏輯、所謂科學只能是這樣的科學、所謂理性只能是這樣的理性的認識，從而，現在的中國學人實際上已經不大會按老祖宗的思維方法去思維了。也正是因為這一事實的存在，所以，如何面對中國傳統的漢語文化表述系統中的美學命題和範疇，其實還是一個問題呢！難道不是嗎？就連命題與範疇這樣的「說法」不也是西方的嗎？

　　很清楚，這就意味著，我們仿佛是一個從小受西方化知識系統教育的人，如今正面對著一個博大精深的中國古典美學的思想建築。這或許是誇張了，但多少是切合實際的。如此實際，往往使我們難得自然地融入所面對的思想體系之中，因為已有先入的尺度橫在那裏。不錯，人們也常說以西方理論為參照，如果真正能做到這樣，那麼，就必然有一個出入於中西思想體系之間的問題了。而對於我們這些從小就接受西方化知識體系教育的人來說，首先需要出西而入中式的思維努力。

　　真正進入中國古典美學思想的世界，第一個強烈的感受，就是那無處不在而處處在的概念、範疇、詞語的彼此相生和相互浸潤，但凡是認真從事過類似研究的學人，一定會有類似的感慨：想從那大量散漫狀態的論說評點中紬繹出清晰的分類邊界和推理邏輯，真是談何容

易！

　　事情還遠遠不止於此，如果我們只是把明確無誤的概念性詞語當作分析的物件，而忽略其大量存在的融化在感性描述和擬議形容中的「潛概念」，或者由於難於判斷其範疇邊界而只好捨棄大量亦此亦彼式的「模糊詞語」，我們的研究能在多大程度上貼近物件之真實，就很成問題了。就以本書所分析透視的「清」這一範疇來說，它幾乎是無所不在的，從最直覺的經驗描述，到最抽象的價值認定，從道家關尹一派之所貴，到儒、墨、法、道各家之共識，它分明就是一個貫通於古典哲思美藝及社會人生各個領域的「根範疇」、「幹範疇」、「元範疇」，唯其如此，在探討任何一個中國古典美學範疇時，都將涉及這一範疇。比如，講「風骨」必曰「風清骨峻」，講「神思」必曰「疏瀹五藏，澡雪精神」，前者明言「風清」，後者潛言「神清」，哪裡又離得開這一個「清」字呢？又比如王漁洋所言「神韻」的「神」和「韻」，到底是與六朝的「傳神寫照」說直接相承呢，還是與當時的「神思」說相承？或者，竟是與其時之「氣韻生動」說相承？凡此，都是非常艱難的學術問題。在如何解決這一難題的各種嘗試中，成功的經驗往往與困擾和無奈並存。正因為我們都需要承認這種困擾和無奈，所以，面對中國古典美學思想世界時的科學態度——如果可以在尊重藝術與審美之特殊規律的大前提下來習慣地引用「科學」這一概念的話，恰恰應該是那種相對淡化西方式形式邏輯和辯證邏輯的態度，換言之，也就是相對地切入中國傳統的詩話叢談及詩文點評之言語方式和批評方式的態度。

　　這樣，我們就將發現，中華民族那最古老也最年輕的有無相生的言語邏輯，非常近似於宋代沈括論繪畫透視原理時所講的「折高折遠，自有妙理」。傳統美學概念同樣是「折高折遠，自有妙理」的，這中

間，顯然非常需要那種非直線性的聯想與推論活動，而轉折性思維的力度，當然莫過於折返性思維了。比如，宋人自梅堯臣就宣導「平淡」之美，但不管是梅堯臣的「作詩無古今，唯造平淡難」而又「既觀坐長歎，複想李杜韓」（《讀邵不疑學士詩卷杜挺之忽來因出示之且伏高致輒書一時之語以奉呈》），還是黃庭堅的「平淡而山高水深」（《與王觀複書之二》），最終無不體現著「折高折遠，自有妙理」式的思維方式。

到清代王漁洋這裏，仍然如此，所謂「古淡閑遠而中實沉著痛快」（《芝麈集序》），同樣是那種折返思維的產物。在人們的認識世界裏，大致上只有所謂直線與螺旋線兩種思維路線，前者是直接因果推導式的，後者是所謂辯證性超越式的，就是沒有「折高折遠」式的！殊不知，這恰是我們傳統思維的經驗模式所在，只是因為沒有人作出理論的提煉，所以還停留在經驗的層面上就是了。我在這裏借沈括「折高折遠」一語來作闡述，未必貼切，僅僅是喻説而已。但如此喻説，總能在一定程度上説明問題。

接著上文的話題，一面唯取「平淡」之美，一面欣賞李杜韓愈風格，顯然是對立而衝突的，有人就曾發出過疑問：「世間有專心平淡的李、杜、韓嗎？有手執戈戰而自稱平淡的作者嗎？」[1]按習慣的直線思維，這當然是不可思議的，即使按所謂辯證思維的螺旋線思路，在所謂更高的層次上，其基本的走向仍然是與最初的走向一致的，所以，同樣有不可思議的地方。而一旦引入了「折高折遠」式的思維方式，情形就兩樣了。我們在專門論證沈括此理的時候已經作過説明，沈括

1　朱東潤：《梅堯臣評傳》，《中國歷代著名文學家評傳》第3卷，山東教育出版社1985年版。

所言「豈在掀屋角」就已經充分說明，這種折返式的辯證思維，具有絕不違背直線思維之常情常理的屬性，它是運用各種轉折（如折返之折返，未必就是回歸原處，因為二次折返的路線未必與前一次重合！舉此一例，餘可類推）的巧妙組合來實現理論上的張力最大化與最大量整合。唯其如此，古典美學哲學中相關概念與範疇之間的融通互動，並不是平面化單向化的併合，而是每一個思維細胞的裂變增殖，在時空通貫的世界裏，多層面、多維度、多向度的思維連繫構築成一個似乎無序而實則有序的理論體系。這一體系的典型特徵，因此也就在於對張力最大量與最大整合量的追求。

　　毫無疑問，真正切入這種傳統的思維方式，意味著我們必須相應地具備多維折返思維的心理準備和習得經驗，而在這時，古人所謂「始貴能入，終貴能出」的意蘊，才有了新的闡釋空間。就其要領而言之，此所謂出入，非一次性所能完成者，那應是一種帶有無限性的體悟而兼揚棄的過程，如同老子一開始就講過的，「遠曰返」，思維之路不應是單行線，而應是雙行線，每時每刻，每一次的往返都是「兩者同出而異名」（《老子》〈一章〉）性質的。比如，「神韻」講「清遠兼之」，若是能入能出者，就須懂得蘇軾所言「空故納萬境，靜故了群動」（《送參寥師》）的道理，那「清遠」之清澄空明境界，同時恰恰是豐富多彩的世界，那「清遠」之荒遠隱約景象，恰恰有真切寫照之感，「心遠地自偏」的精神籲求，恰恰是最具體真切的生活景況與生活意態。一言以蔽之，能入能出之思，乃是中國古典美學哲學的範疇賴以構築整體思想世界的典型方式，乃是中國特色的傳統話語模式與批評模式，而此模式最關鍵的地方，就是那「折高折遠」──折返式的出入之思。

　　既然如此，當我們面對任何一個概念與範疇時，就須潛心去探尋

其與周遭各相關概念範疇間「折高折遠」的連繫，可以想見，那將是一個多麼複雜而微妙的現象！也正是因為如此，我們完全可以去寫一個字的美學史，比如一個「妙」字，一個「和」字，一個「清」字……。本書實際上就是嘗試著以一個「清」字為核心來作簡要論述的，而就是這一個「清」字，其與周遭思想世界所發生的連繫，豈一次「折高折遠」所能描述！

第二節　田園生活之綠樹，堂筵情調之從容
——「清淡」美理想與古代士人的生存意態

本節題目用了一個比較別致的說法。之所以要這樣，原因有二：第一，和通常那種生活之樹常綠的說法不同，這裏所說，增添了對生活之樹賴以生長的特定環境的關注，而這正是為了凸顯生活之綠樹的特殊意義；第二，具體到本書所探討的中國傳統「清淡」美理想，其本身就同時也是一種生活意態，而且是一種理想與現實糾葛在一起而呈現出複雜特性的意態。世界上沒有無緣無故的審美理想，沒有無緣無故的美學流派，甚至沒有無緣無故的技藝講求，也因此，尋找原因，就來得比描述現象更為重要。儘管我們在具體分析自先秦以來歷代典型美學思想觀念的時候，已經本著知人論世的傳統原則進行了必要的社會分析與心理分析，但仍然需要從整體上再作必要的補充。

還是接著王漁洋的「神韻」話題來討論。陳維崧《漁洋詩集序》嘗言：

新城王貽上先生性情柔淡，被服典茂。其為詩歌也，溫而能麗，嫻雅而多則，覽其義者沖融懿美，如在成周極盛之時焉……先生既振

興詩教於上，而變風變雅之音漸以不作。讀是集也，為我告采風者曰：
「勞苦諸父老，天下且太平，詩其無告我矣。」

又，邊連寶《病餘長語》云：

坐清宴之堂，發從容之論，歎老不得，嗟卑又不得，了無感慨，
絕少激昂，非遁入神韻之中，無所用其伎倆。此「神韻」二字，為達
官貴人藏身之固也。[2]

既然這樣，論者就會得出結論曰：「士大夫處清初政治高壓下全身
遠禍的心理狀態，也是造成『神韻』說流行的一個重要原因。」[3]如此
結論，顯然令人信服。但要是從整個古代士大夫的心理構成上去推
求，卻似乎有點簡單化了。在這裏，必須確認的大前提是，一旦講到
士大夫的生活意態，首先有一個從一開始就做兩手準備的問題，那就
是已然家喻戶曉的「達則兼濟天下，窮則獨善其身」，那就是當年白居
易所講的「諷喻詩」與「閒適詩」，那也就是王漁洋的如下理論：

五七言有二體，田園丘壑，當學陶、韋；鋪敘感慨，當學杜子美
《北征》等篇也。[4]

也正是因為如此，我從一開始就說明過，「神韻」之美帶有特定的

___

2　以上兩條材料俱轉引自李世英：《清初詩學思想研究》，敦煌文藝出版社2000年版，
　　第182-183頁。

3　轉引自李世英：《清初詩學思想研究》，第182-183頁。

4　轉引自李世英：《清初詩學思想研究》，敦煌文藝出版社2000年版，第182頁。

偏執性，非要視之為「無所不賅」之物，那是不恰當的。所謂美的偏執，在一定程度上，就是美的分流，比如，在所謂「坐清堂之宴，發從容之論」的生活氣氛中，既有台閣貴人粉飾升平的空虛篇章，也有性情閑和者寄興清遠的淡雅之作，絕不可只將「神韻」之美簡單地理解作「歎老不得，嗟卑又不得」的怵惕謹慎意態，須知，真正可以達到王漁洋所謂「神韻」美境界的藝術，如陶淵明詩，如王維詩畫，如韋應物詩，如晉唐以來大量以賞心悅目並暢神悟道為目的的山水風景詩，其所表現的主體性情，無不以從容平和、閒適恬淡為追求。儘管那種超越於榮辱貴賤之上的寧靜與恬淡在形態上是類似於冷漠與麻木的，而冷漠與麻木的物件很可能就是民間的疾苦和世間的不平，但我們必須看到，至少在思想觀念的層面上，士人們所講求者並不在此。也正是因為這樣，「神韻」美論本身以及其影響所至，都不應該與那種以閒適意態粉飾太平的作品相提並論。

不過，與此相關的問題，卻是必須認真分析的。

對中國古代的士大夫文人來說，朝市與江湖，是為人生宇宙之兩極，所謂「一陰一陽之謂道」者，就是兩極間相生相剋的意思，既然是相生相克的關係，那就必然是你中有我、我中有你，從而，居廟堂之高，不妨有江湖情懷，而居江湖之遠，亦不妨有台閣之思，兩種情懷兼備，既互相調協，又相得益彰。也正是因為如此，古人早有「小隱」、「中隱」、「大隱」之說，也同步性地早有了「山中宰相」、「終南捷徑」的趣話。無論如何，那主要由山水詩畫所表現出來的「逸品」格調的「清遠兼之」的審美境界，不僅與閒散乃至隱居的文人生活相關聯，而且與身居高位的文人官宦生活相關聯。

身居高位而性情淡泊，未見得就一定是出於「歎老不得，嗟卑又不得」的隱忍苟活之心態！在這裏，即使不去考慮外來佛教的影響，

就是本土傳統儒、道兩家的精神感召，也歷來是充滿著辯證思維之智慧的。所謂「始貴能入，終貴能出」，無論就哪家思想傳統而言，都須深入品味才是。儒家傳統，君子自強不息、當仁不讓的理念，當然是歷來士人所誠心尊奉的，尤其是自孟子提出「惟仁者宜在高位」（《孟子》〈離婁上〉）的理論主張以後，儒家對道德人格的推崇就深深地烙上了權力道德化與道德權力化的思想印記，從而形成了後來被稱之為事功派的儒家思想流派；與此相關而不相同，又有所謂儒家心性學派，如宋學所重視並努力加以闡揚的「『吾與點也』之樂」，便是其心性修養的理想境界，而不難發現，這一境界是明顯帶有些興寄林泉之色彩的；如果說事功學派必然通向「鋪敘感慨」的詩歌品格，那麼，心性學派就自然要通向「田園丘壑」了，同屬儒家思想傳統，卻有如此兩種走向，怎禁得我們不多生出一層「能入能出之思」呢！

當然，多維度、多層面上的能入能出之思，必然增加問題的複雜性，從而使相關的闡釋變得艱難起來，但這是必要的。比如，關於王漁洋之「神韻」論說所含納的現實生活內容以及相應的心理內容，我們在將其整合起來而加以理論闡釋時，就必須同時注意具體問題具體分析和不同問題分別對待。既然王漁洋本人已經對「田園丘壑」與「鋪敘感慨」作出了區分，我們就不必強以其「神韻」來涵蓋其整個詩學思想，此即所謂論王漁洋詩學非「神韻」不得入而專「神韻」不得出。不過，相對於下面情況來說，上述問題還屬單純。下面的問題就要複雜些。王氏《池北偶談》卷五有云：

先祖方伯公九十余，讀書排纂不輟，雖盛夏，衣冠危坐，未嘗見其科跣。常揭一聯於廳事云：「紹祖宗一脈真傳，克勤克儉；教子孫兩行正路，惟讀惟耕。」齋中一聯云：「容人所不可容，忍人所不可忍。」

其《香祖筆記》卷一又有云：

釋氏言：「羚羊掛角，無跡可求。」古言云：「羚羊無些子氣味，虎豹再尋它不著。九淵潛龍，千仞翔鳳乎？」此是前言注腳。不獨喻詩，亦可為士君子居身涉世之法。

　　兩相連繫，確實讓人體會到這是一種典型的政治隱遁智慧。從而，那由嚴羽所提倡的「妙悟」式的「羚羊掛角，無跡可求」的詩美境界，實際上又成為因懼怕文字獄而隱忍不發或興寄渺遠的詩歌風味了。在這裏，我們感受到了另樣的雙重意蘊：一面是超越於正常推理思維的審美思維之「別材」、「別趣」，是對傳統詩學所謂含蓄隱約、比興寄託和禪學化詩學所謂「現量發光」[5]的體悟與闡揚，一方面則又是對自魏晉阮籍以來所謂「阮旨遙深」（劉勰《文心雕龍》〈明詩〉）的切膚體驗，是對歷來文人作家之不得自由的沉痛感吟。在這裏，我們感受到了一種另樣的會通境界，生活經驗所導致的隱忍心態，轉化為審美理想所導引的含蓄格調，生存環境所塑造的韜晦人格，轉化為心性理念所籲求的清明性情。如果説這其中確有一種特殊的「通感」智慧，那麼，它就正是政治隱遁智慧得以轉型為相關事物的思想機制所在。而既然存在著這種「通感」智慧，那典型的政治隱遁智慧就被歷史地賦予了文化精神的性質，從而成為中國士人性格的「幹細胞」了。用一句簡便的話來說明這中間的道理，那就是，政治隱遁這一「術」，在一定程度上已經上升到「道」的層面了。

5　此語見王夫之《薑齋詩話》。拙作《中國詩學與傳統文化精神》亦有專門論述，四川人民出版社1990年版。

　　不錯，在很多時候，這最終成為一種詭辯思維。藏在詭辯背後的，當然是莫可訴說的無奈與困惑，但也不能排除狡猾與圓滑。而問題的癥結卻在於，由於詩學理論與詩歌創作都通過「田園丘壑」與「鋪敘感慨」的主題分流，使兩可式的吊詭之思變成了偏走一端的單純清純情趣，所以，我們就沒有充足的理由來過多地留意於其政治隱遁「術」的內容及其背景。換言之，這裏顯然也有一個「始貴能入，終貴能出」的問題：不深入於古代文人的政治隱遁「術」就不能深入理解其含蓄乃至空明美背後的隱忍心理與怵惕心理，但是，深入進去後卻必須超越出來，否則，滿眼看去就都是閃爍躲避之辭了！必須認識到，通過主題與題材的分類，進而通過理論觀念的提升，「田園丘壑」的詩意世界被賦予了遠遠大於自然的田園丘壑的審美文化價值，「清遠兼之」的「神韻」美境，被賦予了遠遠大於一種風格的審美文化價值。

　　既是現實中——生活現實兼藝術現實——的一種風格，又是各種風格間「通感」顯現的理想品味，恰在這一含蘊著多維轉化的能入能出之思中，「清」美文化導引下的「清淡」美論思想，可以得到充分的闡發。

　　最後，還需要說明者有二：

　　一是我們不能小看了中國傳統耕讀文明的思想作用。

　　二是我們有必要審視並正確對待所謂盛世清明廣大氣象的人文意旨。

　　先說其一。王漁洋「紹祖宗一脈真傳，克勤克儉；教子孫兩行正路，惟讀惟耕」的家教宗旨，就正是此耕讀文明的體現。陶淵明其詩其人，之所以自宋代以來備受推崇，在一定程度上，就因為他確已成為耕讀文化的象徵。鍾惺《古詩歸》卷九云：

陶公山水、朋友、詩文之樂，即從田園耕鑿中一段憂勤討出，不別作一副曠達之語，所以為真曠達也。

張潮等《曹陶謝三家詩》〈陶詩〉卷三云：

及時力田，田竣事遊，襟期開朗，作詩自然高潔。
不以躬耕為恥，自不以仕進為榮矣！

尤其是自宋明市民文化發達以後，入仕而爭榮名，入市而爭利潤，「名利」二字，最為自持「清明」人格者所詬病，於是，伴隨著商業市民文明的發達而發達的，正是士人耕讀文明意識，那在孔子、顏回前賢那裏不受重視的稼穡之事，至此反倒倍受重視了。正是以此為契機，稼穡意識，田園情趣，與隱遁心理，彼此交織成一事，遂有了具備多重文化意義的「田園丘壑」之詩情畫意。

再說其二。不得不先回到蘇軾那裏。

就在那篇人所熟知的《書黃子思詩集後》中，蘇軾寫道：

唐末司空圖崎嶇兵亂之間，而詩文高雅，猶有承平之遺風，其論詩曰：「梅止於酸，鹽止於鹹，飲食不可無鹽梅，而其美常在鹹酸之外。」

蘇軾曾就此發出「恨當時不識其妙」的感慨！在專門討論宋人「平淡」美論的時候，我們已經有過一次類似的感慨了，而現在，至少我又有了這種感慨。很清楚，這裏存在著如何認識生活與審美之間的辯證關係的問題。按照生活常理，在兵亂艱難之世，作為現實生活的反

映，詩文作品自應有慷慨悲涼之氣骨，我們也總是因此而推崇像建安作者那樣的作家的。現在，則有了另一說，能於兵亂之間保持承平氣度，乃是高雅之美！為什麼？當年蘇軾並沒有解釋。但這顯然需要解釋。認真想來，其間理由，可以有三：第一，從審美活動以及藝術創作表現人生及社會理想的角度切入，就像身處兵亂中的人渴望和平一樣，在兵亂時代藝術地表現承平氣象，恰恰順應了人們正常而健康的心理需求和生活需求，恰恰反映了人們的願望和理想，就如同畫家在戰爭中畫和平鴿；第二，所謂承平氣象者，正好是兵亂生活的對立面，以對立的意象意境、主題題材來表示對現實存在的否定和批判，也不失為一種藝術的抗爭的形式；第三，那就是逃避，心理的逃避，行為的逃避；可能還會有別的分析解說，但主要就是這三種情況。本來，上述三種情況是一目了然的，但人們卻長期忽略它們的存在，這中間多少有點理論領域裏的蹊蹺！其實，按正常的人類思維規律和心理活動規律，對和平與安寧的追求，總是要超過對爭鬥與動亂的追求的，除非那些一味鼓吹鬥爭哲學的人，既然如此，即使是在動亂或黑暗的時代，寫黑暗中的抗爭，或寫理想中的清明，其實具有相當的藝術價值與審美意義。再退一步講，從作者主體意識的分析入手，其表現抗爭——「舉世皆濁我獨清」——是為大雅之音，其表現退避——「滔滔者天下皆是，又何與焉」——亦是大雅之音。退到最後的底線上，潔身自好不也是一種值得肯定的操守嗎？

當然，這絕不意味著我們不需要抗爭的文學與藝術，也絕不意味著可以寬恕面對人民的苦難而一味粉飾太平的作者，不是那樣的。我們只是想提醒人們，和平寧靜之音，平和淡雅之風，清明閒適之氣，以及與此相關的從容不迫、雍容高貴氣象，或者是那一派古樸自然風格，是有著超越於具體生活時代的永恆的魅力的。王國維《人間詞話》

有云：

正中詞除《鵲踏枝》、《菩薩蠻》十數闋最煊赫外，如《醉花間》之「高樹鵲銜巢，斜月明寒草」。餘謂：韋蘇州之「流螢度高閣」，孟襄陽之「疏雨滴梧桐」，不能過也。

這裏涉及的三首詩詞，分別如下：
馮延巳《醉花間》：

晴雪小園春未到，池邊梅自早。高樹鵲銜巢，斜月明寒草。山川風景好，自古金陵道。少年看卻老。相逢莫厭醉金杯，別離多，歡會少。

韋應物《寺居獨夜寄崔主簿》：

幽人寂無寐，木葉紛紛落。
寒雨暗深更，流螢度高閣。
坐使青燈曉，還傷夏衣薄。
寧知歲方晏，離居更蕭索。

另，《全唐詩》卷六有孟浩然詩句：「微雲淡河漢，疏雨滴梧桐。」按：唐王士源《孟浩然集序》云：

（浩然）嘗游閑秘省，秋月新霽，諸英華賦詩作會。浩然句云：「微雲淡河漢，疏雨滴梧桐。」舉座嗟其清絕，鹹擱筆不復為繼。

　　我們從王士源所謂「嗟其清絕」的評價角度切入，然後就可以發現，原來王國維此處所欣賞的，恰恰是一種「清遠」之境界。仔細體會並比較，孟浩然的詩句，是在無限高遠而深邃的清寒夜空之下，點染出夜雨蕭疏、點點滴滴，梧桐庭院、幽人寂寥的生活場景，是所謂近而不浮、遠而不盡，自有一番令人心境始也清苦終也清明的特殊意蘊。相形之下，韋應物詩的意境，已然比較顯豁，寒雨深夜，離居蕭索，青燈到曉，歲末傷時，就題目本身而言，也分明是一派蕭瑟氣象。倒是馮延巳的詞，與林和靖的山園小梅意境相比較，更具有一種「心遠」而「神清」的意蘊，池邊早梅，高樹巢鵲，更兼斜月寒草，在生意的辛勤料理中，在生命的流逝感歎中，彌漫著一片清冷而又高遠的氣息！應該說，孟浩然詩的生活背景，與馮延巳詞的生活背景，都不乏承平氣象，都不乏高貴氣象，都絲毫沒有人間的疾苦和煩勞，但它們卻又共同具備那種把人的情趣和精神引向淨化和靜化的審美效果：仿佛既在台閣庭院之中，又在山水雲林之間，那種於繁華喧鬧世界得寧靜寂寥趣味的特殊意蘊，實在是很費現代人的領會心思的。

　　「嗟其清絕」！領會如此「清絕」境界，是需要一種特殊的素養和智慧的，因為中國古典詩情畫意中的「神韻」，絕不是一個僅僅靠理論概念的推導就能夠掌握的東西，它需要能入能出之思——在一切看似彼此對立、彼此隔絕的事物兩端之間。

　　「嗟其清絕」！在現代工業文明的新浪潮中，在世界又一輪城市化的熱潮中，對「清絕」境界的欣賞與籲求，已經很難了。但，唯其艱難，才需要投入精力。那從最原始的文化空間所投來的審美混沌之光，安見得不能折射為投向未來的審美希冀之光！立在古今之間的我們，應當「滌除玄鑒」，以清明廣大的心境來反映和燭照古往今來的審美經驗世界，這便是能入能出之思的另一層意蘊。

後 記

　　中國古代文藝理論的現代命運，具有某種歷史的「弔詭」性，一邊的情形是被遮蔽著，而另一邊的情形則是被維護著，尤其是在這兩邊之間，存在著一種不妨稱之為「借重」的情形，而這就不能不說到有關中國文學理論批評是否「失語」的話題了。頗富意味的是，這套叢書的編輯出版實際上確與有關「失語」的討論在時間段上處於同步狀態。於是，在一定程度上，不妨將此一系列的中國古代文藝美學範疇研究看作是基於「失語」之憂從而試圖「複語」的學術努力。儘管對每位作者來說，未必都有這方面的自覺意識。比如本人，在撰寫這本《清淡美論辨析》時，就未曾專門關注過有關「失語」的討論，只不過自己多年來對傳統文藝美學理論和古典詩情畫意講求於「清淡」之美者頗有興趣，且略有探討，所以被本叢書的主編蔡鍾翔先生物色為作者，感念於蔡先生的厚愛，也確實出於自己有話想說的意願，遂有這本顯然並不厚重的書稿。承蒙百花洲文藝出版社志在對學術的支持，有賴朱光甫先生專業精謹的編輯，書稿就要問世了。欣然之際，

回味省思，倒真有一些必須要説的話。

　　蔡先生在《中國文學理論史》這部有重大影響的著作中就曾論及，如何在「以古釋古」和「以今釋古」之間實現「雙贏」，實在是一個永恆的難題。筆者在辨析古人「清淡」美論思想之際，是深深地感受到這一點的。本書脱稿之後，緊接著撰寫《20世紀中國文學批評史研究》一書，對於前時未曾專門關注的「失語」有了特意的關注，而筆者的切身感受則是：「以古釋古」和「以今釋古」不僅始終是兩回事，而且不妨是兩回事。將問題極端淺近化，或許有助於揭示問題的關鍵部位，這有點像面對古代文化遺產時的「修舊如舊」還是「修舊如新」。如果説在具體撰寫本書的時候，筆者尚未有如許清晰的自覺意識，那麼，在為書稿撰寫《後記》時，則已有了比較清晰的自覺意識。於是，作為對自己著作的一種提示性補充，這裏想説：本書主觀上是「歷史主義」的，但客觀上難免「現代主義」；換言之，應然的「我注六經」與實然的「六經注我」形成了一種糾葛，仿佛雙重身份，是之為「弔詭」！正視這一「弔詭」的存在現實，便可有一種釋然的自由感。筆者如今就是。

　　於是，再回到「失語」與「複語」的話題。自二十世紀五十年代以來，「古為今用」、「洋為中用」的觀念深入人心，以至於在二十世紀九十年代後期的學術討論中，許多人依然循此立論，殊不知，這是非常值得反省的。為什麼始終圍繞著那個「用」字呢？多麼嚴重的功利主義和實用主義啊！在觀照審美的文學藝術世界裏，超時空的自由境界提供給世人以古今冥合的機遇，仿佛兩位各操一地方言的友人在對話交流，縱有話語阻隔處，必然可以商略或商榷，只要其中任何一位（恐怕主要是現代這位）都不謀求話語霸權，從而確保不出現「單極主義」，「失語」的問題其實是可以解決的。孔夫子嘗有「吾叩其兩端而

竭焉」的話，「以古釋古」和「以今釋古」可否被視為「兩端」？從而引申開去，本書所涉及的「濃」與「淡」、「清」與「濁」，可否視為「兩端」？比如，相對於我們對「清淡」美的藝術欣賞和美學闡釋來，「濃豔」藝術現象的研究便明顯地不受重視，並且連帶地影響到我們對濃豔中自有「淡雅」這種特殊美感境界的研究，以至於當今社會文化生活中不時顯示出拙於塑造繁華的現象──要麼俗不可耐，要麼食洋不化。看來，即使就本書所關注的審美範疇而言，探討的空間還非常之大。老子言：大曰逝，逝曰遠，遠曰返。遠在天邊，近在眼前，何以如此，叩其兩端。是為後記。

韓經泰

二〇〇五年十二月

昌明文庫·悅讀美學　A0606020

清淡美論辨析

作　　者　韓經泰
責任編輯　楊家瑜

發 行 人　陳滿銘

總 經 理　梁錦興

總 編 輯　陳滿銘

副總編輯　張晏瑞

編 輯 所　萬卷樓圖書股份有限公司

排　　版　菩薩蠻數位文化有限公司

印　　刷　百通科技股份有限公司

封面設計　菩薩蠻數位文化有限公司

出　　版　昌明文化有限公司

桃園市龜山區中原街 32 號

電話 (02)23216565

發　　行　萬卷樓圖書股份有限公司

臺北市羅斯福路二段 41 號 6 樓之 3

電話 (02)23216565

傳真 (02)23218698

電郵 SERVICE@WANJUAN.COM.TW

大陸經銷

廈門外圖臺灣書店有限公司

　　電郵 JKB188@188.COM

ISBN 978-986-496-201-3

2019 年 7 月初版二刷

2018 年 1 月初版一刷

定價：新臺幣 400 元

如何購買本書：

1. 轉帳購書，請透過以下帳戶

　合作金庫銀行 古亭分行

　戶名：萬卷樓圖書股份有限公司

　帳號：0877717092596

2. 網路購書，請透過萬卷樓網站

　網址 WWW.WANJUAN.COM.TW

大量購書，請直接聯繫我們，將有專人為您
服務。客服：(02)23216565 分機 610

如有缺頁、破損或裝訂錯誤，請寄回更換

國家圖書館出版品預行編目資料

清淡美論辨析 / 韓經泰作. -- 初版. -- 桃園
市：昌明文化出版；臺北市：萬卷樓發行,
2018.01

　　面；　　公分. -- (昌明文庫. 悅讀美學)

ISBN 978-986-496-201-3(平裝)

1.中國美學史

180.92　　　　　　　　　　107001907

本著作物經廈門墨客知識產權代理有限公司代理，由百花洲文藝出版社授權萬卷樓圖
書股份有限公司出版、發行中文繁體字版版權。